田径裁判工作细则与方法

夏　冬　黄炜皓　主编

北京体育大学出版社

策划编辑 潘 帅 王晶晶
责任编辑 秦德斌
责任校对 成昱臻
版式设计 小 小

图书在版编目（CIP）数据

田径裁判工作细则与方法 / 夏冬等主编. -- 北京 : 北京体育大学出版社, 2016. 7（2022. 11 重印）
ISBN 978 - 7 - 5644 - 2370 - 4

Ⅰ. ①田… Ⅱ. ①夏… Ⅲ. ①田径运动 - 裁判法 Ⅳ. ①G820. 4

中国版本图书馆 CIP 数据核字（2016）第 191392 号

田径裁判工作细则与方法
TIANJING CAIPAN GONGZUO XIZE YU FANGFA
夏 冬 黄炜皓 主编

出版发行：北京体育大学出版社
地　　址：北京市海淀区农大南路 1 号院 2 号楼 2 层办公 B - 212
邮　　编：100084
网　　址：http://cbs. bsu. edu. cn
发 行 部：010 - 62989320
邮 购 部：北京体育大学出版社读者服务部 010 - 62989432
印　　刷：北京昌联印刷有限公司
开　　本：710mm × 1000mm　1/16
成品尺寸：170mm × 240mm
印　　张：17. 5
字　　数：311 千字
版　　次：2017 年 7 月第 1 版
印　　次：2022 年 11 月第 6 次印刷
定　　价：60. 00 元

编写组成员

顾　问：孙　武　黄化礼　李和隆　余荣耀

主　编：夏　冬　副教授　嘉应学院

黄炜皓　教　授　华南理工大学

副主编：杜光宁　教　授　嘉应学院

石　宏　教　授　中山大学

邓万先　副教授　广东轻工职业技术学院

编　委：陈宝玲　副教授　华南师范大学

王　雷　副教授　广州体育学院

谭　捷　副教授　广东警官学院

郑戴娜　副教授　华南理工大学

朱　泳　副教授　广东外语外贸大学

卢宇刚　副教授　广州体育学院

董周生　副教授　岭南师范学院

徐福生　副教授　岭南师范学院

曾　芃　副教授　华南师范大学

张瞻铭　讲　师　华南师范大学

谢洪昌　讲　师　岭南师范学院

沈　虎　讲　师　惠州市体育运动学校

肖秀显	讲　师	广州大学松田学院
杜　敏	讲　师	广东省华侨职业技术学院
黄绮静	小教高级	广州市海珠区实验小学
杨杰林	助　教	华南理工大学
姜　琳	中教一级	广州市育才中学
苏国照	中教一级	广州市育才中学
王栋达	中　级	湛江天恒公司
唐　荣	华南理工大学2014级硕士研究生	

前 言

田径裁判工作是田径赛事的重要组成部分，是田径比赛顺利进行的关键环节。田径裁判员不仅是田径比赛的组织者和管理者，也是田径竞赛规则的执行者和比赛成绩与名次的判定者，亦是各项比赛新纪录的记录者和见证人。田径裁判工作是"公平、公正、公开"工作原则的集中体现，是"严肃认真、公正准确、谦虚谨慎、团结协作"工作要求的典型范例。

随着经济的发展和社会的进步，体育运动成为展现各国综合国力的重要标志。田径作为"运动之母"，是各类大型赛事中项目最多、竞争最为激烈的一个比赛项目，是各个国家争夺奖牌数量和比赛成绩的焦点。作为田径赛事的重要组成部分，田径裁判工作的成效直接影响着比赛的进程和比赛结果的公信度。田径裁判工作在田径竞赛中具有绝对的权威和崇高的威信，这些与田径裁判工作的功能与作用息息相关。

目前，有关田径裁判法的著作有很多版本，有些侧重于基础理论，有些侧重于裁判图解，有些则侧重于裁判疑难问题。但是，从田径裁判工作细则与具体方法层面且实践性较强的研究还不甚完善。一线的体育教师、体育专业院校的在校学生和刚刚接触田径裁判工作的裁判员，在从事田径裁判工作时更多需要的是临场的实践和经验的积累。进而，能够结合《田径竞赛规则》、田径裁判法等相关理论内容来提升其裁判工作水平。在广东省举行的几次大型田径赛事的裁判工作中，结识了很多参加过奥运会、世锦赛、亚运会、世界大学生运动会等裁判工作的国际级和国家级田径裁判。在交流的过程中发现，有很多裁判员对《田径竞赛规则》、田径裁判法等理论内容比较熟悉，但是在临场裁判的工作细则和工作方法方面还有待提升。

2008 年北京奥运会、2010 年亚运会、2011 年世界大学生运动会、2015 年北京世锦赛、上海田径钻石联赛、世界青年奥运会、世界青年田径世锦赛等多项田径赛事在中国成功举办。其中，2010 年亚运会、2011 年世界大学生运动会等国际田径赛事在广东省成功举办，为广东省的田径裁判员提供了在大型国际田径赛事中学习和交流的机会和平台。在此过程中广东省的田径裁判员积累了很多裁判工作的有效方法和执裁经验。但是，由于各种原因并没有对此进行系统的收集和整理。鉴于此，在与华南理工大学的黄炜皓教授、中山大学的石宏教授、广东省青少年运动训练管理中心余荣耀部长的共同商讨下。集合了嘉应学院、华南理工大学、华南师范大学、中山大学、广州体育学院、岭南师院等高校和广东省部分中小学的国际级、国家级田径裁判员共同编写了《田径裁判工作细则与方法》一书。供广大田径裁判工作的同仁交流和学习，亦可以作为体育专业类院校田径裁判教学的参考教材。

本书共分五篇，即：绪论；田径比赛竞赛组织与编排工作篇；田径裁判工作细则与方法；田径竞赛场地与器材；田径裁判实用英语等，较全面地阐述了田径裁判工作的基本理论和田径裁判的工作细则与方法及裁判实用英语等内容。全书以2014—2015年国际田联的《田径竞赛规则》和2015年修改的《田径竞赛规则》版本为理论依据，参照2010年广州亚运会，2011年深圳大学生运动会，2015年北京世锦赛，2015年青运会的田径裁判工作细则与方法，并在集体论证与科学分析的基础上进行总结和研究，力求突出全书的特色和实用价值。

全书由夏冬、黄炜皓主持编写，参加编写的人员有（按章节顺序）：夏冬（前言，第一篇第一章，第三章第一、第五、第六节，第三篇第九章，第四篇第一章第一节、第二章）；黄炜皓（第一篇第三章第二、第三、第四节，第三篇第二章第三节，第三章第二节、第三节，第五章）；邓万先（第一篇第二章）；杜光宁（第二篇第一章）；王雷（第二篇第二章第一、第二、第三、第七节）；唐荣（第二篇第二章第四、第五、第六节，第三篇第三章第二节，第五章）；陈宝玲（第二篇第三章）；郑戴娜（第二篇第三章）；卢宇刚（第三篇第一章）；姜琳（第三篇第二章第一节）；黄绮静（第三篇第二章第二节）；苏国照（第三篇第二章第三节）；肖秀显（第三篇第二章第四节）；谭捷（第三篇第二章第五节）；董周生（第三篇第二章第六节）；石宏（第三篇第三章第一、第四节，第五篇）；杨杰林（第三篇第三章第三节）；张瞻铭（第三篇第三章第五节）；朱泳（第三篇第四章）；徐福生（第三篇第六章）；王栋达（第三篇第七章）；曾芃（第三篇第八章）；杜敏（第四篇第一章第二节）；沈虎（第四篇第一章第三节）。

书中图片由谢洪昌剪辑，全书由夏冬、黄炜皓审核。由于编写者的能力有限和各地区裁判方法的差异，有些地方难免存在一些不足和遗漏，祈望读者指正。

目 录

第一篇 绪论 …… 1
第一章 田径裁判工作细则与方法基本理论 …… 1
第一节 田径裁判工作的功能与意义 …… 1
第二节 田径裁判工作的地位与作用 …… 4
第三节 田径裁判工作的特点与原则 …… 7
第二章 田径裁判员的业务素质与管理培训 …… 16
第一节 田径裁判员的业务素质 …… 16
第二节 田径裁判员培训 …… 18
第三节 田径裁判员管理 …… 19
第三章 田径裁判工作组织领导及其职能 …… 21
第一节 技术代表与技术官员 …… 21
第二节 仲裁委员会 …… 23
第三节 赛事主管 …… 25
第四节 赛事主管助理 …… 28
第五节 径赛裁判长 …… 30
第六节 田赛裁判长 …… 31

第二篇 田径比赛竞赛组织与编排工作 …… 32
第一章 田径竞赛组织工作 …… 32
第一节 组织方案设计 …… 32
第二节 竞赛规程拟定 …… 33
第三节 竞赛工作计划制订 …… 34
第四节 组织机构设置及职责 …… 34

第二章　田径竞赛组织编排（竞赛秘书组）工作 …………………………… 37
第一节　竞赛秘书组工作的特点、任务与要求 …………………………… 37
第二节　赛前编排工作方法 …………………………………………… 42
第三节　竞赛日程的编排方法 ………………………………………… 49
第四节　秩序册的编排方法 …………………………………………… 56
第五节　赛中临场编排、记录和公告工作 …………………………… 58
第六节　赛后工作和总成绩册 ………………………………………… 60
第七节　计算机和网络在田径竞赛中的运用 ………………………… 61
第三章　技术信息中心的工作 ……………………………………… 64
第一节　技术信息中心的功能与任务 ………………………………… 64
第二节　技术信息中心裁判工作方法 ………………………………… 64

第三篇　田径裁判工作细则与方法 …………………………………… 69
第一章　现场指挥工作 ……………………………………………… 69
第二章　径赛裁判工作 ……………………………………………… 74
第一节　径赛裁判长工作 ……………………………………………… 74
第二节　检录组裁判工作 ……………………………………………… 77
第三节　发令组裁判工作 ……………………………………………… 85
第四节　检查组裁判工作 ……………………………………………… 98
第五节　终点裁判工作 ……………………………………………… 110
第六节　终点摄影计时裁判工作 …………………………………… 118
第七节　人工计时裁判工作 ………………………………………… 123
第三章　田赛裁判工作 ……………………………………………… 130
第一节　田赛裁判长工作 …………………………………………… 130
第二节　跳高组裁判工作 …………………………………………… 134
第三节　撑竿跳高组裁判工作 ……………………………………… 140
第四节　远跳组裁判工作 …………………………………………… 146
第五节　投掷组裁判工作 …………………………………………… 158
第四章　赛后控制中心工作 ………………………………………… 169
第五章　全能项目裁判工作 ………………………………………… 174
第六章　外场裁判工作 ……………………………………………… 178

第一节 外场裁判长工作 …… 178
第二节 马拉松赛裁判工作 …… 180
第三节 竞走裁判工作 …… 192
第七章 场地指挥裁判工作 …… 199
第八章 仲裁录像裁判工作 …… 201
第九章 风速测量裁判工作 …… 205

第四篇 田径竞赛场地与器材 …… 210
第一章 田径场地器材的管理与检查工作 …… 210
第一节 场地器材的管理工作 …… 210
第二节 场地器材的检查工作 …… 214
第三节 场地器材组工作细则及方法 …… 216
第二章 田径比赛的场地器材规格与标准 …… 218
第一节 标准田径场地规格 …… 218
第二节 径赛场地上的标志与场地布置 …… 222
第三节 田赛各项目的场地布置与要求 …… 232
第四节 田径比赛器材规格与标准 …… 243

第五篇 田径裁判实用英语 …… 253
第一章 官员 …… 253
第二章 竞赛项目 …… 255
第三章 专业术语 …… 256
第四章 国际田联会员名录 …… 261

主要参考文献 …… 270

第一篇　绪论

第一章　田径裁判工作细则与方法基本理论

第一节　田径裁判工作的功能与意义

一、田径裁判工作的功能

“功能”本义是指器官或物体所发挥的有利作用。田径裁判工作的功能则可以理解为田径裁判工作对整个田径赛事所发挥的有利作用。

（一）田径裁判工作的组织与管理功能

赛前，田径裁判工作要承担赛事的组织与编排任务，首先要根据主办单位、承办单位等要求制订比赛规程，组织各参赛队伍按照规程进行报名和制作秩序册，根据大会规模选调各个级别的裁判员。其次，要组织召开领队、教练员和裁判员、主裁判等各项会议，对赛事志愿者进行培训和管理。赛中，要组织运动员按照既定时间进行检录和进入比赛场地，组织运动员按照规定进行练习，组织和管理运动员按照竞赛规程和《田径竞赛规则》进行比赛等工作。赛后，要组织和管理运动员到达赛后控制中心，接受兴奋剂检测、媒体采访和领取运动员个人物品。

（二）田径裁判工作的执行与判定功能

竞赛规程和《田径竞赛规则》是裁判员进行裁判工作的理论依据，田径裁判员根据竞赛规程和各项目的比赛规则对比赛成绩进行判定。起点发令组裁判员对运动员起跑合理性的裁决，计时与终点裁判员对比赛成绩和名次的判定，检查组裁判员对径赛项目运动员各项目比赛情况的判断，田赛各项目内场主裁判和外场裁判员对运动员试跳、试掷有效性的判罚等，都是决定比赛最终成绩的有效依据。虽然，目前大部分大型田径赛事采用了计算机等电子信息系统作为田径裁判的辅助工作。但是，临场比赛判罚的执行与成绩的判定工作仍然需要裁判员来进行。

（三）田径裁判工作的记录与见证功能

赛前，检录组裁判员按照规定的检录时间进行检录，登记参赛运动员的检录人数和缺赛人数，并在检录单上做好记录。赛中，径赛项目的终点裁判员和计时裁判员记录各道次运动员的名次和比赛成绩。检查组裁判员对各径赛项目每组运动员犯规情况快速、准确地做好记录。田赛各项目的主记录员和检查记录员按照主裁判的判罚记录运动员比赛成绩、比赛完成情况和犯规情况。比赛过程中，如遇到破纪录情况，裁判员要做好比赛现场的保护工作并报告有关裁判长或赛事主管。在有关裁判长或赛事主管的领导下，核对比赛成绩，做好破纪录的见证工作。

（四）田径裁判工作的释疑与裁决功能

在各类田径比赛中，运动员、教练员及其领队对裁判员的判罚或参赛运动员的资格等问题存在异议时，可以提出质疑、抗议或申诉。有关裁判员、裁判长可以根据比赛和判罚情况进行解释，如果质疑未能得到有效的解决。有关运动员、教练员或领队可以向仲裁委员会提出抗议或申诉。仲裁委员会按照竞赛规程和《田径竞赛规则》中有关抗议条款的相关规定，对有关比赛中的各项技术性问题进行裁决。此外，在比赛中如遇到名次并列或成绩相等及抽签确定决赛人数时，有关裁判长或赛事主管组织运动员进行抽签或裁决运动员是否需要进行重赛及决名次赛。

（五）田径裁判工作的公告与宣传功能

现场指挥和编排记录公告组（竞赛秘书组）在田径比赛中肩负着赛事的公告与宣传任务。赛前，编排记录公告组将比赛的分组和道次安排及各项赛事的赛程等交于现场指挥。现场指挥对各个单元的比赛项目进行播报。赛中，现场指挥根据比赛进程，对各个项目的分组和运动员道次进行播报，介绍运动员。赛后，编排记录公告组对比赛成绩进行汇总，将进入决赛的参赛名单交于现场指挥进行播报。同时，将决赛项目的比赛成绩在宣传公告栏进行张贴，并通过现场指挥对决赛成绩进行播报。

（六）田径裁判工作的沟通与服务功能

赛前，通过领队、教练员、裁判员会议对组委会和比赛项目的相关要求（是否进行及格赛和及格赛标准、跳高升高计划、自备比赛所用器材要求等）进行通报，对领队和教练员提出的意见和建议与组委会进行沟通和协调。通过裁判工作的联调环节，对各种裁判工作需要解决的问题进行沟通和协调。赛前检录过程中，对运动员携带的不符合赛会要求的物品进行暂留和保管，协助运动员佩戴好号码布和小号码。赛中，对不同国籍的运动员能运用相应的语言进行有效沟通，解决运动员在比赛过程中遇到的各类问题。赛后，组织志愿者将参赛运动员的服装和物品统一送到赛后控制中心。

二、田径裁判工作的意义

“意义”通常指价值或作用。田径裁判工作的意义可以理解为田径裁判工作的价值或田径裁判工作的作用。

（一）保证赛事进程与比赛成绩的准确性

不同级别的裁判员对田径规则的熟悉程度、裁判方法的运用程度以及裁判员之间相互协调与沟通情况，往往影响着比赛的连续性和赛事的整体进程。田径赛事竞赛日程的编排除了考虑比赛场地、器材和参赛运动员的组别、人数、竞技水平等方面的因素外，另外一个重点要考虑的因素就是裁判员的业务水平和执裁能力。此外，田径裁判员严肃认真、公正准确、谦虚谨慎、团结协作的工作要求，良好的思想道德素质、丰富的科学文化素质、综合的业务素质和组织、判断、沟通、实践的综合能力等都是保证比赛成绩客观性、公正性和准确性的重要因素。

（二）提供田径竞赛规则修改与检验参考

《田径竞赛规则》随着田径项目的发展在不断地修改和完善。田径规则的修改需要田径裁判员不断地学习和适应新的《田径竞赛规则》要求，并在裁判员业务培训和临场执裁过程中不断地进行临场实践。在此过程中，田径裁判员可以对修改的《田径竞赛规则》的相关内容进行实践和检验。发现新的《田径竞赛规则》修改过程中存在的问题和不足，并结合裁判工作实践和运动员比赛情况提出修改和完善的意见或建议。通过裁判员提供的参考建议，推动《田径竞赛规则》的修改和完善，为运动员优秀成绩的创造和田径项目发展的科学性、可持续性提供空间。

（三）促进各地区裁判工作经验学习与交流

田径赛事要求裁判员以赛事竞赛规程和国际田联最新公布的《田径竞赛规则》为各项比赛的判罚依据。但是，在临场执裁方法上各地区经过长期的摸索和实践，逐步形成了本地区比较成熟的裁判方法和工作经验。大型田径赛事裁判人数众多，需要调用各地区、各级别的裁判员参加执裁工作。不同地区、不同级别的田径裁判员在执裁过程中，通过裁判工作实践，促进了不同地区裁判实践和工作经验的学习与交流，有力地提升了各地区裁判员的业务水平和执裁能力，对于全国和各地区田径裁判员队伍的建设和发展均具有重要意义。与此同时，现今微信、腾讯QQ等网络工具为广大田径裁判员提供了便捷、快速的交流平台，增进了裁判员业务水平和执裁能力。

（四）推动田径裁判员人才培养与梯队建设

田径赛事众多，田径裁判岗位设置全面、精细，对于不同级别田径裁判员能力的培养具有重要意义。不同级别的田径裁判员可以通过各类田径赛事和不同的裁判工作岗位，学习和锻炼个人的田径裁判理论与实践能力。新晋裁判员可以通过与有多年执裁经验的裁判员或裁判长进行学习和交流，提升个人的裁判理论水平与临场执裁能力。各组的主裁判和裁判长也可以通过各类田径比赛的裁判工作，发掘和培养有潜力的新生代田径裁判员力量，建立科学的、合理的裁判员梯队，进而推动各地区田径裁判工作的可持续发展。

第二节　田径裁判工作的地位与作用

一、田径裁判工作的地位

“地位”本义是指在社会关系中所处的位置。田径裁判工作的地位则可以理解为田径裁判工作在田径赛事中所处的位置。

（一）整个田径赛事系统的从属地位

竞技体育的核心是运动竞赛，竞赛规则和裁判工作伴随着运动竞赛的产生而出现。从某种意义上讲，裁判工作不能独立于运动竞赛之外而独立存在，必须依附于运动竞赛而生存。反之，运动竞赛也不能离开裁判工作和裁判员。否则，运动竞赛将失去其固有的公正性和公平性。如果把田径赛事形容成一个大的系统，它包含了办公室、竞赛处、宣传处、安全保卫处、场地器材处等众多子系统。其中，田径裁判工作是田径赛事大系统的一个子系统。具体负责田径赛事竞赛规程的制订和发放，参赛单位报名和资格审查，比赛秩序册的组织编排，竞赛表格的印制，比赛成绩的公告与组织颁奖，裁判员的选聘和业务培训，召开领队、教练员和裁判员技术会议，竞赛的组织与管理和比赛成绩册的编制与印发等工作。在整个田径赛事的运行过程中，田径裁判工作除了要完成本职工作外，还要与其他各个部门做好沟通与协调工作，确保整个赛事的顺利进行。

（二）田径赛事评判工作的主导地位

裁判工作与竞赛是竞技体育的两个基本构成要素。在田径赛事中，运动员是竞赛的主体，裁判员是裁判工作的主体，在田径竞赛中运动员和裁判员是互为主客体的关系。裁判员是赛事公正、公平执裁的执行者。赛前，田径裁判工作主要担负着比赛竞赛规程的制订、组织报名与资格审查、秩序册的编排和各项比赛表格的印制工作。这些工作需要具备专门的田径裁判理论知识才能胜任，其他非专业人员无法予以替代。赛中，检录组裁判员依据竞赛日程和检录时间表进行检录，规定时间内未能按时检录的运动员将无法正常参赛。发令组裁判员对于运动员起跑犯规的判罚、检查组裁判员对于运动员比赛过程中犯规的判定、田赛项目中主裁判对运动员犯规和违例的裁决同样具有权威性。这些由相关裁判员做出的判罚都是以《田径竞赛规则》为依据，无论运动员水平多高、名气多大，都一视同仁。运动员、教练员和领队有权对裁判员判罚提出抗议或申诉，但是只要是证据确凿，任何人和任何部门都无权干涉有关竞赛裁判工作的开展和比赛结果的评判。

（三）田径项目整体发展的基础地位

一个项目的发展离不开项目发展的基础和项目发展的导向，田径项目的发展亦是如此。田径项目的发展离不开学校体育、群众体育的基础保障性作用和竞技体育的导向性作用。其中，学校体育和群众体育对于田径项目的普及与发展起到基础性和保障性的作用。竞技体育中的田径项目属于精英体育，是田径项目优异成绩和人体极限的集中展现。在田径项目发展的过程中，不论是学校体育、群众体育还是竞技体育中的田径项目的开展，都离不开田径裁判工作。学校体育田径教学和运动竞赛，需要学生掌握一定的《田径竞赛规则》和裁判工作细则及方法，才能更好地学习、掌握田径运动项目以及更好地欣赏田径运动项目的独特魅力。群众体育中，企事业单位组织的趣味田径运动会或业余田径运动会的组织编排和赛事管理都离不开田径裁判工作。竞技体育中，运动员优异成绩的取得，除了运动员的训练水平、比赛能力和个人素质以外，比赛地的气候、赛场的气氛和裁判员的水平等都是影响运动员竞技水平发展的重要组成因素，其中，裁判工作开展情况对运动员临场比赛水平的发挥具有不可忽视的作用。

二、田径裁判工作的作用

“作用”本义是指一事物对他事物产生影响，也指所产生的影响。田径裁判工作的作用可以理解为田径裁判工作对田径赛事产生影响或所产生的影响。

（一）田径裁判工作的保障作用

田径裁判工作的保障作用主要体现在田径裁判工作对田径赛事进程的保障，对运动员比赛环境和比赛条件的保障，对运动员比赛公平性、公正性和公开性的保障、对运动员运动成绩有效性的保障等多个方面。田径赛事的特点是比赛项目设置多，比赛赛次多，参赛运动员人数多，裁判员岗位多，比赛场地、器材和规则复杂等。不同级别的田径赛事，要按照竞赛日程顺利完成比赛任务，离不开田径裁判的执裁水平和业务能力。田径裁判员的临场执裁能力，处理突发事件的能力，沟通与协调能力等，对于田径赛事比赛成绩的公正性、公平性都会产生直接影响。

（二）田径裁判工作的激励作用

在田径竞赛过程中，运动员优异成绩的发挥除了受到自身训练水平、竞技能力和身体素质的影响外，还受到比赛地的自然气候、赛场的气氛、比赛的组织、社会影响因素等多方面的影响。在田径裁判工作过程中，裁判工作的组织水平与管理能力，裁判工作程序的开展和裁判方法的运用，临场裁判工作中裁判员所体现出的严肃认真、公正准确、谦虚谨慎、团结协作的工作态度，裁判工作所营造的公平、公正、公开的比赛环境和赛场氛围等，都会对运动员优异成绩的发挥产生一定的激励作用。

（三）田径裁判工作的榜样作用

裁判员根据其裁判员业务能力和执裁水平有机会担任各个级别田径赛事的裁判工作。在担任国际性田径赛事的裁判工作时，裁判员代表着一个国家的民族文化和民族精神面貌。裁判员在国际赛事中的业务水平、执裁能力和一言一行都是一个国家形象的具体体现。担任国内田径赛事的裁判工作，裁判员是公平、公正、公开原则的集中体现，对于参赛运动员、观众和青少年儿童的处事教育都会产生榜样的作用。裁判员在执裁过程中注重从裁判工作整体出发，彼此相互学习，相互尊重，取长补短，注重集体力量的发挥。这些对于培养运动员和青少年集体荣誉感均具有良好的示范作用。此外，田径裁判员在整个竞赛过程中都要十分注意自身的裁判形象。不但要求服装整齐、整洁，还要求裁判员仪表大方，举止得体。按照要求佩戴好裁判员胸徽和袖标，注意坐姿端正、站姿挺拔。可以说裁判员的行为品质、形象风度不仅能够展现裁判员的精神风貌，还可以给观众留下美好的印象，并且对于运动员的文明参赛起到表率和榜样作用。

（四）田径裁判工作的教育作用

田径裁判工作以“严肃认真、公正准确、谦虚谨慎、团结协作”为基本要求，在裁判工作过程中，裁判员不但要能够熟练、准确地运用《田径竞赛规则》进行判罚，还要具有团队意识和协作能力，听从主裁判、裁判长或赛事主管的调动。同时，田径裁判工作以“公平、公正、公开”为基本原则。在裁判工作过程中，裁判员严格遵守《田径竞赛规则》的相关规定，秉公执法、一视同仁。在执裁青少年田径赛事时，对于运动员在比赛过程中出现的因为紧张而出现的技术性失误、失败或犯规，裁判员大多会以耐心、和蔼的态度，给予运动员一些暗示、鼓励和提醒，帮助运动员消除紧张的心理，有助于其发挥应有的水平。此外，对于运动员在比赛中出现的一些不能自觉遵守比赛规则和竞赛规程的情况，大多规则中会设定“提醒、劝告、警告”等规定，其目的就是对运动员以教育和引导为主。以上的这些内容对于青少年的诚信教育和协同教育均具有良好的示范作用。

第三节 田径裁判工作的特点与原则

一、田径裁判工作的特点

“特点”本义是指人或事物所具有的特殊或特别之处，可以作为人或事物的征象、标志等。田径裁判工作特点可以理解为田径裁判工作的特别或特殊之处。

（一）工作状态与环境的特殊性

田径比赛与田径裁判工作都是在瞬息万变的动态过程中进行的，往往会在短时间内出现一些难以预料的情况。并且裁判员需要在短时间内完成多个项目的裁判工作，这就要求田径裁判员工作态度要积极、认真，能够严格遵守竞赛规程和竞赛日程安排。因此，每个单元比赛前各组裁判员都要统一提前 40 ~ 120 分钟，马拉松项目甚至要提前几个小时到达比赛场地进行赛前裁判器材的领取、比赛场地器材的布置等各项准备工作。比赛过程中，走、跑、跳跃和投掷的每个项目都是在快节奏和高速度情况下完成的，要求裁判员能够在较短的时间内做出准确而及时的判罚。

事实证明，一些裁判员在执裁过程中出现的失误（漏记、漏判、误判等），多数是由于长时间紧张的精神状态，身心出现疲劳或注意力不集中时所造成，并非是裁判员对竞赛规则不熟悉或裁判方法运用不合理而造成的。此外，许多裁判工作环境十分辛苦，比如外场的各组裁判员，无论刮风下雨，还是烈日暴晒，都要严守工作岗位，没有丝毫放松和懈怠，更没有丝毫怨言。如果裁判员没有积极、认真的工作态度，是难以胜任田径裁判工作的。在各个单元比赛结束后，各组裁判员会自觉、统一清理所负责比赛场地的卫生，归还裁判工作和比赛所用的器材。同时，在主裁判的带领下对本单元的裁判工作进行认真总结，发现裁判工作中存在的问题和不足，并及时做出改进的意见和建议。可见，裁判员的工作态度决定着对裁判工作的责任心，也影响着裁判工作的效率。工作态度不但是田径裁判员的重要素质，也是保障裁判工作成效的基本条件。

（二）田径裁判工作能力的全面性

田径裁判工作要求裁判员具备良好的沟通与协调、组织与管理、思维与判断、发现与解决问题、理论结合实践等多项综合能力。沟通与协调能力主要体现在赛前，领队、教练员、裁判员会议，赛事主管和技术官员要针对比赛规程和竞赛事项与领队、教练员和裁判员进行沟通和交流。赛中，各组主裁判要与运动员进行沟通和交流比赛注意事项。在运动员或教练员对判罚提出抗议或申诉时能够有效地进行沟通和协调，保障运动员的合法权益。

组织与管理能力主要体现在裁判员对运动员的管理，对场地器材设施的管理和对比赛秩序的管理等。赛前，裁判工作要负责竞赛规程的制订和组织各参赛单位报名和复核运动员资格。赛中，裁判员要负责组织运动员检录和进入比赛场地等工作。发令组裁判员组织运动员按照要求进行起跑练习和做好发令前准备活动。赛后控制中心负责组织运动员离开比赛场地和参加兴奋剂检测等工作。各田赛项目的管理裁判员要负责组织运动员按要求进行练习或试跳/掷。赛后，管理裁判员将运动员统一带到赛后控制中心。

思维与判断能力主要体现在裁判员通过思维、观察、记忆等在临场执裁过程中对各组比赛作出灵敏、快速、准确的判罚，并能够对所判罚的细节准确地进行记忆。特别是在判罚出现争议或有运动员、教练员提出抗议或申诉时，裁判员能够清楚、详细地阐述运动员违例或犯规情况，解释判罚所依据的竞赛规程或《田径竞赛规则》的相关条款。

发现问题解决问题能力主要体现在执裁过程中，裁判员对突发事件能否迅速地作出反应，善于对比赛过程中可能出现的各类问题提出预案。并能够根据比赛实际情况，预见可能会出现的事故征兆，采取有效的预防措施，避免运动员伤害事故的发生，借以保证竞赛过程有序、正常地进行。

理论结合实践能力主要是指田径裁判工作不但需要裁判员具备良好的理论基础，同时也需要裁判员在临场执裁过程中能够在裁判实践工作中检验裁判理论，并能够熟练运用竞赛规则理论指导裁判工作实践和解决执裁过程中出现的各类疑难问题。

（三）田径裁判员素质的综合性

田径裁判员素质包括思想道德素质、科学文化素质、业务素质、身体素质和心理素质等多个方面。

思想道德素质是田径裁判工作必须具备的基本素质。一名合格的裁判员应具有高度的政治觉悟、过硬的思想道德品质和公正无私的道德修养及行为作风。首先，裁判员的执法必须以公正性为基本原则，严格履行裁判员职责，才能保证比赛判罚的公平性和准确性。田径裁判工作要求裁判员不论运动员来自哪里，在赛场上、在规程与规则面前都是平等的，都是以客观事实为成绩判定的依据。其次，田径裁判工作要求裁判员牢固树立严肃认真、谦虚谨慎的工作作风。在裁判执裁过程中，遇到不同的意见或分歧。要求裁判员不但能够坚持个人的意见，也能够虚心听取别人的见解。在裁判过程中出现误判、漏判情况时，能够相互协作、团结一致。再次，田径裁判工作具有高度的组织性和纪律性。裁判员的行为作风对运动员和观众都具有一定的精神文明教育作用。因此，在大型田径赛事中，裁判员的入场、退场和执裁工作都要求协调一致。并且要求裁判员裁判过程中所体现的行为举止、姿态仪表等都能够体现出良好的精神面貌。

裁判员的科学文化素质主要包括文化水平（语言文化、体育文化等）、专业知识水平（体育科学理论知识、田径运动理论、田径竞赛规则与裁判法）等。新时期的田径裁判工作要求裁判员不仅要懂得田径运动的特性以及相关项目特征等专业方面的理论知识，还要了解一些管理学、心理学、社会学、教育学、行为学等一些交叉学科和边缘学科的理论知识。裁判员要不断拓展个人的知识面，努力调整自身的知识结构。借以适应田径运动技术水平的不断提高和适应国内、国际各项大型赛事的高水平裁判工作。

裁判员的业务素质主要包括对《田径竞赛规则》和裁判法的掌握，对田径场地、器材设施相关理论知识的了解以及先进裁判仪器设备的使用等方面。新时期的田径裁判工作要求裁判员能够及时、全面地了解和接受新的《田径竞赛规则》精神，以新规则、新方法来指导田径裁判工作。同时，要求裁判员要不断加强裁判工作方法、工作技巧和工作艺术等方面的学习和交流。善于在裁判实践工作中运用自身所掌握的裁判知识和裁判技能，并善于学习和总结裁判工作中出现的新问题。此外，裁判员还要加强外语能力和先进仪器设备的功能和实际操作能力的培养，借以适应国际高水平裁判工作的需要。

裁判员的身体素质包括裁判员身体健康状况及其精神面貌等。田径裁判工作特点是赛程集中，工作时间长，工作环境开放，很少会受季节、气候和天气等因素的影响。普通的田径比赛一般要4-6个单元，大型田径赛事近十几个单元的比赛。室外的赛事，一般情况下不会因为天气变化而终止赛程。因此，田径裁判员经常要接受风吹、日晒、雨淋等恶劣天气和忍饥挨饿坚持执裁工作的身体考验。同时，由于紧凑的赛程，裁判员要长时间地处于紧张的工作状态，对裁判员的精力和体力都是极大的消耗，很容易出现裁判员工作的疲劳状态。所以，田径裁判员必须具备强健的体魄和良好的体能，才能保证饱满的精神状态和敏捷迅速、准确无误的判罚。

裁判员的心理素质包括兴趣、意志和创造性等方面。田径竞赛项目多、裁判工作分工细，要求裁判员必须具备良好的心理素质。首先，作为一名田径裁判员必须对所从事的裁判工作具有浓厚的兴趣，能够自觉、积极地坚持理论知识的学习和实践能力的提升。其次，田径裁判工作要求裁判员具有果断、坚定的心理素质，在执裁过程中能够坚定、果断、沉着、冷静地处理竞赛过程中的各类突发事件。再次，田径裁判工作要求裁判员具备一定的创造性的心理素质。对于裁判过程中存在的一些疑难判罚，能够结合国际田联的竞赛规则和比赛实际情况，提出个人的意见和建议。对于一些有助于裁判工作的方法勇于进行改革和尝试，对于一些传统裁判工作方法的不足敢于批判和提出改进、完善的具体措施。

（四）田径裁判岗位的精细化

大型的田径赛事通常设置47个比赛项目。径赛项目包括分道跑、不分道跑项目，平跑、障碍跑项目等。田赛项目包括跳跃项目和投掷项目。跳跃项目又可以细分为远度项目（跳远、三级跳远）和高度项目（跳高、撑竿跳高）。每一个项目中又可以分为男子项目和女子项目，成人项目和青年、少年项目等。正是因为田径各个项目的比赛特征明显，竞赛规则和要求的差异性，所以田径赛事所需要的裁判数量和岗位设置也是各个比赛项目中人数最多和分工最精细的。通常情况下，一个田径赛事的裁判组成大体上可以分为技术官员、仲裁委员会、赛事主管、赛事主管助理、径赛裁判长、田赛裁判长、现场指挥、检录组裁判（检录裁判长、检录主裁判、检录裁判员）、发令组裁判（发令员、发令协调员、助理发令员、召回发令员）、检查组裁判（检查主裁判、检查裁判员）、终点组裁判（终点主裁判、终点裁判员、终点计时主裁判、终点计时裁判员）、杆高组裁判（主裁判、记录员、时限裁判员、管理裁判员、丈量裁判员）、远跳组裁判（主裁判、记录员、时限裁判员、管理裁判员、丈量裁判员）、投掷组裁判（内场主裁判、外场主裁判、落点裁判员、管理裁判员、丈量裁判员、记录员、时限裁判员）、赛后控制中心、竞赛秘书处（竞赛秘书主裁判、竞赛秘书处裁判员）、场地器材组裁判（场地器材主裁判、场地器材组裁判员）等，每个裁判组的裁判员又可以具体进行相应的岗位分工。此外，随着终点摄影、激光测距、起跑信息系统等高科技仪器在大型田径赛事中的应用，田径裁判组成又派生出许多新的工作岗位：如终点摄影裁判员、激光测距员、仲裁录像裁判长等。田径裁判的主要职责是按照竞赛规程和规则的相关规定，采用合理的裁判工作方法，确保比赛的顺利进行。因此，裁判员所担负的职责和任务十分重大，各个裁判员组都必须分工明确并且责任到人，每个裁判员都需要明确职责，恪尽职守。

（五）田径裁判管理的规范化

田径裁判队伍庞大，分工专业化和精细化，这就要求对于裁判员的管理必须规范化。首先，裁判员的培训和等级认定的规范化。目前，我国田径裁判员的等级包括国家三级、国家二级、国家一级、国家级和国际级等几个级别。每个级别裁判员的业务培训和资格认定都有相应的要求。通常情况下，国家三级、国家二级、国家一级田径裁判员由地方体育局或者体育专业类高校进行培训和资格认定。国家级和国际级裁判员由各地区根据具有国家一级裁判员资格并参加过省级以上裁判经历的裁判员中进行选拔和推荐参加由国家体育总局田径运动管理中心组织的裁判员业务培训和资格考核认定。其次，裁判员临场执裁管理的规范化。当前，大型田径赛事的直播成为田径赛事发展的一个重要途径。为了满足赛事拍摄效果和提高比赛的观赏度，通常要求裁判员不能在比赛场地内随意走动。裁判员在执裁过程中通常要坐着执裁或者在场地边、场地外进行裁判工作。同时，裁判员要统一服装、统一列队进场和退场，这些都是裁判员管理规范化的重要体现。再次，裁判员人才梯队建设和岗位分工规范化。田径裁判队伍档案资料的建设为裁判员人才梯队的规范化管理提供了依据。目前，大部分国家都建立了本国田径裁判员人才信息库。通过建立裁判员人事档案、培训档案、荣誉档案和成果档案和“以老带新”的“传、帮、带”形式加强对裁判员队伍梯队的建设。此外，由于各类高科技仪器在田径裁判工作中的应用，要求田径裁判员的岗位分工更加精细化、裁判业务更加专业化。因此，对于裁判员的管理不但要对裁判员进行裁判规则和裁判法的业务培训，还要对裁判员进行精密仪器操作与管理进行培训，进而形成一个熟悉业务并富有实践经验的裁判员队伍。

（六）田径裁判工作的协同性

田径裁判工作的协同性是田径裁判特点的集中体现。首先，田径裁判工作的系统性，要求各裁判组之间的协同与配合。由于田径项目繁多、岗位设置精细，虽然每个裁判工作岗位都需要独立的工作方法和竞赛规则。但是，每个项目的裁判工作又需要各个裁判岗位之间的协同配合。例如，跑类项目需要场地器材组、赛前控制中心（检录）、现场指挥、起点（发令组）、检查、终点、计时、风速、赛后控制中心等相关裁判员协同配合来完成。因此，通常情况下，每个赛事在赛前的裁判员会议后都会安排多次的“联调”，借以协调各个裁判组的协同性，确保比赛在预定时间内顺利完成。与此同时，各裁判组内部的工作也是一个独立的系统，每个裁判员都有自己负责的岗位任务，并且各岗位之间相互衔接、协同互补，形成一个系统的工作界面。其次，裁判规则要求裁判工作具有协同性。例如，发令组裁判员，助理发令员和召回发令员协助主裁判判罚运动员起跑犯规情况。田赛项目的时限员协助主裁判判罚运动员是否因时限问题而违例，检查记录员辅助记录员进行成绩的核对等。破纪录时，有关项目的裁判员要保护好比赛现场，并请相关的裁判长、技术官员或赛事主管对破纪录情况进行核对。有些项目破纪录时还要参看风速测量员对风速的记取等信息。这些信息汇总在一起，才能够形成一个公正、准确、全面、客观的比赛成绩。此外，从裁判管理角度要求裁判工作的协同与配合。在执裁过程中，各裁判组、裁判员之间没有工作岗位的轻重之分，各组裁判员之间需要建立一种相互了解、相互尊重、相互支持、相互学习的工作关系，只有这样才能保证裁判工作更加和谐、顺利地进行。

（七）田径裁判工作的科技化

随着计算机和电子设备的逐步普及，国际和国内的大型田径赛事的裁判工作进入了科技化的时代。大量的高科技产品如全自动电子摄影计时系统、激光测距仪、起跑信息系统、激光高度测量仪、电动成绩公告牌、电动时限显示器、风速电动显示牌、自动平沙器以及计算机网络系统等在田径赛事中得以应用。高科技产品在田径裁判工作中的应用，提高了竞赛各个环节的工作效率，在一定程度上减少了判罚的人为因素，提高了裁判工作的公正性和准确性。例如，整个裁判工作流程，从编排记录公告到所有径赛、田赛和外场裁判组都有计算机终端与主机相连，并由计算机控制完成。场内各裁判组使用手提电脑，可以随时获取比赛中的各种信息，加快了比赛信息传递的速度，使比赛成绩的公告更加及时、准确。高科技仪器和设备的应用为裁判员实时判罚提供了可靠的依据，也为观众即时获取比赛信息和观赏比赛提供了保障。此外，无线通讯工具（对讲机、无线电话等）在田径裁判工作中也不断普及，整场比赛技术官员、裁判长、主裁判、各裁判组组长及外场马拉松、竞走裁判员均使用无线电通讯设备，极大地方便了竞赛中的工作联络，对于及时解决和处理比赛中出现的各类问题提供了保证。

（八）田径裁判工作的程序化

田径裁判工作的程序化主要体现在裁判工作组织的程序化、裁判工作方法的程序化和田径赛事次序的程序化以及裁判员管理的程序化等几个方面。首先，田径项目的比赛流程主要是检录、入场、比赛、记录与公布成绩、发奖和退场等几个部分组成。因此，径赛项目和田赛项目都是以此程序为框架来组织开展裁判工作的。其次，通常情况下田径裁判工作方法大体上可以分成赛前、赛中和赛后三个组成部分。每个裁判组和裁判员大部分是按照这三个工作环节来准备和具体开展裁判工作的。包括对比赛判罚存在异议，也需要按照一定的程序进行。首先由运动员或教练、领队向裁判员提出口头抗议或申诉，相关裁判员、主裁判或裁判长对所提出问题进行解释和处理。如果未能得到解决，可以向赛事主管提出抗议或申诉。如还没有解决，则可以向仲裁委员会提出书面的抗议或申诉。再次，田径赛事的特点是参赛人数多、项目设置多、比赛分组多、比赛赛次多。例如，大部分径赛项目都是由预赛、复赛和决赛等几个赛次组成，而田赛又可以分成及格赛、预赛和决赛等赛次组成。每个赛次都有固定的时间来进行。因此，要求裁判员一定要严格按照竞赛日程安排、克服不良天气和运动员兼项等因素及各类突发事件的影响，确保比赛按照预定的竞赛程序进行。此外，田径裁判员的管理也体现出程序化的特点。通常裁判员参加裁判工作由选拔通知、裁判员报到、参加裁判员会议、裁判组会议、联调、裁判工作、离会等几个程序组成。裁判员的工作程序还包括起床、吃饭、乘车、比赛、午餐、比赛、晚餐、休息等整个比赛期间的具体程序。

二、田径裁判工作的原则

“原则”具有一定的严肃性、规范性和相对稳定性。裁判原则是在裁判工作实践经验的基础上，经过科学的抽象和概况，从中分析和归纳出的裁判工作的基本特点和普遍规律，最后形成裁判工作统一贯彻执行的基本准则。

（一）整体性原则

当前，田径裁判工作一般分为仲裁委员会、赛事主管（总裁判长）、赛事主管助理（副总裁判长）、现场指挥、现场展示、径赛裁判长、田赛裁判长、检录裁判长、检录主裁判、检录裁判员、发令协调员、发令员、召回发令员、助理发令员、径赛主裁判、终点裁判员、检查主裁判、检查裁判员、终点摄影主裁判、田赛A/B/C/D主裁判、田赛裁判员、录像裁判长、赛后主裁判、赛后裁判员、场地指挥、场地器材主裁判、场地器材裁判员、编排记录主裁判、编排记录裁判员等工作岗位组成。这些岗位都有各自的工作原则和方法，但是一场田径比赛需要各个裁判组之间形成整体的配合才能顺利完成。比如径赛项目需要编排记录组、场地指挥、检录组、发令组、检查组、风速测量、场地器材组、赛后控制中心等各个裁判组的整体配合。因此，田径裁判工作首要遵循的原则就是整体性原则。

（二）一致性原则

田径裁判的一致性是裁判判罚准确性、公正性的前提和保证。首先，田径裁判工作要求裁判员要熟悉《田径竞赛规则》、竞赛规程、裁判员工作守则、裁判注意事项等相关规定并按照裁判工作方法认真执行，只有统一认识、统一裁判标准才能在执裁过程中实现判罚的一致性。其次，田径比赛具有项目多、赛次多、组别多、赛程紧密等特点。因此，一些赛事的田赛比赛需要进行及格赛，在进行及格赛的过程中，一般要求各组尽力保证在同一时间、同样比赛场地或环境下进行比赛。其目的就是尽力保证运动员比赛条件、比赛标准的一致性。再次，田径比赛由于运动员的水平和能力参差不齐。通常在竞赛规程和赛前的领队、教练员联席会议上会对各组别的竞赛标准进行统一的规定，其中包括器材的标准、跳高（撑竿跳高）起跳高度及升高计划、三级跳远起跳板的距离、及格赛的标准等进行统一的规定。一旦这些规定确定，在比赛过程中就不能进行更改，借以确保裁判员执裁和运动员比赛条件的一致性。

（三）客观性原则

田径比赛是以时间的快慢、远度和高度为判定标准的项目。因此，相比较其他一些以主观判断为主的项目，田径项目主要以客观成绩为评判依据，具有很强的客观性。为了确保田径比赛的客观性和准确性，通常田径裁判岗位的设置十分精密。比如，田径径赛项目最初的成绩判定一般要求至少要有2－3块秒表来记录成绩，同时有专门的终点裁判员记录名次。现今，随着终点计时系统的应用，使田径径赛项目的客观性和准确性进一步提升。同样，田赛项目最初是每次有效投掷都会进行人工的测量（采用钢尺），不但判定时间长，还容易因为人为主观因素、场地平整度等问题而出现一定的偏差。而现今出现的以激光测距为代表的电子科技手段来进行测量，在很大程度上避免了人工测量和场地等问题出现的误差，使比赛更具客观性。同时，这些比赛成绩和比赛图像可以通过现场的大屏幕和电子显示牌直接显示和进行图像回放，使现场和外场观众能够更加直观地了解比赛的情况。因此，田径裁判在执裁过程中，要本着实事求是、客观准确的态度进行工作。

（四）协调性原则

田径赛事项目设置多、裁判人数多、岗位分工细致，每一个裁判组和裁判岗位都有各自的工作细则和方法。但是，每一个裁判组别又不能完全脱离其他裁判组而独立进行工作，这是由于田径裁判整体性的限定。因此，田径裁判员不但要认真、准确地完成本岗位的裁判工作，同时要不断地与其他裁判组进行沟通和协调，借以确保比赛的顺利进行。比如，径赛项目需要检录组、发令组、检查组、终点摄影组、器材组、赛后控制中心、现场指挥、成绩记录公告组等各个裁判组的协同配合才能确保比赛顺利完成。田赛项目也需要主裁判、内场裁判、外场裁判、器材管理裁判、运动员管理裁判、电子测距裁判、现场指挥等相互协调才能完成裁判工作。此外，在一些跳高、标枪等田赛项目比赛过程中，经常需要占用径赛的跑道进行助跑，这时也需要田赛的管理裁判员和检查裁判员进行协调和沟通，确保运动员的人身安全和比赛的连续性。因此，田径裁判员在比赛过程中要牢固树立协调、配合的工作理念，共同完成裁判工作。

（五）公正性原则

“公正”是一个复杂的概念，中外许多学者对“公正”的定义都有不同的理解和论述。而在田径比赛裁判工作中，“公正”大体可以理解为对客观比赛事实评价的合理性、平等性、客观性等。田径裁判工作需要裁判员面对客观事实能够做到摒弃私心，实事求是，无论运动员来自东道主，还是和自己来自同一参赛单位。也不论运动员是何种族、性别和肤色。在田径比赛中都是平等的，都是以客观事实、竞赛规程和《田径竞赛规则》为判定依据和标准。如果裁判员在执裁过程中存在私心杂念、有意偏袒，势必造成比赛结果的混乱和对运动员参赛成绩判罚的不公，进而影响赛事的整体进程和裁判员成绩判罚的公信度。因此，田径裁判员要保证执裁的公信度和赛事的整体进程，必须要牢固树立执裁公正、公平、公开的工作作风和客观、准确、严谨的工作态度。

（六）公平性原则

公平属于规范的范畴，属于评价性的概念。在田径裁判工作中“公平”可以理解为运动员参赛机会、参赛规则、参赛结果平等的要求。而田径裁判工作处处体现了“公平性”原则。比如，在竞赛规程中对参赛资格的规定就是对运动员参赛机会公平性的评价，运动员参加哪个组别都有明确的规定。径赛项目在弯道上起跑的运动员，每个人的起跑线都是按照相应的前伸数进行计算后确定的，不分道跑项目弧线起跑和抢道线的设置也是为了保证运动员参赛条件和机会的平等。其次，运动员起跑“零抢跑”规则的制订也是“运动员参赛机会”平等的体现。裁判员对运动员参赛过程和参赛结果进行平等判定的主要依据来自国际田联制订的《田径竞赛规则》和大会竞赛规程，这是保证田径裁判工作公平性的有力证明。此外，为了保证比赛的公平性，竞赛组委会还会设立仲裁委员会，保证对比赛判罚和比赛结果存在异议的教练员和运动员提供公平申诉的机会。

（七）公开性原则

简单来讲，公开是指将事实公布出来，让所有人都知道。田径裁判中公正、公平和公开是相互关联和互补的。有了公正、公平的执法必然可以保证判罚过程和判罚结果的公开性，有了公开的判罚过程和判罚结果，必然督促裁判执法的公正和公平。田径裁判工作不仅是开放性很强的裁判工作类型，而且也是客观性很强的裁判项目。比赛过程中，裁判员判罚的情况和判罚的结果，观众和运动员都可以直观地看到。现今，高科技手段的应用更加提升了田径裁判工作的公开性。起跑信息系统、激光测距仪、终点摄影系统、长距离跑芯片记圈系统、LED 大型显示屏等等。这些高科技仪器的应用一方面提高了裁判员裁判的精确性，另一方面避免了一些人为因素造成的弄虚作假的判罚情况。因此，田径裁判员在执裁过程中，要注重对客观比赛事实的有效判定和自身思想品德的培养，确保比赛是在公正、公开、公平的环境下进行的。

第二章　田径裁判员的业务素质与管理培训

第一节　田径裁判员的业务素质

“素质”本义是指完成某类活动所必需的基本条件。田径裁判员素质可以理解为田径裁判员完成田径裁判工作所必需的基本条件，田径裁判员的业务素质主要包括专业理论知识与实践能力两个方面。

一、专业理论知识

田径裁判员专业理论知识包括裁判员对《田径竞赛规则》和裁判方法、场地器材设施及田径基础理论知识和相关学科的理论知识等。现今，大型国际和国内田径赛事的逐步增加，为田径裁判员提供了更多接触高水平赛事裁判工作的机会，也对裁判员的业务水平提出了更高的要求。因此，田径裁判员要具备较高的业务素质就必须认真地学习和钻研竞赛规则，深入学习大会的竞赛规程。在比赛中能够正确、合理地运用竞赛规程和竞赛规则处理比赛中的各类疑难问题。此外，随着田径运动技术水平的不断提高，《田径竞赛规则》也在不断地修改和完善。这就要求裁判员要不断地扩大对竞赛规则和相关信息的学习和了解，努力学习田径理论知识、全面了解和接受新的竞赛规则精神，以新规则、新理念、新方法来指导田径裁判工作。高水平的国际田径赛事，还要求裁判员具备一定的英语听说能力和运用英语进行竞赛规则专用术语的表达与沟通能力，这些能力都需要裁判员不断地进行裁判业务知识积累和自我学习。

二、裁判实践能力

田径裁判的实践能力包括对规则的运用、裁判方法的执行和对先进仪器设备的操作等多个方面。在裁判执裁过程中，要求裁判员能够针对运动员比赛的情况，科学、合理、准确、灵活地运用竞赛规则的相关规定给予判罚。在运动员或教练员提出抗议或申诉的时候，能够全面、准确地向相关裁判长或赛事主管陈述比赛情况、判罚情况和判罚依据。田径赛场，除了运动员的比赛，田径裁判工作也是整个赛事的一个观赏点。因此，要求裁判员能够熟悉各项目的裁判方法，规范地进行裁判工作。其中包括裁判员入场、布置场地器材、裁判员的岗位设置、执裁动作的规范性、裁判组内部各岗位之间的配合以及各裁判组之间的协同配合等等。这些都需要裁判员在认真学习相关理论知识的基础上，在实践操作中不断地运用和历练。此外，随着先进的科学技术、仪器设备在国际、国内大型田径赛事的应用，许多新学科和新理论不断地渗透到田径裁判工作领域。如，全自动电子摄像计时系统、起跑信息系统、计算机网络系统、激光测距仪等在裁判工作中的广泛应用。一方面，电子仪器设置的使用加快了竞赛各环节的工作效率，提升了裁判工作的快速性、公正性和准确性。另一方面，要求田径裁判员必须不断地学习、了解和掌握先进仪器设备的功能和实际操作方法，以适应田径裁判工作的新要求。

第二节　田径裁判员培训

田径裁判员的新老更替是自然规律，因此必须坚决贯彻裁判队伍“传、帮、带”的优良传统。采取一些切实可行的措施，建立、健全和不断完善田径裁判队伍的业务培训和人才梯队建设。田径裁判员的培训主要是以田径裁判所应具备的各项素质、理论知识和实践能力等来进行。

一、裁判员各项素质的培训

田径裁判员应该具备高尚的思想道德素质、过硬的专项业务素质、良好的身体和心理素质。提高裁判员的思想道德素质、专项业务素质、身体和心理素质，要求各级裁判员管理的相关职能部门。要结合具体实际，为有志于田径裁判工作的人员提供深入学习和交流的良好条件，提供多形式、多层次、全方面的学习、交流和培训的机会。由于田径竞赛裁判工作的特点，田径裁判员身体、心理负荷较大。因此，有必要制订与田径裁判员素质相应的体能标准、心理素质测试量表等，有组织、有计划地对田径裁判员的身体素质、心理素质的达标情况进行考核，以此来保证田径裁判员能够适应时间长、赛次多、注意力高度集中和风吹、日晒、雨淋执裁环境的考验和要求。与此同时，要注重培养政治素质好、业务能力强、具有开拓与奉献精神、组织性和纪律性较强的中青年裁判员。通过各类田径赛事临场裁判工作的历练和经验积累使之逐步成为田径裁判工作的业务骨干，从而实现田径裁判员人才的梯队建设和可持续发展。

二、裁判员理论知识的培训

田径裁判员能够胜任田径裁判工作，必须进行系统的理论知识学习和培训。首先，田径裁判员要认真地学习和研究《田径竞赛规则》和《田径裁判法》。通过《田径裁判规则》与裁判方法等理论知识的学习，做到业务理论熟悉、业务能力全面、专长能力突出。其次，提高裁判员的综合理论知识水平。作为一名合格的田径裁判员不仅要懂得田径裁判工作专业方面的理论知识，更重要的还要掌握一些与田径运动相关的交叉科学和边缘科学，借以拓宽个人的知识面。例如，在对田径裁判员外语能力的要求。田径裁判员不仅要懂一些田径裁判工作的常用术语，更重要的是能在裁判工作中能够运用自如。再次，田径裁判员的培训还需要加强对裁判员裁判技巧、裁判艺术和裁判道德行为的培训和指导。不但要求裁判员能够将自身所掌握的知识、技能有效地运用到田径裁判的实际工作当中去，更要求裁判员能够在临场执裁的过程中不断积累实践经验，并逐步形成个人的裁判风格和裁判艺术。此外，负责裁判工作的相关领导及相关管理部门，应根据田径竞赛和裁判工作的特点，协调组织具有丰富国际、国内大型田径赛事执裁经验和田径裁判专项外语较好的专家、教授编写有针对性的田径裁判外语培训教材，并利用各种机会对裁判员进行外语培训或指导。通过国内一些大型的国际赛事，培养一批高素质、业务精、能力强的青年田径裁判队伍。

三、裁判员实践能力的培训

田径裁判员实践能力的培训可以通过“帮学计划”或“导师制”的形式进行。对于当前电子仪器设备进入田径裁判工作的现实情况，可以采取指导、观摩、自学、实践操作等方式，分组、分批对各级裁判员进行电子摄影计时系统、激光测距仪、高度测量仪、电脑编排录入等软、硬件设备的指导和培训，使裁判员能够熟练掌握和使用新的电子仪器和设备。其次，裁判员实践能力的培养还可以通过培养“各岗位副职”的形式来进行。在各类田径比赛的裁判工作中，无论是裁判长还是各组的裁判长、主裁判，正职位置都是由德高望重、业务精通、经验丰富的裁判前辈担任，副职可以由一些中青年骨干裁判员来担任。通过副职培养的形式，可以让大批的中青年裁判员在不断的裁判实践中历练和积累经验。此外，田径裁判员实践能力的培养，也可以采用“裁判导师”指导的形式进行。例如，对于一些综合素质较好，裁判业务能力较强的中青年裁判员。可以由具有丰富执裁经验的骨干裁判员进行临场执裁的指导和业务培训工作。通过“裁判导师”的悉心指导，让中青年骨干裁判员获得更多的学习和实践的机会，不断增长见识、开拓视野。

第三节 田径裁判员管理

田径裁判员的管理是确保各地区裁判员质量、数量和可持续发展的基础。当前，我国田径裁判员主要来自教育系统和体育系统，裁判员的管理也主要采用地方分级管理与国家统一管理相结合的形式。对于田径裁判员的管理主要包括业务档案管理、等级考核管理、选拔聘用管理、临场裁判管理等几个方面。

一、业务档案管理

田径裁判数量多、分工细，对裁判员的资历水平、业务素质要求较高。这就要求相关管理职能部门要建立一个科学、完善的业务档案管理系统。通过建立田径竞赛裁判员数据库或管理系统软件等，将裁判员个人自然情况、裁判等级、执裁资历、考核评价等情况进行登记和管理。通常情况下，二级、三级裁判员由地区体育局或专业类体育院校进行管理，一级裁判员由各省、市体育局或体育专业类院校竞训处（科）等主管部门进行管理。国家级裁判员由国家体育总局田径管理中心组织培训和考核，并对考核通过人员进行统一管理。为确保各级别裁判管理的科学性和有效性，完善裁判员队伍的建设，各省、市体育局竞训处（科）等相关主管部门必须加强对各级别裁判员的思想品德、组织纪律、业务能力等方面的考评和综合管理，以便对各级别的裁判员进行评优、等级申报和裁判工作安排等方面提供参考依据。各省、市体育局竞训处（科）等相关主管部门应建立相应的骨干裁判员裁判工作业务档案（卡），制订田径裁判员工作规范和考评办法。

二、等级考核管理

田径裁判员目前分为国际级、国家级、国家一级、国家二级和国家三级等几个主要的裁判等级。每个裁判等级都有相关的考核标准和具体要求，通常裁判员的等级考核不但要求考核理论知识，同时也要求裁判员具有一定的临场执裁经验。因此，在国家级裁判等级考核中，要求裁判员应该在省级赛事、洲际赛事或市一级以上的赛事中担任裁判的累计数或主裁判岗位累计数等，借以确保国家级裁判员在理论与实践等方面的裁判业务能力。由于国际田联《田径竞赛规则》不断进行修改和完善，要求裁判员必须能够及时了解《田径竞赛规则》的修改和变动情况。因此，有关裁判员管理部门通常会组织一批业务精通、经验丰富的裁判员，结合新规则和工作实践建立田径裁判理论知识或考核试题库，定期组织裁判员学习、培训和考核，不断提高裁判业务水平。而一级裁判员通常要求在二级裁判员的基础上，通过一些省、市的运动会、锦标赛等赛事进行选拔和培训。三级裁判员一般是由体育院系或县级体育主管部门进行培训、考核和管理。

三、选拔聘用管理

由于种种原因，大多数裁判员没有机会参加大型田径赛事的裁判工作，也极少有机会观摩国际、国内大型田径比赛的裁判工作和参观大型比赛的现代化场地、器材和设备，进而造成各个地区裁判员的裁判经历、资历、经验及理论联系实际能力等方面的差异。因此，在选拔、聘用裁判员的过程中，外派裁判员可以由承办单位来确定。而其他一些裁判员的选拔和聘用可以由国家体育总局田径管理中心分配至各省、自治区、直辖市，为一些田径裁判员数量少、田径赛事少的偏远地区的田径裁判员提供学习和交流的机会，从而有效地推动全国及各省、市、地区的田径裁判员队伍的建设和发展。此外，田径裁判员队伍的管理离不开裁判员梯队的建设，在选拔、培养骨干裁判员工作的同时，应克服“近亲繁殖、论资排辈、地方主义、平均主义”等不良观念的影响。真正做到把政治素质过硬、业务综合能力强、组织纪律好的裁判员选拔出来，进行全面培养，造就一支业务素质过硬、政治思想端正、纪律严明、专业化水平高的田径裁判员队伍。

四、临场裁判管理

随着大型赛事裁判工作规范化程度的不断提升，对临场裁判员的执裁要求越来越高。裁判员从到达比赛场地检查、布置场地开始，就已经进入裁判工作状态。通常情况下，对临场裁判的管理主要采用大会统一管理与裁判组分散管理的形式进行。裁判员入场主要是在现场指挥的指挥下，按照预定地点和时间列队入场。比赛期间，负责各赛事的相关裁判长或赛事主管对临场裁判工作进行巡视，发现不足及时协调。比赛结束后，各组主裁判报告现场指挥临场裁判工作结束，集合裁判组列队统一按预定路线退场。除此以外，各组临场裁判通常在主裁判的领导和指挥下，按照赛前、赛中、赛后的工作细则和裁判方法开展工作。赛前，按指定时间到达集合处集中领取比赛器材、裁判用具，按照裁判工作要求布置场地。赛中，按照主裁判安排的裁判员工作岗位进行临场裁判工作，不得擅自离岗或串岗。赛后，在主裁判的统一指挥下，清理场地器材，统一退场并进行工作总结。

第三章　田径裁判工作组织领导及其职责

第一节　技术代表与技术官员

在国际、国内大型田径赛事的裁判工作中，委派技术代表与技术官员主要是为了保证竞赛裁判工作能够更加公正、准确和符合竞赛规则的相关规定，减少和处理竞赛裁判过程中出现的一些技术差错和问题。

一、技术代表

（一）技术代表的岗位设置

不同级别的田径赛事，技术代表的选派不同。通常情况下，国际田径赛事的技术代表，由国际业余田径联合会及其所属的各地区的各国有关组织委派。地区性的比赛由各地区的田径业余联合会理事会选派。国内大型田径赛事的技术代表，由中国田径协会选派。省、市级的田径比赛根据比赛实际需要来确定。技术代表一般是由同级田径协会根据赛事同级别选派其相应级别的理事会或田径协会的成员担任。国际、国内大型比赛，设技术代表1～2人。

（二）技术代表的工作职责

1. 在运动会组委会给予的支持下，与组委会共同保证全部技术性的安排符合国际田联《田径竞赛规则》和《田径场地设施标准手册》的相关规定。

2. 向相应的组织提交竞赛日程、报名标准和比赛器材标准的建议。并对田赛项目的及格标准，径赛项目的编排、分组和录取赛次的原则提出建议。

3. 保证在赛前适当的时间向所有的参赛单位发送技术性规程。

4. 对比赛所有其他必要的技术性准备负责。

5. 对报名情况进行审核，并有权以技术性理由不批准报名。

6. 参与决赛前各项目的分组、录取赛次、及格赛和全能项目轮次、分组等编排工作。

7. 与组织代表相互合作，在适当的时间提出有关比赛准备情况的书面报告。

8. 在大型的运动会中，主持技术会议并介绍技术官员和任命技术官员组长。

9. 分配技术官员的工作，负责全部比赛的抽签。

二、技术官员

（一）技术官员的岗位设置

技术官员的选派，由技术代表根据国际田联或地区田径业余联合理事会决定的技术官员名单，提名选派。国内比赛的技术官员由技术代表在中国田协决定的技术官员名单中提名选拔。技术官员一般由5～7人组成。

（二）技术官员的工作职责

1. 在技术代表的领导下对各项主裁判的工作，提供一切必要的支持和协作。

2. 技术官员组长按比赛日程的各个项目指派一名技术官员在现场工作。技术官员在该项目的整个比赛过程中必须在场，并对该项目的裁判长提供一切必要的支持。监察比赛是否符合规则的要求，保证比赛的进行完全符合国际田联的比赛规则、技术规程和技术代表的有关决定。

3. 不能干预各项目的比赛。如发现不符合规则或出现不公正、不合理及场地器材不标准等问题，并认为有必要提出改进意见的情况，首先应向该项目主裁判提出。如果有必要，可提供如何做的建议或劝告。如仍不能解决，应该向技术代表报告。

4. 技术官员的工作位置应在比赛的关键地段，如跳远的踏跳板旁、远投的落点等地方。

5. 对该项比赛应有准确的判断。在该项比赛结束时，及时审查成绩，确认无误后再在成绩单上签名。

第二节　仲裁委员会

一、仲裁委员会的岗位设置

（一）仲裁委员会的任命

1. 举办规则第 1 条规定的世界田径系列赛所包含的比赛；奥林匹克运动会中的田径比赛；地区、区域性或集团性运动会中的田径比赛；不限于单个地区参赛的区域性或集团性锦标赛中的田径比赛；地区锦标赛和由地区联合会组织的地区内的比赛，将任命一个仲裁组。

2. 在其他比赛中，如果组织者有此愿望或认为对保证比赛的正常进行有必要时，也可设置仲裁委员会。

（二）仲裁委员会的组成

1. 仲裁组通常由 3、5 或 7 名仲裁人员组成。其中一人为主席，另一人为秘书。在条件适当的时候应在仲裁组之外另聘一位秘书。

2. 当申诉涉及规则第 230 条（竞走）时，仲裁委员会中应至少有 1 人为现任国际田联（或地区）级的国际竞走裁判员。

3. 如果出现仲裁委员会成员回避抗议或申诉决定时，IAAF（国际田联）或其他负责比赛的机构应指定 1 名或多名替补仲裁委员替补任何不能参加申诉的仲裁委员。

二、仲裁委员会的工作职责

1. 处理规则第 146 条（抗议和申诉）中提及的对运动员参赛资格；对某项比赛成绩或进程提出的抗议；对比赛期间发生的，其他需要仲裁作出裁决的事宜，以仲裁委员会的裁决为最后裁决。

2. 仲裁委员会成员不能出席任何与自己协会运动员有关的、直接或间接影响申诉的解决过程。在相关仲裁委员没有这样做的情况下，仲裁主席应按本规定所指的有关成员回避。

3. 在处理重大疑难抗议或申诉时，如有必要，仲裁组可以与相关人员进行商议，包括有关裁判长和裁判员。如果裁判长有疑问，可以考虑其他可用的相关证据。如果此类证据无法确定，应认可有关裁判长的决定。

4. 凡是对《田径竞赛规则》中未曾涉及的问题所作出的裁决，事后由仲裁委员会主席向有关田协报告。

三、工作细则与方法

（一）赛前工作

1. 仲裁委员会主任应参加赛事组委会会议、技术会议。了解大会的筹备情况和有关仲裁委员会的各项要求。

2. 组织召开仲裁委员会会议，研究仲裁工作事宜。

（1）学习竞赛规程、竞赛规则和仲裁委员会条例。明确工作职责、工作范围、工作原则和相关纪律。

（2）研究、制订工作计划和工作方法，建立值班制度表，明确岗位分工。

3. 做好与相关部门及人员的协调工作

（1）设立专门的仲裁办公室或仲裁委员会坐席，并用醒目的标志显示。基层比赛的仲裁委员会席位，应安排在易于仲裁委员观看赛场整体情况和便于各参赛领队、教练员和裁判员取得联系的地方。

（2）与宣告组落实有关宣告时间的记录及处理各类申诉或抗议问题时所需相关材料依据的工作。

（3）与仲裁录像裁判长研究有关仲裁录像工作的重点、难点，制订仲裁录像工作计划。

（4）领取“抗议申诉书”，通知各参赛单位到仲裁委员会及时领取。

（5）处理运动员参赛资格申诉或抗议等问题。如果未能在赛前解决，则允许运动员“在抗议下”参加比赛，并将问题及时上交大会组委会解决。

（二）赛中工作

1. 根据值班表确定值班仲裁委员，受理各类申诉和抗议。

2. 进行赛场巡视，检查各项裁判工作的重点和难点。发现不足或问题及时向有关裁判长提出，尽快完善或解决。

3. 处理各类申诉或抗议（根据受理申诉或抗议的程序进行）。

处理申诉或抗议的程序：

（1）处理前，查阅宣告组成绩公告时间记录资料。如果超过申诉或抗议的时间（宣告该项比赛成绩之后30分钟内），则不予受理。

（2）接受正式申诉表，检查和核实申诉表是否规范和符合规定要求。

（3）接收申诉表和相关申诉费。

（4）召集相关人员召开会议，查阅有关裁判组书面报告、记录表和仲裁录像等资料。组织开展调查工作，核实事件真相。

（5）召开仲裁委员会内部会议，形成初步的裁决意见。

（6）召开有半数以上仲裁委员参加的正式的审理会议。通过向有关人员展示相关事实和相关规程、规则的精神，做出最终裁决，并通知总裁判长执行。

（7）将最终的裁决上报大会组委会备案，对规程、规则上未曾涉及的问题进行的裁决，事后上报大会组委会。

（8）根据规程、规则的相关要求及最终裁决上交或退回申诉费。

（9）仲裁委员会的裁决为最终裁决，如对最终裁决不服者，仲裁委员会应视其情况轻重，报请大会组委会予以处罚。

（三）赛后工作

1. 做好赛后工作总结，并向大会组委会报告。

2. 将有关文件资料（含申诉或抗议表）上交大会存档。

第三节　赛事主管

赛事主管（总裁判长）直接对竞赛主任负责，掌控比赛的整体进程，组织和领导全体裁判员工作。

一、赛事主管的岗位设置

1. 重大国际、国内比赛设置赛事主管（总裁判长）1人。

2. 国内一般比赛设置赛事主管（总裁判长）1人。

3. 国内基层比赛设置赛事主管（总裁判长）1人。

二、赛事主管的工作职责

1. 全面组织、领导裁判工作，熟悉所领导的各级裁判长及裁判员的业务能力、工作方法、性格特点等情况。熟悉竞赛规程，组织、审核赛前编排工作。

2. 了解比赛日程及其他有关竞赛的材料、资料，制订裁判工作计划。领导各级裁判长对场地、器材和设备进行检查，发现和解决出现的问题，并做出相应的解决方法和决定。

3. 组织全体裁判员培训，根据裁判员培训情况和裁判员各方面情况分配相应的工作。如有必要可以进行适当调整，将裁判员安排在其最擅长的工作岗位并充分发挥其裁判能力。

4. 确保比赛过程中竞赛规程和规则的贯彻和执行，根据规则处理比赛过程中发生的各类疑难问题。如涉及规则中没有规定的相关问题或比赛中当有关裁判长对抗议存在不同意见时，赛事主管有权做出最终决定。

5. 掌握各项竞赛的进程并监督各裁判组的工作情况，检查所有报到就位的工作人员，并任命必要的替补人员，有权撤换不遵守规则的工作人员。与比赛场地指挥员配合，只安排经批准的人员停留在比赛场地。

6. 有新纪录产生时，要亲临比赛现场，审核并签字。有权警告和取消犯规运动员的比赛资格和录取资格。在田赛比赛中，如果确定条件不宜比赛或认为比赛不公允时，有权更改比赛场地。

7. 宣布大会比赛结果，领导裁判员进行工作总结，与技术代表密切配合。

三、工作细则与方法

（一）赛前工作

1. 全面细致地了解和熟悉竞赛规程、竞赛日程及各类大会文件资料。着重领会和掌握各类文件中的特殊规定和相关要求。

2. 学习和理解《田径竞赛规则》，重点理解对规则最新修改的相关条款或新规则对相关条款的具体修改。

3. 根据大会赛事项目设置，选拔和聘任各项目裁判长、主裁判及裁判员。做好不能参与裁判工作人员的增补计划。

4. 与赛事承办单位联系场地器材的相关事宜。了解场地器材的准备情况，对场地的准备工作提出具体要求和意见。向承办单位提供裁判工作所需的设备器材、裁判用具、比赛器材清单，以便承办单位准备。

5. 了解竞赛编排工作情况，督促和检查编排记录公告组，做好赛前的各项准备工作。必要时可以对竞赛日程编排或编排原则等问题提出具体要求。

6. 与赛事主管助理（副总裁判长）研究制订裁判工作计划、裁判员学习与实习计划。根据裁判员情况，研究制订裁判员分组。指定和督促赛事主管助理负责检查场地、设备、器材以及防雨遮阳用具的准备情况。

7. 召开裁判长会议。向裁判长介绍大会情况，竞赛规程与规则执行要求。明确主裁判的分工，宣布裁判员学习和培训计划及工作安排。宣布赛会组织纪律和有关条例的执行办法，研究赛事期间认识、标准和规则的统一问题和各裁判组的配合问题。确定召开全体裁判员会议的日期、时间、地点和内容。

8. 召开全体裁判员会议。向全体裁判员介绍大会组织机构及相关负责人，介绍技术代表、技术官员、仲裁委员会、各项目裁判长及有关工作人员。宣布裁判员分工名单和裁判员、工作人员的组织纪律及相关规定，提出裁判生活、学习和工作等方面要求。

9. 与赛事主管助理密切配合，明确分工，各司其职。组织裁判员的培训和学习，明确赛会规程和规则上的疑难问题，统一认识、标准和工作方法。组织裁判员实习和联调，督促各裁判组检查场地器材，发现问题及时解决。

10. 参加教练员、领队及有关裁判长参与的技术会议。向参会人员介绍赛会基本情况，场地、器材、设备的规格、使用等相关规定。解释有关规程、规则在执行过程中应注意的问题及相关规定。介绍田赛项目及格赛的日期、时间、场地、标准等问题，宣布高度项目的起跳高度和升高计划。提出教练员、领队和运动员的赛场纪律要求及运动员资格确认等问题。

（二）赛中工作

1. 全面掌控比赛进程，必要时可临时调整比赛日程。每单元比赛时，都要检查有关比赛的准备情况，督促各项目准时开赛。工作重点放在短距离跑的决赛、长距离跑的记圈、接力赛的检查和投掷项目的安全及名次录取等工作环节。

2. 亲临赛场，检查、了解和发现问题并及时处理或给予相应的意见或建议。对裁判员违纪和不负责等情况进行工作调整或执行纪律处分。关注竞赛编排记录公告组的工作，检查、督促项目名次、总分汇总工作的及时准确。

3. 对犯规的运动员有权提出警告或取消比赛、录取资格。解决裁判工作中裁判员与裁判长存在的各类裁决不统一的问题。在处理裁判疑难问题时，与有关人员相互联系，妥善处理。

4. 与技术代表、技术官员进行交流，走访领队、教练员和优秀运动员。征求改进裁判工作的意见和建议，提高裁判工作水平。

5. 处理赛场的各类应急事件（恶劣天气、观众闹事、运动员伤害事故等）。及时处理运动员、教练员或领队提出的口头抗议。对提交仲裁委员会解决的问题，如实地提供相关资料和陈述实际情况，坚决实行仲裁委员会的相关裁决。

6. 当日比赛结束，与各项目裁判长、主裁判交流，了解工作情况和存在的问题，提出改进的意见和建议。关注裁判员的生活，及时解决裁判员的各类困难，发挥裁判员的积极性。

（三）赛后工作

1. 宣布比赛成绩。

2. 组织各组裁判员进行工作总结并上交赛事主管部门。表彰优秀裁判员，分析并提出工作不足和改进意见。

3. 处理赛后工作。

（1）认真审核各项目成绩，提交组委会审核认定。督促和领导竞赛秘书处整理好成绩册并及时下发各参赛单位。

（2）对破纪录和达到运动等级的运动员进行签名和盖章，与组委会联系发放获奖证书、证明材料等。

（3）领导和督促各裁判组做好场地器材的清理工作，委托赛事主管助理做好裁判员的工作补助、交通补助及其他离会事宜。

第四节　赛事主管助理

赛事主管助理（副总裁判长），主要协助赛事主管负责比赛的正常进程。检查所有报到就位的工作人员，与比赛场地指挥员配合，保证比赛的正常进行。

一、赛事主管助理的岗位设置

1. 重大国际、国内比赛设置赛事主管助理（副总裁判长）2 ~3 人。

2. 国内一般比赛设置赛事主管助理（副总裁判长）1 ~2 人

二、赛事主管助理的工作职责

1. 协助赛事主管（总裁判长）组织、领导裁判工作，保证裁判工作的顺利进行，对赛事主管负责。在赛事主管缺席时代理赛事主管职务，或受赛事主管的委托处理有关事宜。

2. 根据赛事主管的建议，分工负责径赛、田赛、外场、检录和场地器材组的工作。对分管的裁判工作全面负责，检查分管裁判组的工作和赛场秩序，但不能替代他们的工作。

3. 赛前了解所分管裁判组的准备情况，检查各种通讯设备准备和调试情况。赛中到比赛现场，协调和维持内场比赛秩序，了解处理比赛中的相关问题。对不能解决的问题及时报告赛事主管处理。赛后协助赛事主管做好工作总结和善后工作。

4. 赛事主管助理重点要做好检查场地器材、风速仪工作情况。根据检查裁判报告到现场处理犯规，并通知径赛裁判长。比赛期间视情况调度和调整裁判员的工作。

三、工作细则与方法

（一）赛前工作

1. 协助赛事主管做好裁判员的报到、学习培训和生活等方面的准备工作，协助赛事主管制订裁判员的分工、培训学习和实习等工作计划。

2. 检查比赛场地（含外场比赛项目的路线、设施的准备）、练习场地是否符合比赛要求。了解比赛器材设备的供应情况和防雨、遮阳用具，各类通讯设备的准备工作情况。

3. 检查和协助编排记录公告组进行编排记录工作。基层比赛中没有设置技术代表的情况下，负责组织编排工作中的分组、抽签、田赛项目的及格赛等工作。

4. 了解各裁判组的准备情况，发现问题及时向赛事主管报告。协助赛事主管做好裁判组的各类事务性工作。

（二）赛中工作

1. 每一单元比赛开始前，检查和督促各裁判组到达各自工作地点，做好各项准备工作。每单元比赛开始前，集合裁判员队伍按规定时间准时入场。

2. 对分管的比赛项目要亲临现场，发现问题及时解决。协助赛事主管做好每一单元第一个比赛项目的检录或起点工作，保证比赛准时开始。

3. 与赛事主管分工检查各裁判组的工作情况并维持赛场秩序，重点检查投掷项目场地的安全措施。

4. 协助赛事主管做好裁判工作的重点和难点工作（短距离跑的决赛及名次录取、长距离跑的记圈、接力赛的检查和投掷项目的安全等）。

5. 协助赛事主管处理各类抗议或申诉工作，如发现重大或疑难问题不能解决时，立即向赛事主管报告。

6. 在设置公路项目比赛时，负责领导外场裁判长和外场裁判员进行工作。全面负责处理比赛过程中出现的各类问题。

7. 每一单元比赛结束后，应将自己了解和发现的各裁判组工作情况和问题及时向赛事主管汇报。

8. 协助赛事主管做好各裁判组的生活和作息制度，必要时可以调整和调度裁判员工作。如遇赛事主管不在现场，代理赛事主管执行任务。

（三）赛后工作

1. 协助赛事主管审核检查各项成绩，督促竞赛秘书组统计成绩和团体总分工作。

2. 协助赛事主管做好各裁判组的工作总结，做好场地器材的清理和检查工作。如遇损坏或遗失，提交详细器材、设备清单。

3. 向裁判员宣布离会有关事项，办理裁判员离会和善后工作。如归还裁判员用具、臂章，发放和领取裁判员补助、差旅费等。

第五节　径赛裁判长

径赛裁判长在技术代表的领导下开展工作，负责径赛项目的裁判工作，领导发令组、终点摄影计时组、终点人工计时组、检查组、风速测量裁判员等各径赛裁判组的裁判工作和有关终端操作员的工作。处理和解决径赛比赛中出现的有关问题，保证比赛的顺利进行。

一、径赛裁判长的岗位设置

重大国际、国内比赛，设径赛裁判长1人（负责终点、人工计时、终点摄影计时、风速测量、终端操作员、径赛记录员工作，审核径赛成绩等），副径赛裁判长1人（负责发令、检查组工作，处理犯规问题等）。国内一般比赛，设径赛裁判长1人。

二、径赛裁判长的工作职责

1. 认真执行《田径竞赛规则》和竞赛规程的各项规定。处理径赛项目中发生的各类有争议或规则中未作明文规定的任何问题，并对比赛进行中提出的抗议或异议做出裁决。

2. 赛前领取秩序册、径赛成绩记录卡、各组检录和比赛时间表等，并发给各组主裁判。组织各裁判组学习竞赛规程和规则等，研究制订工作方法和流程。落实与各裁判组比赛期间的裁判协调配合问题，统一配合方法。检查场地器材，组织进行现场裁判实习和联调，完善裁判方法。

3. 赛中检查各裁判组的准备情况，观察所有项目的比赛情况。对犯规或有不正当行为的运动员进行警告和判罚（如果取消运动员比赛资格应报赛事主管审定）。

4. 当裁判员对名次判定存在争议时，有权判定比赛名次。认为某项比赛应予重赛方为公允时，有权宣布该项比赛无效。并做出在当日或其他时间重新比赛的决定（决定做出前应向赛事主管报告）。

5. 每项（组）比赛结束，审核成绩并签字。赛后召集各裁判组进行总结，并写出书面总结交赛事主管。

第六节　田赛裁判长

根据比赛的竞赛规程相关条款规定和竞赛日程的安排，在赛事主管的统一领导下掌控田赛的比赛进程，处理和解决比赛中出现的问题，带领田赛各项目主裁判及全体裁判员做好裁判工作。

一、田赛裁判长的岗位设置

重大的国际、国内赛事，设田赛裁判长 1 人，副田赛裁判长 1 人。一人负责跳跃项目裁判工作，一人负责投掷项目裁判工作。国内一般比赛，设田赛裁判长 1 人。

二、田赛裁判长的工作职责

1. 组织各裁判组学习规则等，对各裁判组进行分工并组织研究制订工作方法和流程。检查场地器材，组织现场实习和联调，统一裁判方法、旗示和工作规范要求。

2. 拟定高跳项目的起跳高度和升高计划报技术代表或赛事主管，并提交技术会议宣布。

3. 检查各裁判组的人员到位和场地器材准备情况，了解各田赛项目的比赛情况。审核比赛成绩和破纪录情况，对最后成绩及排名进行认真核对并签字。

4. 判罚犯规或有不正当行为的运动员，对抗议进行裁决，遇突发事件及时处理。

5. 每单元比赛结束后召集各裁判组进行工作总结，并对存在问题提出解决方案，同时认真与主裁判一起研究后续比赛单元的注意事项。

6. 每天比赛结束后，及时把当日比赛的情况向赛事主管汇报。全部比赛结束后，写出本次田赛裁判工作的书面总结并上交赛事主管。

第二篇　田径比赛竞赛组织与编排工作

第一章　田径竞赛组织工作

第一节　组织方案设计

竞赛组织工作是田径赛事顺利进行的重要工作环节之一，是田径赛事开展各项工作的重要依据。大型田径赛事（省级以上）的竞赛组织方案的制订是以上级有关竞赛计划和任务为依据，由体育部门针对竞赛组织、场地器材、经费来源、接待规模与条件等提出可行性报告，并呈请上级领导部门进行批示同意后，才能承接赛事任务。确定承接赛事任务后，才能够由体育部门拟定竞赛组织方案。竞赛组织方案主要包括以下内容：

一、赛事的指导思想

大型田径赛事的指导思想的提出，主要以当前国家的形势及年度竞赛工作的中心任务为依据。在结合赛事性质和赛事要求的基础上，确定举办田径赛事的目的和意义。基层田径赛事的指导思想主要以本单位、本系统和本年度的竞赛工作的中心任务为依据，以竞赛工作计划中规定的赛事性质和具体要求来确定。

二、赛事的规模

赛事规模的大小主要是依据赛事的目的和任务来确定。赛事规模包括：主办单位、承办单位、协办单位、参赛单位、参加人数（运动员、裁判员、工作人员等）、竞赛项目、组别和赛事的时间、地点等。

三、赛事的组织机构

根据工作需要建立由有关领导和有关部门负责人组成的组织机构。组织机构包括组织机构的形式、业务部门、人员名额和名单、负责人等。

四、竞赛组织方案的实施方案

1. 赛事名称、举办日期、比赛地点。
2. 参赛办法。
3. 竞赛项目设置及比赛办法。
4. 录取名次及奖励办法。
5. 体育道德风尚奖的评选内容、条件、标准要求和方法。
6. 经费预算与开支办法（含上级拨款、自筹和赞助的经费预算）。
7. 开幕式和闭幕式方案。

此外，竞赛组织方案还包括交通车辆、安全保卫、媒体宣传、食宿安排、票务管理等方面问题及其解决办法等。

竞赛组织方案拟定后，由相关部门负责召开组织委员会扩大会议，由体育部门对赛事的组织工作方案进行汇报，确定各项工作任务和工作要求，由政府部门或主管单位统一进行协调，相关部门密切配合。再由体育部门具体负责对各项任务和工作进行检查和监督。基层的田径赛事（各类校运会、各系统）的竞赛组织方案设计由各基层负责体育工作的体育部门来制订。

第二节 竞赛规程拟定

竞赛规程具有一定的法规性，是以《田径竞赛规则》为依据，以文字形式确定成文的有关竞赛主要问题的纲领性文件。竞赛规程要求内容全面、文字确凿、措辞严谨、条款清楚，如有未完善之处，可以由主办单位完善和补充。竞赛规程主要包括以下内容：

1. 赛事的名称。
2. 主办单位。
3. 承办单位。
4. 协办单位。
5. 比赛地点和比赛时间。
6. 参赛单位。
7. 项目设置和竞赛组别。
8. 参赛资格和条件。
9. 报名规定与办法。

10. 竞赛办法。
11. 录取名次与奖励。
12. 资格审查。
13. 报名日期、办法与报到事宜。
14. 收费标准。
15. 保险。
16. 体育道德风尚奖评选。
17. 检录要求。
18. 竞赛纪律要求。
19. 兴奋剂要求。
20. 未尽事宜通知办法。
21. 规程解释权所属。

第三节　竞赛工作计划制订

竞赛工作计划涵盖了从确定召开运动会到比赛结束的整个过程的计划。竞赛工作计划是把运动会的各项工作，按照时间的先后顺序，划分成若干个阶段。然后制订出每个阶段的工作内容，并确定相应的部门负责筹备和落实。

一、各个办事机构的工作计划

大会所设置的办事机构（办公室、竞赛处、新闻宣传处、行政后勤处、安全保卫处等）由大会组织委员会统一指挥，各部门按照所负责的工作任务，制订相应的工作计划或工作方案。

二、组织委员会的工作计划

大会组织委员会根据各个部门制订的工作计划或工作方案，进行归纳和总结，制订出运动会的整体工作计划或工作方案。并按照运动会的进程分成赛前准备阶段、赛中实施阶段和赛后结束阶段工作计划，然后按照计划实施各项工作。大会组织委员会在确定各阶段工作计划后，要定期对各个部门的工作实施情况进行监督和检查，并及时听取各个部门的工作汇报。

第四节　组织机构设置及职责

大型的田径赛事的组织机构由大会组织委员会确定各个组织机构。通常大会组织委员会下设办公室、竞赛处、新闻宣传处、行政后勤处、安全保卫处、信息技术处、场地器材处、兴奋剂检查处等机构。

一、组织委员会

组织委员会是包括同级或上级领导人员在内，由相关部门领导参加的运动会最高的领导机构，具有一定的权威性。组织委员会的职责：

1. 确定组织委员会组成人员和名单。
2. 确定各职能部门及其人员构成。
3. 审核批示各职能部门的工作方案。
4. 监察大会经费开支情况。
5. 裁定竞赛组织过程中的各类重大问题。
6. 对竞赛的各类问题拥有最终解释权。

二、办公室

办公室是组织委员会下设的重要部门之一，工作内容包括管理与收发各类文件、召开各类综合会议、交通及财务管理等工作。办公室的职责：

1. 起草和收发、管理各类文件工作（请示、报告、请柬等）。
2. 各类综合性会议的组织和各类办公用品的提供工作。
3. 领导和来宾的接待工作（食宿安排和生活接待等）。
4. 大会财务管理及交通车辆的调度工作。
5. 卫生防疫和医疗救护工作。
6. 协调各职能部门之间的工作。

三、竞赛处

竞赛处整个赛事的核心部门，竞赛处人员多、分工明确。工作内容包括制订竞赛规程、组织运动员报名和资格审核、编排和发放秩序册、裁判员选聘与培训、竞赛组织与管理和成绩印发等。竞赛处的职责：

1. 制订和印发竞赛规程。
2. 组织和接受报名并进行资格审查。
3. 组织编排竞赛秩序册。
4. 准备和印制各类竞赛用表。
5. 选聘和培训裁判员。
6. 召开技术会议。

7. 竞赛的组织与管理。

8. 印发成绩公告。

9. 准备奖牌、奖品及组织颁奖。

10. 编制并印发总成绩册。

四、新闻宣传处

新闻宣传处主要负责赛事的宣传、报道和各类领导讲话稿件的起草、大型活动组织等工作。新闻宣传处的主要职责：

1. 赛事宣传和新闻报道。

2. 起草相关领导的讲话稿。

3. 大型活动的组织。

4. 评选体育道德风尚奖。

五、安全保卫处

安全保卫处主要负责赛事场地内外的秩序和赛场、运动队住地的安全检查及保卫工作。安全保卫处的主要职责：

1. 赛场、住地的安全保卫。

2. 维护赛场、住地的交通秩序。

3. 维护赛场秩序。

4. 各类安保事件的紧急处理。

六、行政后勤处

行政后勤处主要负责赛事的财务、参会人员的食宿和相关器材、用品购置等工作。行政后勤处的主要职责：

1. 负责赛事经费预算，掌握经费开支及有关费用报销。

2. 召开相关管理人员会议，负责接待食宿、交通、医疗及相关后勤保障。

3. 采购相关物资、保障大会物资供应。

七、信息技术处

信息技术处主要负责赛事网络系统的运行、网站管理和相关信息发布、有关摄影摄像资料的管理等工作。信息技术处的主要职责：

1. 确保赛事网络系统的正常运行。

2. 赛事官网的建设和管理。

3. 相关赛事信息和比赛成绩的发布。

4. 赛场计算机网络、电子屏幕及办公室内现代化设备的管理、维护和技术服务。

5. 各类影像资料的管理。

八、场地器材处

场地器材处主要负责场馆的各类设施、设备的正常运行及比赛场地器材的管理等工作。场地器材处的主要职责：

1. 向有关管理部门提交场地设施等情况报告。

2. 结合比赛要求提交需要购置器材和设备清单。

3. 确保比赛场地各类设施和设备的正常运行。

4. 与场地器材组裁判员协调场地、器材的管理与布置。

5. 场地器材的维护、保养和检查工作。

九、兴奋剂检查处

兴奋剂检查处主要负责对参赛运动员的兴奋剂检查工作。兴奋剂检查处的主要职责：

1. 按照《世界反兴奋剂条例》制订兴奋剂检查组的工作计划。

2. 与赛后控制中心密切配合，做好兴奋剂抽测运动员的交接、管理和服务工作。

3. 做好兴奋剂检测运动员的相关检测指标和样品的采集、保管工作。

第二章　田径竞赛组织编排（竞赛秘书组）工作

第一节　竞赛秘书组工作的特点、任务与要求

竞赛秘书组的工作是田径运动竞赛的重要组成部分，贯穿着运动竞赛的整个过程，关系到运动会组织的成败。竞赛秘书组工作的目的是保证运动会的组织有条不紊地进行，保证运动员有序地参加比赛，保证比赛的信息能够准确、快速和及时地发布。

《田径竞赛规则》第 132 条规定：竞赛秘书应收集每个项目的全部成绩和详细资料，并立即转交宣告员，有关裁判长、主计时员或终点摄像主裁判和风速测量员

应向竞赛秘书提供有关成绩的详细资料。竞赛秘书还应记录比赛的成绩，将成绩记录单递交竞赛主任。

当使用计算机管理系统时，在每个田赛项目比赛场地的计算机录入员应确保将该项目的全部成绩录入计算机系统。录入径赛成绩应在终点摄像主裁判的指挥下进行。宣告员和竞赛主任将能够通过计算机系统查询比赛成绩。

在国内举行田径比赛时，设竞赛秘书组完成编排记录和成绩公告工作。

一、大型田径比赛竞赛秘书组工作的特点

国内大型的田径比赛都要求与国际比赛接轨，对比赛的规格要求越来越高，特别是国际性的赛次，要求编排记录公告工作的操作模式要符合国际大赛的惯例，要与国际大赛的规格、方法、和形式接轨。因此，大型田径比赛的编排记录公告工作有以下 6 个特点：

（一）运动会管理系统和网络是竞赛秘书组的必要配置

大型国际赛事按国际田联 ORIS（Olympic Results & Information Services Requirements Project）的要求，设计专门的赛场成绩系统，用于对比赛信息进行管理和进行运动会的各项编排和成绩处理与发布，使竞赛信息准确、快速及时地得到处理和公告。比赛的信息通过互联网的传输，实现了竞赛信息的实时公告和查询。提高了编排记录公告工作的效率。

（二）比赛数据的信息量大

田径竞赛的特点是项目多，赛次多，参赛单位多，人数多，信息量大。世锦赛、奥运会和全运会等大赛的比赛项目都达 47 项；如果是青少年比赛或大学生的比赛，组别和设项更多。如 2011 年深圳第 26 届世界大学生夏季运动会田径比赛参赛运动员 1604 人，参赛国家 122 个，2011 年广东省第八届大学生运动会田径比赛甲、乙、丙 3 个组别开设项目多达 111 项，参赛单位 111 个，运动员多达 1431 人；2001 年在华南师范大学举办的第八届全国大学生田径锦标赛，参赛单位 134 个，运动员达 1522 人。因此，田径比赛中运动员参赛信息的各种数据处理量很大。

（三）依据运动员最后确认的情况决定比赛项目在单元中的比赛时间

大型田径比赛均采用分日确认参赛的方法。第一天比赛的项目提前两天确认参赛，之后的比赛项目均提前一天确认参赛。因此，各项目比赛的时间，甚至比赛的轮次都要经过运动员最后参赛的确认程序后方可确定。

（四）比赛信息公布的时间要求严格

大型田径比赛中，由技术代表确认的每日赛程、竞赛分组名单和比赛的成绩信息等，均通过 INFO 系统实时发布，以便参赛队和相关人员及时获取。另外，颁奖仪式是比赛的组成部分，每一项比赛的开始、结束和颁奖的时间都要预先计划，颁奖的时间也在比赛日程上体现，并严格按照计划执行。

（五）比赛信息公告的印制量大

大型田径比赛中，所有的比赛信息均需及时送达各参赛队、组委会、竞委会、技术代表、技术官员、裁判员和新闻中心等。因此，比赛的信息公告印制量很大。如第 16 届亚运会单是每日秩序册的需求量就达 500 份。

（六）比赛的轮次和录取方法按国际田联竞赛规则的规定进行

大型田径赛所有项目的比赛轮次安排、分组、道次或顺序的抽签，以及录取的方法等均严格按照国际田联竞赛规则的有关规定进行。

二、基层运动会田径比赛竞赛秘书组工作的特点

（一）项目多，赛次较少，比赛时间紧

基层的田径比赛，一般只安排 2 ~3 天的时间，加上组别多，如男子、女子甲乙组等，各组的比赛项目累计可达 70 项以上；人数多，而且训练水平不高。因此，径赛的赛次安排一般较少，除了短距离跑的部分项目（一般是 100 米和 200 米）可能安排预赛、复赛、决赛 3 个轮次外，其他项目安排预赛、决赛或一次性决赛。

（二）成绩的公布要求快速及时

比赛中，径赛各轮次的分组赛及决赛成绩必须第一时间公布，分组赛后录取后继赛次的名单也应及早公布，以便运动员做好准备，像 100 米这样的项目往往在一个单元时间内要进行两轮的比赛，预赛和半决赛，或半决赛和决赛。所以，第一轮后必须立即进行下一轮比赛的录取、排序、分组和抽签排列道次的工作，并在短时间内尽快公布，以便运动员参赛。

（三）当场宣布团体总分和进行颁奖仪式

基层运动会，一般要求全部比赛结束后半个小时之内要进行团体总分的颁奖仪式。因此，要求竞赛秘书组要随时掌握比赛的进程，及时跟进各代表队团体总分的情况和各项破纪录的情况，在全部比赛结束后，尽快统计出各参赛队的团体总分和大会破纪录的情况，交赛事主管（总裁判长）宣布和大会进行颁奖。

（四）利用计算机进行编排和成绩处理的水平日益提高

随着计算机的普及，基层田径赛中利用计算机进行编排和比赛信息处理的水平日益提高，利用计算机和打印机代替人工的笔和纸的操作已经成为发展的趋势。另外，使用比赛管理系统处理比赛信息和通过组建局域网传递比赛信息的模式在基层运动会中也得到越来越广泛地应用。

三、工作任务

1. 根据运动会的竞赛规程，编排竞赛日程。

2. 收集有关比赛的信息。包括竞赛日程、运动员的报名信息、比赛场地图、各项纪录、运动员技术等级标准等。

3. 审核、整理和统计各参赛队的运动员、工作人员情况，汇编秩序册。

4. 根据最后确认的运动员参赛名单，进行各项目第一个赛次的分组、抽签排定组次、道次或顺序的工作，编制每日秩序册，及时分发到各竞赛部门、官员、裁判组和参赛单位。

5. 根据裁判组的要求，准备各种竞赛表格和各比赛单元的检录单、成绩记录单等及时分发到相关的裁判组和检录处，做好各项赛前准备工作。

6. 临场处理各项比赛成绩，完成后继比赛轮次的录取、分组、抽签排定道次或顺序的工作。

7. 发布成绩公告，汇编每日秩序册；全部比赛结束后，汇编总成绩册。

8. 完成创纪录、各队金银铜牌、达健将人数和团体总分等的统计工作。

四、工作要求

1. 提前上岗，熟悉相关的成绩处理系统的工作界面和操作方法，并与现场成绩处理系统负责人、技术信息中心等协调，保证能够及时提取到相关的所有竞赛信息。

2. 熟悉场馆的功能区分布情况，特别是检录等的位置，以保证第一时间将比赛的更新信息及时传递，确保比赛顺利进行。

五、岗位设置与职责

（一）岗位设置

竞赛秘书组裁判员的岗位一般设有：竞赛秘书组主裁判，日程编排协调员，秩序册、成绩册汇编员，成绩公告员，比赛管理系统操作员等。比赛信息的处理均由计算机系统完成。另外，配置志愿者若干人协助工作。

（二）岗位职责

1. 主裁判：一人负责组内的全面工作，和与各有关裁判组紧密联系，做好协调工作；一人负责秩序册、成绩公告、成绩册和计算机系统协调等工作。

2. 日程编排协调员：与比赛管理系统负责人和技术代表协调，确定各项目、各比赛轮次分组、分道或排序名单的参赛表；编排每日的竞赛日程，协调汇编每日秩序册的工作。

3. 秩序册、成绩册汇编员：负责汇编每日秩序册和成绩册。

4. 成绩公告员：负责核对比赛成绩和进行成绩公告工作，协助汇编秩序册的工作。

5. 比赛管理系统操作员：负责对田径比赛信息管理系统的编程、运行、操作和管理工作，保证该系统的正常工作。应对竞赛秘书组主裁判负责。

该系统负责处理各项的比赛成绩和进行纪录、奖牌、达健将人数、总分的统计，还负责输出总秩序册、每日秩序册、成绩快报的清样，并保证在竞赛规定的时限内完成上述工作。

6. 志愿者：听从主裁判安排，协助本组裁判完成各项工作

六、大型田径赛竞赛秘书的工作职责与任务

（一）工作职责

主裁判负责主持全组工作，处理本组竞赛日常事务，负责安排组内裁判员和志愿者的工作及人员调配；制订工作流程；审核每日秩序册的信息和总成绩册编辑的信息、确认定稿的每日秩序册和总成绩册电子文档。配合竞赛团队完成每日秩序册和总成绩册的印制事宜；负责与技术官员、竞赛经理等之间的联系沟通，负责与现场成绩处理中心商榷有关竞赛信息处理事宜；负责与各裁判组之间的联系与沟通协调，每单元根据裁判组和国际技术官员的要求，准备足够数量的检录单和成绩记录单，供裁判组和技术官员使用；准备技术会议相关文档、参加技术会议、收取参赛运动员确认表；收集原始记录表和比赛的所有信息并存档。

（二）工作任务

协助 VRS（Venue Results System 赛场成绩处理系统）工作人员处理与比赛相关的信息；收集与汇总相关的竞赛信息，编排每日秩序册；准备比赛用的各种表格；比赛期间将各项比赛结果及时派送到技术代表和其他国际官员手中；各项比赛文件的接收、审核、汇总和存档；编制每日秩序册；汇编总成绩册等。

七、田径比赛编排记录公告工作的流程

田径比赛的编排记录公告工作，分为赛前、赛中和赛后三个阶段，其工作流程见图 2－1。

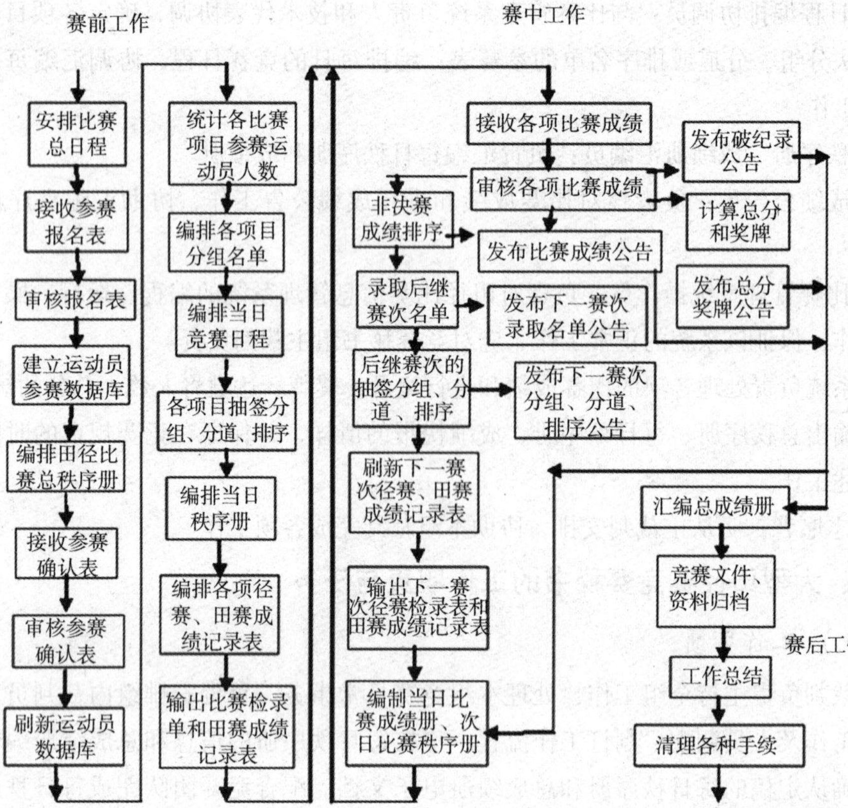

图 2－1　编排记录公告工作流程图

第二节　赛前编排工作方法

一、编排前应了解的情况

1. 认真学习《田径竞赛规则》和运动会的竞赛规程，了解运动会比赛的天数，作息的时间，开幕式和闭幕式的时间，颁奖仪式的时间等。

2. 组别和项目的设置、参赛的单位、参赛的人数规定。

3. 场地器材的条件。跑道直、弯道的分道数量，栏架的数量，跳跃和投掷场地的数量，同时比赛田赛可以开设哪些项目等。

4. 熟悉各比赛项目的轮次安排，后继轮次的录取方法，决赛项目录取的名次，计分的方法。

5. 了解裁判员的人数和水平等情况。

二、审查、统计与文档准备

（一）审查报名

1. 根据竞赛规程规定的报名办法和参加办法审查报名单。检查各单位报名的总人数、每项报名的人数和每名运动员的报项是否符合竞赛规程的规定。

2. 按规程中对参赛者资格的规定审查报名者的参赛资格。如注册证、年龄、学籍、健康证明等。

3. 进行各项统计和制订赛次计划

（1）统计各组别、各项目的参赛人数，主要用于分组和计算各项目的比赛时间。

（2）统计各单位的参加人数，包括男、女运动员人数和随队工作人员的人数。以便做好各项会务的安排。

（3）统计运动员的兼项情况。目的是照顾运动员的合理参赛时间，在编排比赛秩序时将有兼项的项目错开排列或给运动员足够的休息时间。

（4）制订赛次计划表。以第九届全运会田径比赛的赛次计划表为例，见表2－1。

表 2 –1　赛次计划表

第九届全运会田径比赛赛次计划表

2001.11.17-23

男子												女子										
决赛	复赛			次赛			预赛			人数		人数	预赛			次赛			复赛			决赛
	录取方法	组数	人数	录取方法	组数	人数	录取方法	组数	人数				人数	组数	录取方法	人数	组数	录取方法	人数	组数	录取方法	
8	←						2+2	3	22	22	100m	26	26	4	3+4	→			16	2	4	8
8	4	2	16	←			3+4	4	27	27	200m	36	36	5	4+4	24	3	4+4	16	2	4	8
8	←						2+2	3	20	20	400m	25	25	4	3+4	→			16	2	4	8
8	←						2+2	3	23	23	800m	29	29	4	3+4	→			16	2	3+2	8
12	←						4+4	2	24	24	1500m	24	24	2	4+4	→						12
15	←						5+5	2	24	24	5000m	27	27	2	5+5	→						15
20	←									20	10000m	24	→									24
←											马拉松	→										
8	←						2+2	3	19	19	110米栏/100米栏	17	17	3	2+2	→						8
8	←						2+2	3	18	18	400米栏	19	19	3	2+2	→						8
12	←						4+4	2	17	17	3000米障碍											
29	←									29	20公里竞走	22	→									22
27	←									27	50公里竞走											
8	←						3+2	2	15	15	4x100米接力	13	13	2	3+2	→						8
8	←						3+2	2	15	15	4x400米接力	11	11	2	3+2	→						8
起跳高度，升高计划							· 及格标准						及格标准			起跳高度,升高计划						
2.00--2.05--2.09--2.12--2.15--2.18--2.20→							2. 20			19	跳高	18				1.70--1.75--1.78--1.81--1.84--1.87--1.90--1.92→						
60--4.80--5.00--5.10--5.20--5.30--5.40--5.50--5.58--5.64										17	撑竿跳高	16				3.50--3.65--3.80--3.91--4.01--4.11--4.21--4.31--4.41--4.47--4.53→						
							7. 85			22	跳远	19	6. 55									
							16. 25			23	三级跳远	17										
										16	铅球	19	18. 1									
										16	铁饼	18										
										16	链球	17										
										16	标枪	14										
1.75→(每次升高0.03m)							跳高			16	全能	19	跳高			1.51→(每次升高0.03m)						
3.80→(每次升高0.10m)							撑竿跳高															

以最后确认参赛人数确定赛次计划

（二）编排运动员的参赛号（Bib Number）

1. 编号的方法一般有两种，一种是按大会规定的参赛单位的位置排列顺序，将各参赛单位进行排序，然后再按运动员的组别先男后女编号。另一种方法是按报名的先后顺序编号，采用这种方法，东道主一般排在最后。

2. 编制运动员姓名号码对照表。格式如下：

参赛队名称									
领队						教练员			
医生						工作人员			
运动员参赛号	姓名	性别	出生年月日	身高	体重	项目 1	成绩 1	项目 2	成绩 2……
：	：	：	：	：	：	：	：	：	……

（三）编排各项目参赛表（项目名单）

1. 将各项目的参赛运动员按报名成绩排序，编制出各项目参赛运动员名单。用于编制总秩序册。如不编制总秩序册，则将各项目的参赛名单发给技术代表和各参赛队。

2. 经过赛前最后确认，更新运动员数据库后，按照调整后的运动员信息进行重新排序、分组、排列道次和顺序，编排各项竞赛分组表。用于编印每日秩序册的竞赛分组名单，比赛检录单和田赛成绩记录表。

3. 打印各项比赛检录单，成绩记录单，各种比赛用的表格等，提供比赛使用。

（四）准备技术会议的相关文件

技术会议签到表、技术会议议程、竞赛须知、马拉松关门时间、高度跳跃项目的起跳高度和升高计划、投掷器材列表、接力棒次表、申诉表、中退申请表、兴奋剂自检表、检录时间表、终点摄影图片申请表、技术会议问题表等等。各队的参赛确认表也要按竞赛日程中相关项目第一轮比赛的日期分别打印出来发给各参赛队。如不编制总秩序册，则要将各项目运动员的参赛表和该代表队的参赛报名单印制出来发给各参赛队。

三、各项竞赛分组的编排

（一）径赛项目

1. 径赛分组的原则

（1）根据比赛规则的相关要求，按参赛人数、跑道数、赛次、录取方法和裁判员人数等实际情况分组，每组人数尽量相等，一般相差不多于 1 人。

（2）在比赛的所有预赛轮中要将同一国家或队的运动员和成绩最好的运动员编在不同的组内。

（3）不分道的比赛项目各轮次每组的人数，按《田径竞赛规则》的有关规定执行。

（4）长距离跑分组决赛，或一次性决赛的径赛项目，一般把成绩较好的运动员分在一组（即按成绩优劣分组）。注：基层田径赛由于时间紧，运动员水平不高，通常采用这种分组的方式。以便提高竞争气氛，赛出成绩。

（5）全能的径赛项目分组时，除了最后一项外，将比赛前规定阶段内单项成绩相近的运动员分在同一组，各组的运动员人数最好 5 人或 5 人以上，不得少于 3 人。最后的 1500 米和 800 米应把倒数第二项比赛后累积分领先的运动员分在一组。

2. 径赛分组方法

(1)《田径竞赛规则》第166条对径赛项目的运动员排序、抽签和录取的规定。

A. 应使用下表确定径赛项目的轮次、各轮的组数和每一轮的录取方法见表2－2。

表2－2　径赛项目的轮次、组数和录取方法

100米、200米、400米、100米栏、110米栏、400米栏

报名人数	第一轮			第二轮			半决赛		
	组数	按名次	按成绩	组数	按名次	按成绩	组数	按名次	按成绩
9-16	2	3	2						
17-24	3	2	2						
25-32	4	3	4				2	3	2
33-40	5	4	4				3	2	2
41-48	6	3	6				3	2	2
49-56	7	3	3				3	2	2
57-64	8	3	8	4	3	4	2	4	
65-72	9	3	5	4	3	4	2	4	
73-80	10	3	2	4	3	4	2	4	
81-88	11	3	7	5	3	1	2	4	
89-96	12	3	4	5	3	1	2	4	
97-104	13	3	9	6	3	6	3	2	2
105-112	14	3	6	6	3	6	3	2	2

1500米

报名人数	第一轮			第二轮		半决赛		
	组数	按名次	按成绩			组数	按名次	按成绩
16-30	2	4	4					
31-45	3	6	6			2	5	2
46-60	4	5	4			2	5	2
61-75	5	4	4			2	5	2

2000米障碍、3000米、3000米障碍

报名人数	第一轮			第二轮			半决赛		
	组数	按名次	按成绩	组数	按名次	按成绩	组数	按名次	按成绩
20-34	2	5	5						
35-51	3	7	5				2	6	3
52-68	4	5	6				2	6	3
69-85	5	4	6				2	6	3

800米、4×100米、异程接力、4×400米

报名人数	第一轮			第二轮			半决赛		
	组数	按名次	按成绩	组数	按名次	按成绩	组数	按名次	按成绩
9-16	2	3	2						
17-24	3	2	2						
25-32	4	3	4				2	3	2
33-40	5	4	4				3	2	2
41-48	6	3	6				3	2	2
49-56	7	3	3				3	2	2
57-64	8	2	8				3	2	2
65-72	9	3	5	4	3	4	2	4	
73-80	10	3	2	4	3	4	2	4	
81-88	11	3	7	5	3	1	2	4	
89-96	12	3	4	5	3	1	2	4	
97-104	13	3	9	6	3	6	3	2	2
105-112	14	3	6	6	3	6	3	2	2

5000米

报名人数	第一轮			第二轮			半决赛		
	组数	按名次	按成绩	组数	按名次	按成绩	组数	按名次	按成绩
21-40	2	5	5						
41-60	3	8	6				2	6	3
61-80	4	6	6				2	6	3
81-100	5	5	5				2	6	3

10000米

报名人数	第一轮			第二轮			半决赛		
	组数	按名次	按成绩	组数	按名次	按成绩	组数	按名次	按成绩
28~54	2	8	4						
55~81	3	5	5						
82~108	4	4	4						

B. 对于第一轮，应根据运动员在事先规定的时间段内取得的有效比赛成绩进行排序，然后按照蛇形分布的方法安排运动员分组。

第一轮之后，应按下列程序安排运动员后继轮的分组：

a. 100 米至 400 米跑、4×400 米及较短距离的各项接力，应根据运动员前一轮的名次和成绩进行排序。根据该原则，运动员将按下列顺序排名：

最快的第一名；次快的第一名；第三快的第一名，依次类推。

最快的第二名；次快的第二名；第三快的第二名，依次类推。

最后可按下列顺序补取：按成绩录取的最快者；按成绩录取的次快者；按成绩录取的第三快者，依次类推。

b. 其他各项目应继续按照之前的成绩排序后分组，只有在前面轮中提高成绩的运动员才可进行调整。

c. 然后将运动员按排列的序号，依照蛇形分布的方法编入各组。例如，用下列方法将排序录取的 24 名运动员编为 3 组。

第一组：1　6　7　12　13　18　19　24

第二组：2　5　8　11　14　17　20　23

第三组：3　4　9　10　15　16　21　22

在任何情况下，在分组确定后应抽签排定以上三组的比赛顺序。

C. 100 米至 800 米的各项径赛、4×400 米及以下各项接力赛，如果在一次比赛中要连续进行几轮时，应按下列规定抽签排定道次：

a. 第一轮和根据规则 166. 1 规定的任何预赛比赛，抽签排定道次；

b. 对于后继轮，应根据规则 166. 3（b）（1），800 米按 166. 3（b）（2）规定的程序在每一轮之后对运动员排序。然后分 3 次抽签排定道次：

① 选择排列前四名的运动员或队，抽签排定 3、4、5、6 道；

② 选择排列第五、六名的运动员或队，抽签排定 7、8 道；

③ 选择排列后两名的运动员或队，抽签排定 1、2 道。

D. 在所有预赛轮的比赛中，至少每组的前两名运动员应录取进入下一轮的比赛，如有可能，建议每组至少要录取 3 人。

（2）分组方法的应用

有报名成绩的采用蛇形分布的方法分组，基层比赛没有报名成绩可用斜线法分组。

A. 蛇形分组法

预赛和单一赛次（决赛），首先将运动员按成绩排序；如是后继赛次，先按名次和成绩录取排序后，再按蛇形分布的方法将运动员排列分成不同的小组；预赛中，如果同组中有多名同单位的运动员，必须进行调整，但是只能就近上下调整。后继赛次只有运动员排名相似时才能调整。然后抽签排定各组的比赛顺序和运动员的比赛道次。

B. 斜线分组法

首先将同单位的运动员卡片上下排列，然后作斜线通过卡片，再在斜线上编号，顺着序号，捡完1号再捡2号，以此类推。捡完所有的卡片后，按照所需要分的组数和各组的人数，将运动员按组的顺序排到各组内。斜线分组法能够将同单位的运动员平均分到各组内。例：有10个单位各3名运动员报名参加100米的比赛。操作方法见图2－2。

A组	1	5	9	10	14	18	19	23
B组	27	28	2	6	7	11	15	16
C组	20	24	25	29	3	4	8	
D组	12	13	17	21	22	26	30	

图2－2　斜线分组法

（二）田赛项目

1. 田赛项目一般不分组，比赛顺序由技术代表抽签排定，不设技术代表时由大会抽签排定。

2. 省市级以上的比赛，经过赛前确认后，由技术代表抽签排定运动员的比赛顺序。

3. 田赛项目比赛中，如果参赛运动员人数较多无法顺利进行决赛，可以通过及格赛确定参加决赛的运动员。如果有及格赛，决赛的顺序应重新抽签。

（三）全能项目

规则规定：在可能的情况下，全能裁判长有权决定给予每名运动员在上一项比赛结束之后至下一项比赛开始之前至少30分钟的休息时间。如有可能，在第一天的最后一项结束和第二天第一项开始之间至少应有10小时的休息时间。

除了最后一项外，全能比赛每个单项的分组将由技术代表或全能裁判长安排，如有可能，将比赛前规定阶段内单项成绩相近的运动员分在同组。各组的运动员人数最好为5人或5人以上，不得少于3人。如果竞赛日程不允许做到以上要求，则可在前一项比赛结束后，对已满足比赛时间要求的运动员进行下一项分组。

全能比赛最后一项的分组，应将倒数第二项比赛后积分领先的运动员分在一组。

第三节　竞赛日程的编排方法

一切竞赛的工作程序是依据竞赛日程来确定的。竞赛日程编排是否合理，直接影响着整个比赛的进程和运动员技术水平的发挥，因此必须认真细致地做好这项工作。

一、估算比赛时间

编排比赛日程时，应依据以下条件对各项目比赛所需的时间进行估算。

1. 运动会的性质和规模。

2. 裁判工作各环节的配合及裁判员的水平与能力。如：检录、起点和终点各裁判组和裁判员之间的配合，长距离跑、接力跑的组织工作，以及田赛裁判员之间的配合等。

3. 场地器材条件和工作人员业务熟练的程度。如：同时比赛能够开设哪些田赛项目，栏架的布置和撤除所需的时间等。

4. 运动员的水平。

5. 田赛项目每次试跳、试掷规则所允许的时间。（表 2－3）

表 2－3　各项比赛时间的估算表

径赛	每组所需时间	田赛	每组所需时间
100米、200米、400米	4~5分钟	跳高	8分钟×总人数
800米	6~8分钟	撑竿跳高	14分钟×总人数
1500米	8~10分钟	跳远	3分钟×（总人数+8）
3000米、3000米障碍跑	15~20分钟	三级跳远	3分钟×（总人数+8）
5000米	20~25分钟	铅球	3分钟×（总人数+8）
10000米	40~50分钟	铁饼	4分钟×（总人数+8）
各项跨栏（不包括摆栏、撤栏）	5分钟	链球	5分钟×（总人数+8）
各项接力跑	10分钟	标枪	6分钟×（总人数+8）
马拉松	3小时20~30分钟		
3000米竞走	25~30分钟		
5000米竞走	40~45分钟		
10000米竞走、10公里竞走	70~75分钟		
20公里竞走	2小时~2小时10分		
50公里竞走	5小时10~20分钟		

二、竞赛日程的编排原则

1. 在任一轮的最后一组和后续轮的第一组或决赛之间，必须留出的最短间隔时间为：（1）200 米及以下各项目为 45 分钟；（2）200 米以上至 1000 米各项目为 90 分钟；（3）1000 米以上各项目不在同一天进行；（4）全能比赛在上一项比赛结束之后至下一项比赛开始之前至少应有 30 分钟的休息时间。在第一天的最后一项结束和第二天第一项开始之间至少应有 10 小时休息时间。

2. 根据运动员比赛兼项的一般规律，把相关的项目分开编排，以减少兼项冲突。如：100 米和 200 米、200 米和 400 米、400 米和 800 米、800 米和 1500 米、5000 米和 10000 米、100 米和跳远、跳远和三级跳远等。

性质相近的项目要注意先后顺序，一般是先短后长，如先 100 米后 200 米，先 5000 米后 10000 米，先跳远后三级跳远等。

3. 如时间允许，尽量考虑兼项之间的间隔时间。如比赛超过 3 天，建议在高度跳跃项目的及格赛与决赛之间安排 1 天休息。

4. 不同组别的相同田赛项目，在赛程时间允许的情况下，一般不连续安排在同一单元内比赛。

5. 不同组别相同的径赛项目，最好衔接进行，如男子 100 米和女子 100 米等。200 米及以下（包括直道栏）的短距离径赛项目如果赛次少，最好在一天内结束一个项目。

6. 跨栏跑的项目一般安排在比赛单元的第一项或安排在长距离跑或竞走的后面进行，给布置栏架留出充足的时间。

7. 决赛项目，可尽量安排在下午（或晚上）的比赛单元，大型比赛需留出发奖时间。大型的田径比赛一般安排上午和晚上两个比赛单元，决赛的项目大多安排在晚上进行。

8. 不要同时安排两个长距离投掷项目的比赛。

9. 在有竞走和长跑项目的时段，最好不安排跳高和标枪等助跑道延伸至跑道上的项目，以免相互造成影响。

10. 撑竿跳高比赛要考虑阳光的照射方向。另外，由于比赛用时较长，可考虑安排在上午进行，或提早进行比赛。

11. 接力比赛项目尽量安排在比赛单元的最后进行，以保证兼项运动员能够参赛。

12. 在可能的情况下，把较精彩的决赛项目排在开、闭幕式或节假日里，以满足观众的热情。

13. 安排长距离比赛项目时，要考虑季节气候。应避开高温时段，可安排在上午早些时候或下午晚些时候进行。

14. 安排各单元田赛项目时，比赛的场地应尽量全场均匀布局。避免过分集中在一端。

15. 闭幕式的场次，比赛单元的最后可以安排一项长距离跑或竞走的项目，以便进行成绩统计，保证闭幕式能顺利宣布团体总分名次和进行颁奖。

16. 每个单元的比赛，尽量安排径赛和田赛同时结束。

三、竞赛日程的编排方法

编排竞赛日程的方法有多种，常见的有表格式编排法和排列式编排法两种。

（一）表格式编排法

大型田径赛随同竞赛规程下发的赛程，多是表格编排的方式。它是将每个单元的比赛项目及轮次用列表的方式排列出来。其优点是：各单元项目的安排一目了然，便于对项目和比赛轮次的调整，对相关项目之间的冲突问题比较容易发现和避免。具体操作步骤如下：

1. 根据竞赛规程规定的比赛时间确定比赛的天数和比赛单元。
2. 依照参赛组别和比赛项目等编制 1 个竞赛日程安排表。
3. 根据竞赛规程中规定的参赛单位和允许报名人数的最大值预计各项目的大体人数、需分的组数和比赛的轮次。
4. 按先安排全能项目，再排径赛项目（注：在径赛的安排中，首先安排轮次多的项目和跨栏项目，再安排一次性决赛的项目），后排田赛项目的方法将所有项目的比赛轮次排入竞赛日程安排表中。
5. 排完所有项目之后，在统计栏中填上每天总的比赛项目数和决赛项目数。
6. 仔细检查是否有遗漏的项目和轮次，常规的兼项有无冲突，兼项和性质相关项目的先后顺序。

编排每个单元的比赛秩序时，还应估算各单元能用于比赛的时间有多少，各单元里各项目比赛所需的总时间是多少，如果所用的时间超出预计的范围，应将项目安排作必要的调整。有决赛项目的比赛单元，应考虑给颁奖仪式预留出足够的时间。具体见表 2－4。

（二）排列式编排法

此方法可以借助电脑，使用 Excel 电子表格进行。

表 2－4　表格式竞赛日程

广东省第十三届运动会田径竞赛日程

比赛日期		第一天				第二天				第三天				第四天				第五天			
比赛单元		上午		下午		上午		下午		上午		下午		上午		下午		上午		下午	
组别		甲	乙	甲	乙	甲	乙	甲	乙	甲	乙	甲	乙	甲	乙	甲	乙	甲	乙	甲	乙
60米	男		预		决																
	女		预		决																
100米	男	预 复		决											预		决				
	女	预 复		决											预		决				
200米	男		预		决									预		决					
	女		预	4/7	决									预		决					
400米	男			预		决		4/7			预				决						
	女			预		决					预				决						
800米	男				预				决	预		决									
	女				预			7/7	5/5 决	预		决									
1500米	男					决						7/7	5/5						决		
	女					决													决		
3000米	男																				
	女															决					
5000米	男																			决	
	女																				
100米栏	女	1/7 预	1/5 预	决	决																
110米栏	男					1/7 预	1/5 预	决	决												
200米栏	男									预	预	决	决								
	女									预	预	决	决								
400米栏	男													预		决					
	女													预		决					
4×100米接力	男					预	预	决	决												
	女					预	预	决	决												
4×400米接力	男																	预	预	决	决
	女																	预	预	决	决
跳高	男				决	2/7	2/5									决					
	女	2/7	2/5																决	决	
撑竿跳高	男									6/7			决	决							
	女	决							决												
跳远	男					决			3/5		决										
	女				3/5	5/7			决			决									
三级跳远	男																		决	决	
	女														决	决					
铅球	男																				
	女			3/7																	
标枪	男		决					3/7			4/5			决							
	女					6/7	4/5										决	决			
铁饼	男									5/7											
	女																				
每日比赛项数		32				33				22				21				16			
每日决赛项数		11				17				11				15				12			

1. 首先列出所有组别比赛项目的比赛轮次，并根据各项目参赛人数确定比赛的分组数、轮次和计算每个项目各轮次所需的时间。

2. 按先排全能、再排径赛、后排田赛的步骤在比赛项目前编上单元序号。然后，按单元序号进行排序，将项目分入各比赛单元。

3. 仔细检查是否有遗漏的项目和轮次，常规的兼项有无冲突，兼项和性质相关项目的先后顺序。

4. 排列各单元内各比赛项目的顺序。

全部项目排好后，应仔细检查。方案确定后，及时报送竞赛委员会审查确认。

（三）竞赛日程的格式

1. 表格式

一般附在竞赛规程上。（格式见表格式编排法，在此不再重复。）

2. 排列式

用于秩序册，其格式主要有三种：

（1）按时间排列式。大型比赛中常用，方便用于制订工作时刻表和比赛流程。（图 2－3）

（2）按径赛和田赛项目归类上下排列式。一般比赛的常用格式，方便径赛或田赛裁判组的安排。（图 2－4）

（3）按径赛和田赛项目归类左右排列式。这也是基层比赛的常用格式。（图 2－5）

3. 图示式

常用于技术手册中。（图 2－6）

第16届亚洲运动会—田径
The 16th Asian Games-Athletics

一、当日竞赛日程
Daily Competition Schedule

Thursday,November 25,2010 | **2010年11月25日 星期四**

Serrion AT09 Aoci Main Scndium | 第5单元 广东奥体中心场
Start: 07:30 End: 13:30 | 开始: 07:30 结束: 13:30

Time 时间	Event	项目
07:30	Men’ s 50km Race Watking Final	男子50公里竞走决赛
09:00	Men’ s Decathlon 6/10 110m Hundles Hext1	男子十项全能6/10 110米栏第1组
09:05	Men’ s Decathlon 6/10 110m Hundles Hext2	男子十项全能6/10 110米栏第2组
09:40	Men’ s Decathlon 7/10 Discus Throw	男子十项全能7/10 铁饼
11:00	Men’ s Decathlon 8/10 Pole Varh	男子十项全能8/10 撑竿跳高

Serrion AT10 Aoci Main Scndium | 第10单元 广东奥体中心场
Start: 17:00 End: 20:05 | 开始: 17:00 结束: 20:05

Time 时间	Event	项目
17:00	Men’ s Decathlon 9/10 Javelin Throw	男子十项全能9/10标枪
17:05	Women’ s 100m Hurdles Final	女子100米栏决赛
17:10	Women’ s Triple Jump Final	女子三级跳远决赛
17:15	Men’ s 50km Race Walking Vicar Ceremony	男子50公里竞走颁奖仪式
17:25	Women’ s 800m Final	女子800米决赛
17:30	Women’ s 100m Hurdles Vicary Ceremony	女子100米栏颁奖仪式
17:40	Men’ s 800m Final	男子800米决赛
17:50	Women’ s 800m Vicary Ceremony	女子800米颁奖仪式
18:00	Women’ s 200m Final	女子200米决赛
18:05	Men’ s 800m Vicary Ceremony	男子800米颁奖仪式
18:15	Men’ s 200m Final	男子200米决赛
18:20	Women’ s Javelin Throw Final	女子标枪决赛
18:25	Women’ s 200m Vicar Ceremony	女子200米颁奖仪式
18:40	Men’ s 200m Vicar Ceremony	男子200米颁奖仪式
18:50	Women’ s 400m Hurdles Final	妇子400米栏决赛
19:00	Women’ s Triple Jump Vicary Ceremony	女子三级跳远颁奖仪式
19:10	Men’ s 400m Hurdles Final	男子400米栏决赛
19:20	Women’ s 400m Hurdles Vicary Ceremony	妇子400米栏颁奖仪式
19:30	Men’ s Decathlon 10/10 1500m	男子十项全能10/10 1500米
19:40	Men’ s 400m Hurdles Vicary Ceremony	男子400米栏颁奖仪式
19:50	Men’ s Decathlon Vicary Ceremony	男子十项全能颁奖仪式
20:00	Women’ s Javelin Throw Ceremony	女子标枪颁奖仪式

图2-3 按时间排列式竞赛日程

竞赛日程

第一单元（12月20日 星期六上午）

〈径赛〉

序号	时间	项　目	组	人数	录取方法
1	9:00	男子甲组110米栏决赛	5	34	按成绩录取前8名
2	9:23	男子乙组110米栏决赛	2	11	按成绩录取前8名
3	9:35	女子甲组100米栏决赛	3	22	按成绩录取前8名
4	9:50	女子乙组100米栏决赛	2	12	按成绩录取前8名
5	10:03	男子乙组1500米决赛	1	3	按成绩录取前3名
6	10:10	女子乙组1500米决赛	1	3	按成绩录取前3名
7	10:20	男子甲组100米预赛	17	129	按成绩录取前8名决赛
8	11:10	女子甲组100米预赛	7	55	按成绩录取前8名决赛
9	11:31	男子乙组100米预赛	2	11	按成绩录取前8名决赛
10	11:37	女子乙组100米预赛	2	15	按成绩录取前8名决赛

〈田赛〉

序号	时间	项　目	组	人数	录取方法
1	9:00	男子乙组跳远决赛	1	10	按成绩录取前8名
2	9:00	女子甲组铅球决赛	1	18	按成绩录取前8名
3	9:00	男子甲组跳高决赛	1	19	按成绩录取前8名
4	9:45	女子甲组跳远决赛	1	52	按成绩录取前8名

图 2－4　按径赛和田赛项目归类上下排列式竞赛日程

竞赛日程

第一场11月22日（星期六）上午（8:30开始）

径赛：					田赛：			
时间		项目	组数	人数	时间		项目	人数
1	8:30	男子甲组100米预赛	4	27	1	8:30	男子甲组撑竿跳高决赛	5
2	8:46	男子乙组100米预赛	3	23			男子乙组撑竿跳高决赛	6
3	8:58	男子丙组100米预赛	5	33	2	8:30	男子乙组跳远决赛	24
4	9:18	女子甲组100米预赛	2	13	3	8:30	男子丙组跳远决赛	20
5	9:26	女子乙组100米预赛	3	18	4	8:30	女子甲组铅球决赛	14
6	9:38	女子丙组100米预赛	3	23	5	8:30	男子甲组铁饼决赛	14
7	9:55	男子甲组400米决赛	4	26	6	9:30	女子乙组铅球决赛	11
8	10:15	男子乙组400米决赛	3	22	7	9:30	男子乙组铁饼决赛	15
9	10:30	男子丙组400米决赛	4	27	8	9:50	男子甲组跳远决赛	27
10	10:50	女子甲组400米决赛	2	13	9	10:20	女子丙组铅球决赛	14
11	11:00	女子乙组400米决赛	2	13	10	10:30	男子丙组铁饼决赛	10
12	11:10	女子丙组400米决赛	2	16				
13	11:25	男子甲组100米决赛	1	8				
14	11:30	男子乙组100米决赛	1	8				
15	11:35	男子丙组100米决赛	1	8				
16	11:40	女子甲组100米决赛	1	8				
17	11:45	女子乙组100米决赛	1	8				
18	11:50	女子丙组100米决赛	1	8				

图 2－5　按径赛和田赛项目归类左右排列式竞赛日程

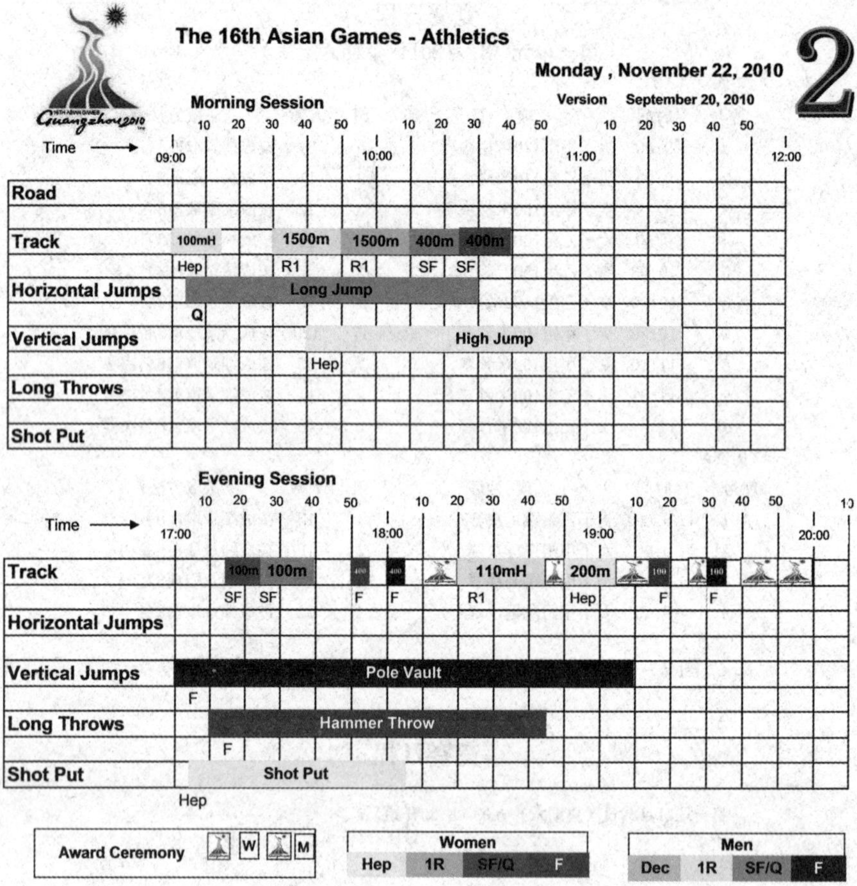

图 2－6　图示式竞赛日程

第四节　秩序册的编排方法

秩序册是田径比赛中的通用文件之一，是裁判工作和运动员参赛的依据。大型的田径赛要印制总秩序册和每日秩序册。中、小型比赛可使用一种惯常的秩序册。

一、秩序册的封面

内容包括：运动会的名称，主办单位，承办单位，协办单位，主要赞助单位，比赛时间，比赛地点。

二、秩序册的内容

（一）总秩序册的内容

1. 目录。

2. 田径协会主席或秘书长致词。

3. 当地组委会主席致词。

4. 田径协会委员名单。

5. 当地组委会主要成员名单。

6. 竞赛规程、补充通知。

7. 当地组委会办事机构。

8. 田径协会选派的官员名单（组织代表、技术代表、医务代表、兴奋剂检查代表、技术官员等）。

9. 仲裁委员会及裁判员名单。

10. 大会活动日程。

11. 竞赛日程。

12. 各代表队名单。

13. 各代表队人数统计表。

14. 各项目参赛表（按竞赛规程上项目的排列顺序罗列，先男后女，各项目按运动员报名成绩排序）。

15. 各项纪录。

16. 运动员等级标准（国内比赛）。

17. 当地城市风貌介绍。

18. 竞赛场地示意图。

19. 各参赛队服装照片。

注：秩序册中为主办单位留出一页广告位置，并应将主办单位的 logo（标识、徽标）出现在所有广告或宣传资料上。

（二）每日秩序册的内容

1. 目录。

2. 比赛当天的竞赛日程。

3. 比赛当天各项目分组名单。

4. 比赛当天项目的场地布局图。

5. 前一天各项目比赛的成绩。

6. 已完成比赛项目的奖牌榜。

（三）一般基层运动会秩序册的内容

1. 目录。

2. 竞赛规程和补充通知。

3. 组委会及办事机构名单。

4. 技术代表、技术官员、仲裁委员会和裁判员名单。

5. 各代表队名单。

6. 大会活动日程。

7. 竞赛日程。

8. 竞赛分组名单（按场次先后开列）。

9. 各单位人数统计表。

10. 各项纪录。

11. 运动员等级标准。

12. 竞赛场地示意图。

第五节　赛中临场编排、记录和公告工作

大型比赛中，由于采用提前一个比赛日确认参赛的方式，根据确认的情况编排每日竞赛日程，几乎每天都有第一轮比赛项目的编排，每天都要出一本每日秩序册，因此，除最后一天的比赛外，每天的工作都是在赛前编排和赛中编排的交错中进行。

编排组（竞赛秘书）的工作可按协调与联系、赛前与赛中编排（包括赛中成绩处理）、竞赛成绩公告、全能成绩记录与统计、奖牌与团体总分记录与统计、秩序册汇编和文件资料整理等进行分工。如果采用较完善的比赛管理系统，成绩的处理和各项统计等，可以让系统来完成。具体的工作要按比赛的规模类型和系统配备的情况部署。主要是：

1. 及时接收、审核、录入和处理各项比赛成绩和有关的信息（风速、弃权、中退、犯规等），排出名次，检查是否破纪录、达等级；有后续轮次比赛的，录取参加后续轮次的运动员名单，并进行分组、分道和排序工作。

2. 及时公告各项竞赛成绩及名次，入选后续轮次的运动员名单及分组、分道、排序的情况，以及破纪录，达等级等竞赛的信息。

3. 记录和统计各项创纪录的人数、各代表队的奖牌数、达等级人数和团体总分。

4. 按已完赛的项目，打印获奖证书。用于颁奖或按单位汇总，赛后分发到参赛单位。

5. 及时整理每天比赛成绩及各项信息，印制成绩公告，下发到各参赛队和相关

单位。

6. 大型田径比赛，将经过确认后的运动员参赛名单进行统计后，确定第二天比赛的赛程及项目分组、分道或排序的分组表，连同第二天后续轮次比赛的分组表，按每日秩序册的要求，印制成册下发到各竞赛部门、官员、裁判员和参赛队。

7. 赛中工作中应注意的几个方面：

（1）如果径赛项目是采用手计时计取成绩的，应仔细审核径赛项目每组的终点名次与成绩是否出现“交叉”，如有问题应交径赛裁判长处理。

（2）后续轮次的录取、分组和道次编排。

①大型田径赛按《田径竞赛规则》第166条执行（或按竞赛规程的规定执行）。

②基层运动会，大多数都没有报名成绩，而且比赛时间短，赛程紧，参赛运动员水平不高、比赛能力有限。因此，不能按大赛的要求设置轮次。一般根据实际情况设置比赛办法，但必须在竞赛规程上写明。

（3）径赛项目中按成绩录取参加后续轮次比赛时出现成绩相等问题的处理。

《田径竞赛规则》第167条规定：

①如果裁判员或终点计时裁判员按规则164.2、165.18、165.21或165.24无法分清排位，（如果实际情况允许）则运动员排位并列。

②如遇运动员成绩相等涉及按规则166.3（b）确定来自不同组别运动员的排名，或按成绩录取进入下一轮的情况时，终点摄像主裁判应考虑有关运动员的0.001秒的实际时间。如果成绩仍相等（或根据规则167.1），并涉及运动员的排名时，应抽签决定排名。当涉及按成绩或排位录取进入下一轮时，成绩相等的运动员将进入下一轮；如果实际条件不允许，将通过抽签决定进入下一轮的运动员。

注：当按照排名和成绩录取下一轮选手时（例如，两组中的每组前3名，再加上其余成绩最好的2名），在以名次录取下一轮选手的最后一个晋级名次上出现成绩相等时，将允许该运动员晋级下一轮，并将相应减少以成绩录取下一轮的运动员人数。

当使用手计时出现成绩相等时，应根据判读的1／100秒成绩处理。

（4）审查田赛各项目的成绩和名次。

收到田赛每项的成绩记录表后，必须要进行仔细的审查核对。核对的内容，首先看决定成绩是否是该运动员全赛的最优成绩，其次看名次有无判对，特别是那些成绩相等的运动员的名次是否取对。如果发现有问题，应交由有关的裁判长处理。

（5）与各裁判长的联系和配合。

落实检录单、成绩记录表的发放与回收；与检录裁判长联系落实运动员赛前检录的确认问题；与终点摄像计时主裁判和径赛裁判长协调落实电动计时成绩的提取和确认程序；与现场指挥（不设时与宣告员）联系确定比赛信息的传送和提取事宜。如果是大型田径比赛，要与成绩经理落实如何获取技术代表确认的每日赛程、竞赛分组表、检录单和成绩记录表，以及比赛成绩等。

8. 田径比赛信息中的部分常用符号说明见表2－5。

表2－5　部分常用符号说明

缩写或符号	英文注释	中文注释
DQ	Disqualified	罚下
DNF	Did Not Finish	未完成比赛
DNS	Did Not Start	未参赛
NM	No Mark	无成功试跳/掷
Q	Qualified by place	径赛按因排名晋级
q	Qualified by time	径赛因用时晋级
Q	Qualified by standard	田赛因及格标准晋级
q	Qualified by performance	田赛不因及格标准晋级
qR	Qualified by Referee	由裁判长决定晋级下一轮
qJ	Qualified by Jury of Appeal	由仲裁委员会决定晋级下一轮
–	Pass	田赛的免跳或免掷
x	Failure	田赛的违例
o	Clearance	高度跳跃项目试跳成功
PB	Personal Best	个人最好成绩
SB	Season Best	赛季最好成绩
YC	Yellow Card	黄牌
YRC	Yellow Repeat Card	第二张黄牌
RC	Red Card	红牌

第六节　赛后工作和总成绩册

一、赛后工作

1. 所有比赛结束，立即统计出各参赛队的团体总分排名和破纪录情况。一般运动会结束后，紧接着将进行闭幕式和团体总分名次的颁奖仪式。所以要求竞赛秘书组在运动会结束后，尽快将团体总分、名次、破纪录的情况整理出来，交给竞赛主管（总裁判长）宣布。

2. 每日比赛后，及时统计破纪录人数、队数、项数，及各代表队奖牌数和总分，以便在每日秩序册上公布。

3. 由竞赛管理系统输出每日秩序册清样，或单张，经过编辑和审核后，交付印制并及时分发。

4. 汇编总成绩册。

5. 按参赛队的要求，打印运动员成绩证明单。

6. 做好比赛文件、资料的归档工作。

7. 做好借用物品的清理和归还工作。

8. 进行工作总结。

二、总成绩册的内容

1. 封面。内容包括：运动会的名称，主办单位，承办单位，协办单位，主要赞助单位，比赛时间，比赛地点。

2. 目录。

3. 创纪录的情况。

4. 比赛中达到田径等级标准的运动员名单（根据要求开列）。

5. 比赛奖牌榜。

6. 团体总分名次表。

7. 各组别各项目优胜名次（前8名）。

8. 比赛成绩（按规程上组别、项目的顺序排列）。

9. 赛会纪录。

第七节　计算机和网络在田径竞赛中的运用

计算机和网络是大型田径运动会信息管理系统的核心配置，担负着比赛的控制、信息的接收、处理和传递的功能。分布在不同区域的计算机和竞赛专门的外部终端设备通过网络互联成一个强大的系统，使比赛的信息能够快速地得到处理和公告。实现了高效率的智能化管理。田径比赛的信息管理体系由竞赛系统、赛程控制系统、信息发布与查询系统、通信系统、以及网络监控管理系统组成。（图2－7）

很多田径比赛的外场终端都采用了无线网络技术。无线局域网技术的运用，提高了计算机应用的灵活性。

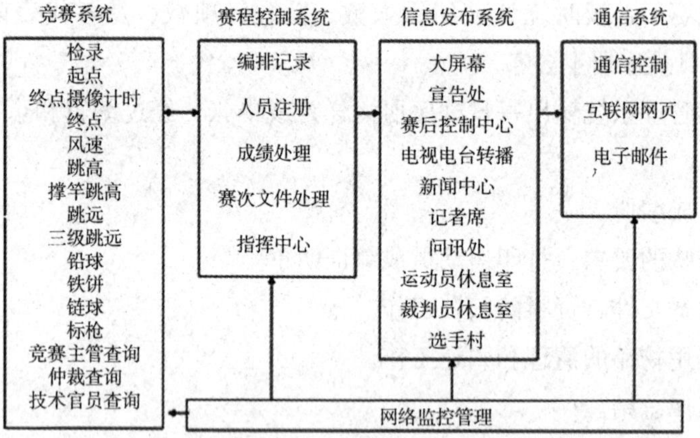

图 2-7　田径比赛信息管理系统图

目前，国内比赛大多采用专门的竞赛管理系统进行组织编排和成绩处理，全国比赛一般采用泰松系统或采用由菲普莱公司开发的与其公司比赛器材设备相配套的运动会管理系统。基层比赛也有采用其他的编排系统的，或是使用自己编辑的系统，或是用 Excel 电子表格编制宏或采用公式等进行运动会的编排和成绩的处理。

基层比赛中计算机的应用已经相当普遍，并在编排记录、成绩处理与公告、团体总分统计和奖牌统计中发挥很大的作用，加上局域网的运用，大大地提高比赛信息的传递速度。使现代化的手段在基层运动会中也得到充分的体现。图 2-8 为计算机网络系统的星形拓扑结构图。

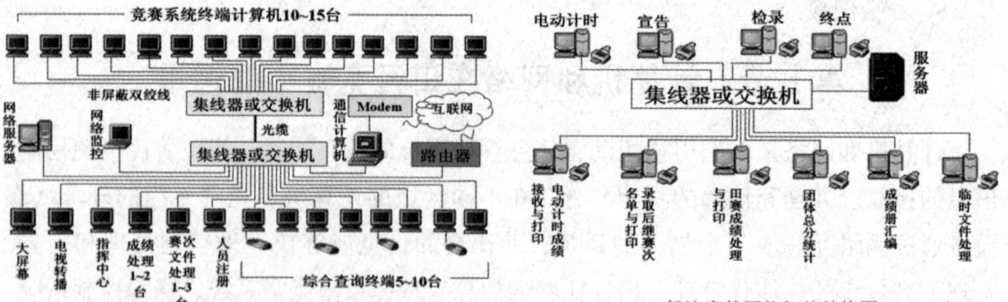

大型田径赛信息化管理系统网络拓扑结构图　　一般比赛的网络拓扑结构图

图 2-8　网络系统星形拓扑结构图

附：编排记录公告组常用器材清单（可根据比赛的具体需要增减）

序号	名　称	单位	数量	备　注
1	橡皮擦	块	2	
2	签字笔	支	20	黑色和红色各 10 支
3	铅笔	支	10	
4	笔刨	个	2	
5	油笔（2 红、3 蓝、5 黑）	支	10	公告用
6	胶水（或浆糊）	瓶	2	
7	剪刀	把	2	
8	30cm 直尺	把	1	设置奖状参数用
9	裁纸刀	把	2	
10	涂改液	支	3	
11	回形针	盒	5	
12	透明胶	卷	10	
13	双面胶	卷	10	
14	橡皮筋	条	100	
15	小、中、大鱼尾铁夹子	盒	各 1 盒	
16	A3、A4 纸	若干		根据需要决定
17	文件袋	个	按需求	用于存档和装放各参赛单位的奖状
18	计算器	个	1	用于成绩公告累计团体总分
19	裁纸铡刀	把	1	
20	标准订书机（配书钉）	个	2－3	
21	加长订书机（配书钉）	个	2	根据需求配备
22	电脑	台	4－5	根据需求配备
23	打印机	台	3－5	根据需求配备
24	16 口交换机	台	1	
25	5 米网线	条	6－8	
26	连接电计和终点成绩确认的长网线	条	各 1	根据距离确定长度
27	多孔电脑专用电源插板	个		根据具体情况配置
28	复印机	台	1	
29	速印机	台	1	如需要制作每日秩序册时配备

第三章　技术信息中心的工作

第一节　技术信息中心的功能与任务

一、工作任务与要求

为参赛的国家（地区）代表团提供详细的竞赛信息服务，保证赛事期间的信息在组委会与代表队之间的顺畅流通。

二、岗位设置与职责

信息技术中心（英文缩写 TIC）人员组成：2 名主管（1 名兼），4 名裁判，16 名志愿者由主管带领完成工作，工作人员根据其特长各自进行明确分工。

第二节　技术信息中心裁判工作方法

一、工作细则与方法

（一）接受来自组委会传达的各种竞赛文件及信息并及时分发及张贴

由信息技术中心（TIC）和体育信息中心（SIC）共同完成。在 TIC，将会分配给各支参赛队一个信箱，工作人员在接收到来自不同客户群的信息后，将所有信息复印分发至信箱，以便运动队的随时领取，所有信箱内文件须持有技术信息中心通行证且为注册人员的运动队代表领取，运动队还可以在信息终端上浏览，打印相关的信息，对于一些重要信息，要及时张贴在信息白板上，并及时进行更新。

信息来源及内容：

1. 成绩经理：参赛运动员名单，竞赛日程，比赛确认表，竞赛分组表，接力棒次表，比赛成绩，奖牌信息，每日秩序册及成绩册和总成绩册等。

2. 竞赛团队：训练日程，及格标准，跳跃高度项目升高计划；会议通知以及技术要求，训练和比赛时间的变更等。

3. 场景团队；运动员班车时刻表，用餐时间表，天气情况等。

4. 信息终端：比赛官方的，实时的信息。

（二）参赛确认表及接力棒次表的接收（TIC 主责，SIC 协助）

1. 各队领队或代表必须在每项比赛（第一轮）比赛前确认时间参赛员名单，并须在截止时间前上报。

2. 根据竞赛须知要求，各接力项目的棒次确认表至少于第一组预赛开始前 1 小时交至 TIC，对上交的表格随收随交给主现场成绩处理机房。

收取确认表时，工作人员需要检查领队是否在表格的左下角签字，确认后，在表格的右下角规定区域填写收取时间并交给主管签字，之后复印两份，一份交给运动队，一份留存，原件交给成绩处理部门。

注：在特殊情况下，SIC 也可以收取以上表格，但需要及时将原件传至 TIC，由 TIC 汇总一并上交。

（三）解答或传递运动队的各种问题（TIC 和 SIC 各自完成）

TIC 和 SIC 是组委会对外窗口，因此在整个赛事期间，（比赛的过程中，）队伍遇到的各种竞赛和生活问题到信息中心进行咨询。工作人员应及时准确地进行问答，解决一般问题，（运动员或官员提出的问题，）如遇上新的问题，原则是不产生新信息，只是向上一级传达信息，同时将问题记录在每日咨询日志。为了能与各队保持更通畅的联系，信息中心需要一份各代表队联络员的通讯录，如无法提供，则在队伍到达信息中心时，留下他们的房间号码，电话和手机号码。为了他们与信息中心随时保持联系。在通行卡上，将信息中心主管的联系电话以及工作台电话印刷上。

（四）比赛服装登记（SIC 主责，TIC 协调）

每个领队必须将参赛服装式样递交到组委会（以电子版为佳）格式要求如下：

· JPEG 文件，最大分辨率和尺寸为 300dpi/500KB

· 最好是压缩的 ZIP 文件

· 文件名必须清楚注明国家/地区名称，如：China。

登记并补充拍照缺漏记录，在赛前交赛前控制中心检查运动员比赛服装。工作程序：先填写登记表，检查服装是否符合要求；拍摄展示的服装。将照片打印后交赛前控制中心。

（五）发放马拉松，竞走饮料站官员的通行证（TIC）

在竞走比赛中，每个参赛队可以最多有两名官员在运动员自备饮料站为本国运动员递送饮料，该官员必须持有 TIC 分发的通行证方可到指定地点为运动员服务。

制作此类通行证，并根据项目日程进行准备，等各队官员前来领取，并做好登记记录。

（六）提供全能，田赛项目的教练员特别通行证

参加全能比赛运动员在休息室时需要有随队官员的陪同，这时陪同的官员需要到 TIC 领取特别通行证才能进入休息室；在进行田赛比赛时，为了方便教练员对该队运动员进行指导，可在场地临近的看台上为教练员安排座位，这需要有关教练员可通过本队领队从 TIC 领取当日座位票，每位参赛运动员分配一张教练员座位票，凭票到指定区域就座。赛前领取相关特别通行证，审核领取人员的资格后进行分发并记录。

（七）接收运动员或队伍代表的抗议和申诉

运动员或其运动队代表就比赛的成绩和进程向仲裁以书面的形式提出抗议申诉，须在裁判长正式宣布比赛结果 30 分钟内以书面表格形式，并经代表运动员的责任官员签字，先填写有 TIC 提供申诉表格，并附上 100 美元或其他等值的货币，填写完成后由 TIC 上交至仲裁秘书，并把处理结果下达至运动队。对前面的申诉副本将提供给申诉人存档，仲裁将尽快对申诉做出书面答复，结果副本将放在技术信息中心的信息框里。

1. 任务

赛前领取抗议申诉用表，负责让提出抗议的运动队领队填写申诉表格，及时传达至仲裁秘书，保证赛事的继续顺利进行，把处理结果的副本放在相应的信息框里。

2. 工作流程

赛前向相关部门领取申诉表——申诉运动队队员或其教练领取申诉表——填写申诉表——接受申诉表——转交申诉表——领取处理结果——通知处理结果——保存副本。

3. 重点和难点

重点：熟悉整个处理抗议的流程以及仲裁秘书交接的地点等。

难点：审核是否在有效时间内填写。

（八）兴奋剂检测自检（TIC）

运动员在达到国家纪录水平时，在没有被安排参加兴奋剂检查的情况下，可自行申请进行兴奋剂检测。

1. 运动员准备兴奋剂检测申请表，填写后，向其收取相关费用并附上，再将表转至兴奋剂检测中心，并通知运动员进行检测的时间。

2. 工作流程

申请填写兴奋剂自检表——填写表格——收费——把表交至兴奋剂检测中心——表格——复印件归档。

(九) 做好日志，记录及归档工作

1. 记录所有电话，传真，重要时间和行动竞赛信息

服务工作人员负责维护准确的竞赛信息服务台发出或接收的重要电话和传真。竞赛信息服务工作人员也要负责记录任何他们或其他大运会职能部门所采取行动和时间。记录包括日期，时间，描述，涉及到的个人和国家全名，以及记录该信息的竞赛信息服务工作者的名字。竞赛信息服务台要维护所有与大运会或其他部门之间重要的联系的准确记录。这些记录将会被用来证明重要问题，并且验证行动。

2. 分发日志工作

为了记录竞赛信息服务的收发情况，避免多支运动队代表寻找多份资料拷贝，每次分发竞赛信息服务的情况都要记录在日志中。

3. 归档工作

在比赛场和运动员村的竞赛信息服务台中，要求保存所有分发给运动队官员信息的主文档。在分发前，竞赛信息服务台接收到的所有信息复印件都要及时归档，这样做可以维护准确的信息记录。

二、工作重点、难点

信息中心是组委会与运动队的桥梁，保证信息的顺畅传递是工作的重点。工作覆盖的面广，信息量大，及时地把信息上传与反馈是工作的难点。

三、所需设备与物品

1. 独立办公室。

2. 一台直播现场的电视，一台高速复印机，4 台与成绩处理中心联网的电脑(其中一台接打印机)。

3. 景观（门牌，指引标志，桌布)。

4. 办公文具：笔，文件袋，便签贴纸，书夹等若干，清洁用具若干。

5. 场馆各部门及 NOC 联络员的通讯簿。

6. 需要制作的印刷品：

——技术信息中心通行卡；

——技术会议请柬；

——马拉松自备饮料站通行证；

——竞走自备饮料站通行证；

——全能休息室通行证；

——田赛教练员坐席证和/或教练员席门票；

——自备饮料瓶标签；

——NOC 信箱标示。

7. 需要制作的表格

——申诉表；

——退赛申请表；

——兴奋剂自检表；

——终点摄影图像申请表。

第三篇　田径裁判工作细则与方法

第一章　现场指挥工作

一、工作任务与要求

以竞赛规则、竞赛规程和竞赛组委会的工作要求为依据，在赛事主管领导下，以及在全体现场人员的支持、配合与监督下，指挥各项比赛按时开始。掌握运动员进场时间，指挥裁判员准时入场就位。介绍运动员及其道次，掌握颁奖时间和组织颁奖。如遇特殊情况，指挥全场人员统一行动，采取有效措施确保场上各项活动正常进行。

二、岗位设置

现场指挥；现场指挥助理；主持人；大屏幕控制员；终端控制员；音响师；信息传递员；辅助裁判员；电设备技术员；TV 媒体联络人；颁奖组；辅助裁判。

三、工作细则与方法

（一）赛前工作

1. 赛前近 3 个月就协同各裁判组和相关设备、技术部门的人员准备、落实本组岗位置和开具各种仪器设备清单。

2. 赛前 10 天进行编写竞赛工作流程和音频、视频文件排序。

3. 赛前 3 天协同各裁判组和相关设备、技术部门的人员进一步准备、落实、测试、应用各种仪器设备。

4. 赛前 1 ~2 天与各相关裁判长和裁判组负责人沟通达成工作联系规范和应急预案。

各裁判组工作联系方式如图 3 –1 ~图 3 –3 所示。

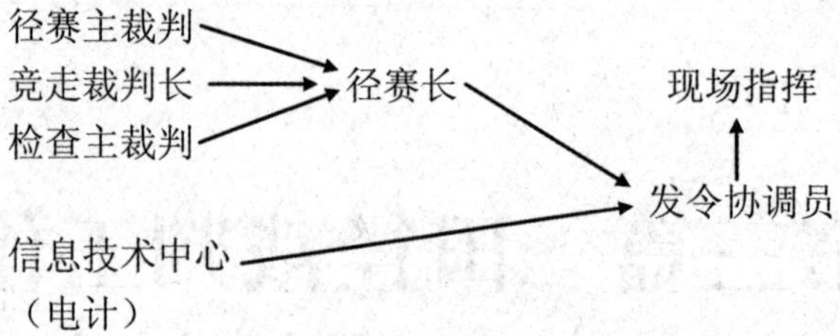

图 3－1　径赛组联系方式图

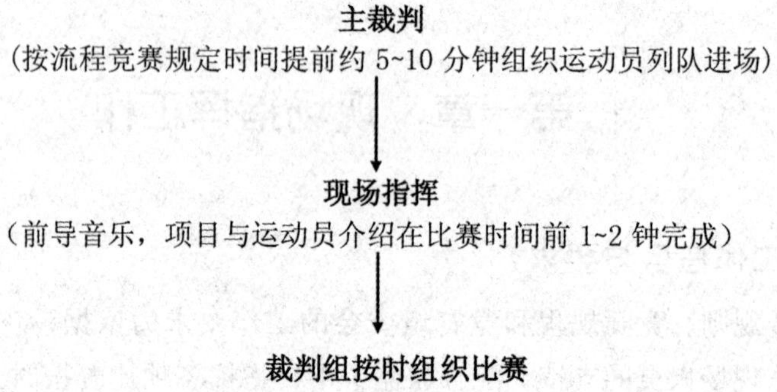

图 3－2　田赛组联系方式图

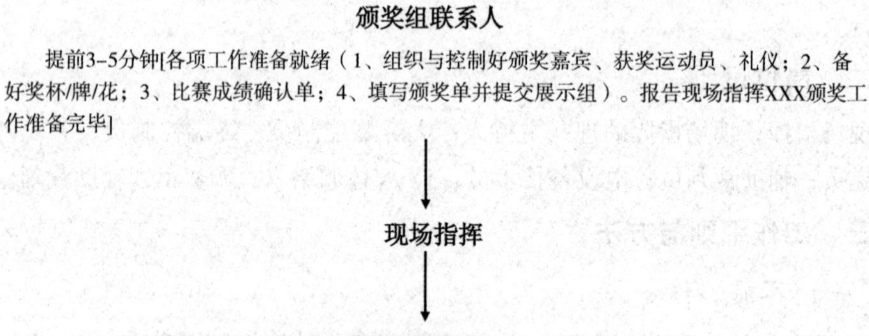

图 3－3　颁奖组联系方式图

5. 赛前 60 分钟，所有展示组人员到达岗位，检查、测试仪器设备（大屏开启与显示、终端上屏同步、电脑、打印机、音、视频终端操作与大屏、音响连接和效果、有线无线麦等）运作正常。检查、校对当场竞赛信息资料是否完备（比赛日程、分组名单、检录单等）。

（二）赛中工作

1. 运用大屏（南、北）展示赛会和竞赛相应视频和竞赛信息（参赛检录名单、成绩单、获奖名单等）。

2. 运用音乐引导各项/组比赛和营造赛场气氛。

3. 通过主持人报导。

（1）以竞赛工作流程为依据，维护赛场比赛秩序。

（2）鼓动运动员参赛热情。

（3）互动现场人员，营造赛场气氛。

（4）引导观众欣赏比赛。

（5）协助颁奖组做好主持、展示等工作。

（6）通过比赛现场的展示，宣传中华文化与体育；宣传田径运动会的精神和宗旨；介绍各参赛单位与地方的人文与运动员和田径项目竞赛的相关知识。

（7）在关键时刻起宣传、报导、通知等应急作用。

4. 开赛前工作流程

（1）赛前60分钟到场准备各项工作。

（2）赛前30分钟开始展示流程。

（3）赛前10分钟展示田赛比赛流程。

（4）赛前2~3分钟展示径赛比赛流程。

5. 径赛赛中工作流程

赛中各项比赛按《竞赛流程表》安排进行现场展示工作，具体如下：

（1）每项/组开始前约3~5分钟，主持人进行相关项目介绍。发令组组织控制参赛运动员，发令协调员与电计、径赛长（终点、检查、风速裁判组）联系，进入就绪状态。展示组各岗位核对与准备相关资料（检录单、引导音乐、竞赛音乐、上屏片头、上屏检录单等）。

（2）起跑前2~3分钟，发令协调员与现场指挥联系，报告径赛一切工作准备就绪。

（3）起跑前约2分钟，现场指挥指令引导音乐与视频片头播放（约10秒），然后主持人进行运动员道次介绍和项目信息介绍（项目特点、优秀运动员、等级标准、纪录）。

（4）发令员准点发令（各就位），有效起跑后，音响控制人员及时播放相应项目的竞赛音乐，以鼓动和激励比赛，同时主持人通过广播形式进行讲解/评述和鼓动比赛。

（5）伴随运动员通过终点后，竞赛音乐收起，转换成串场或背景流行音乐，以缓和赛场环境，主持人借此也可以介绍相关展示信息资料和项目知识。

（6）赛后约30～60秒，上屏员应及时准确地将竞赛信息（成绩）上传至大屏（南边）上，并告知主持人宣布成绩已经上屏，让观众关注大屏信息。

（7）在径赛比赛过程中主持人应准备同时进行田赛比赛项目的比赛现状和结果，在不影响径赛秩序的时候，及时作相应报导和引导观众关注，希望相关裁判组主裁判/田赛长能配合并提供实时信息。

（8）与颁奖组配合与沟通，在规定时间或长距离跑、换项时做好颁奖各项工作。

6. 田赛赛中工作流程

在不影响径赛项目比赛秩序前提下，各项目主裁判在本项目比赛时间5分钟前（可以按竞赛流程或者依实际与现场指挥联系进行弹性制订）。

（1）与现场指挥沟通联系是否可展示比赛。

（2）及时组织参赛运动员。

（3）当出现田赛引导片头和音乐时，应列队进场。

（4）主持人介绍完运动员后由各组主裁判按时组织开始比赛。

（5）赛中配合展示组做好实时比赛的报导工作。

（6）比赛结束及时向展示组报告。

7. 颁奖工作流程

在竞赛流程规定时间或长距离跑、换项时做好颁奖各项工作：

（1）各项颁奖前，与颁奖组联系与沟通，确认颁奖组各项工作准备就绪。

（2）收到颁奖组颁奖嘉宾和获奖运动员名单表。

（3）准备好颁奖片头与音乐。

（4）进入颁奖流程（颁奖流程见图3－3）。

（三）赛后工作

1. 每单元结束进行小结，及时发现问题和不足，清还物品和上交相关资料。全赛结束后组织组员总结并完成书面总结上交。

2. 及时返还所借物品和仪器设备，向相关部门和负责人交接相关事宜，建立沟通联系信息表。

四、应急预案

因天气或者其他原因影响比赛进程（工作流程）时，为减少对后面赛事影响，经请示赛事主管后，将采用以下应急方案。

1. 径赛

（1）适当调整竞赛流程限定的比赛时间。

（2）预赛项目不展示介绍运动员道次。

（3）中长跑项目将在起跑后介绍参赛运动员（正常情况下 10 人以内起跑时介绍）。

2. 田赛

以人为本，从实际出发，可能取消赛事展示程序，不必列队出场逐一介绍，只用对讲机联系，只播放展示音乐和介绍其项目开始，由各裁判组自行组织控制比赛时间，赛中在不影响径赛项目比赛时，将介绍参赛运动员。

3. 颁奖

为及时对赛后获奖运动员颁奖，防止积压或拖延赛程，个别项目颁奖时间可能有更改调整，必要时由颁奖组与现场指挥沟通后独立进行“见机行事”的颁奖，不进行展示程序，条件允许时只播放音乐和介绍其颁奖项目开始，由颁奖组自行组织控制时间和秩序（前提是不影响现场正在进行的比赛）。

4. 停电或设备故障

当出现停电或展示设备故障不能正常控制比赛进程时，通过对讲机与相关裁判长进行沟通联系，由各裁判长组织控制比赛进程。（具体方式、方法由各裁判长另行制订）

5. 对讲机使用建议

（1）总裁判长应急时“发号施令”优先。

（2）现场竞赛展示联系重要。

（3）多方要事沟通必须选择时机。

（4）双方联系简明扼要，详细事情商讨换频道。

注意：使用对讲机时不能影响和干扰现场比赛秩序。

第二章　径赛裁判工作

第一节　径赛裁判长工作

一、工作任务与要求

领导赛前、赛后控制中心、发令、终点摄影计时、检查、风速测量各裁判组及有关终端操作员，负责内场径赛的裁判工作，保证径赛项目的正常进行。

二、岗位设置与职责

（一）岗位分工

1. 径赛裁判长 A 分管终点、终点摄影计时、检查、风速测量，审核径赛成绩。处理运动员的犯规问题。

2. 径赛裁判长 B 分管发令、赛前、赛后控制中心和径赛终端操作员的工作。

（二）岗位职责

1. 认真执行规则和规程的各项规定，保证规则得到执行，处理发生于运动会期间的以及规则未明文规定的任何问题。

2. 处理有争议的问题。当裁判员仅在对运动员名次有争议而不能判定时，有权判定比赛名次。

3. 对有关比赛进行中提出的抗议或异议作出裁决。

4. 有权对有不正当行为的运动员提出警告或取消比赛资格。

5. 认为某项比赛不公允时，有权宣布该项比赛无效，并作出在当日或其他时间重新比赛的决定。在作出决定前，应向总裁判长报告。

三、工作细则与方法

（一）赛前工作

1. 根据大会及总裁判长的安排，领导及组织径赛各裁判组学习规则和竞赛规程，研究各裁判组的工作方法。

2. 带领各裁判组检查各自的场地、器材和设备，根据各组需用器材及用品的清单核实检查。

3. 带领各组电子设备裁判员熟悉掌握各种电子设备，确保电子设备准确无误。

4. 召开径赛各主裁判会议，研究、落实具体的学习实习等工作计划。

5. 组织和领导各裁判组进行现场实习。

6. 设想比赛中可能发生的各种问题和解决问题的方案，让各有关裁判组在赛前做好一切防范措施。如雨天各种电子设备的操作、道次小号码粘贴、运动员违反体育道德或有不正当的行为以及运动员不认真参赛等。

7. 在技术会议前，向总裁判长提供径赛方面应宣布事项的书面材料。如各项运动员的进场路线，小号码的佩戴，赛后控制中心涉及兴奋剂检查的工作，田赛标枪、跳高助跑区与径赛场地有冲突时，如何协调比赛等。

（二）赛中工作

1. 每一单元前按大会规定的时间、地点集合，检查各组裁判员人数简要提示各组在本单元工作要点、难点及注意事项。并与现场指挥联系，准备进场。

2. 裁判员进场后，按竞赛日程的项目，径赛裁判长分头检查各组的工作。如赛前的检录，电子设备运行和各种器材的摆放情况，跨栏项目比赛前，督促场地组按时摆好栏架；检查栏高、栏距等，保证按时发令。

3. 比赛开始后，与现场指挥配合，掌握好比赛的进程，按时比赛。

4. 短距离比赛时，保证在测量径赛项目风速时，风速仪应置于直道一侧，靠近第一分道，距终点线 50 米。中长距离跑项目比赛时，加强督促记圈员的工作，积极配合竞走的外场径赛工作。

5. 比赛中，径赛裁判长要掌握第一手资料，为了处理好比赛中可能出现的问题，注意观察每组运动员的比赛的全过程。

6. 出现犯规情况，要亲临犯规地点，察看现场和检查报告单，必要时应询问该区的检查员，包括看现场录像，认定犯规情节后，按规则精神，慎重、果断地判罚。

7. 对比赛中因他人影响而受损失的运动员，可令其参加另一组比赛或下一赛次的比赛，或令该组重赛。在作出决定前，要先与总裁判长研究，再作决定。

8. 比赛中有权对有不正当行为的运动员提出警告或取消其比赛资格。给予运动员警告，应向运动员出示黄牌；取消其比赛资格，应出示红牌。这两种处分均应填入成绩记录卡。

9. 若认为某项比赛不公允，有权宣布比赛无效，并做出在当日或另行安排时间重新比赛的决定。但做出决定前一定要报告总裁判长，并通过竞赛秘书组，以便统筹安排。

10. 每一单元结束，要及时向各裁判组了解情况，如发现问题应及时提出解决办法。

（三）赛后工作

1. 每一单元结束，要及时向各裁判组了解情况，如发现问题应及时提出解决办法。

2. 归还各种器材和电子设备。

3. 汇总各组小结，写出径赛裁判工作总结，并上报总裁判长。

四、工作重点与难点

（一）工作重点

督促检查径赛各裁判组的工作，保证比赛准时开始与正常进行。

（二）工作难点

执行规则和规程的各项规定，保证规则得到执行，处理发生于运动会期间的以及规则未作明文规定的任何问题。

五、工作流程图（图3－4）

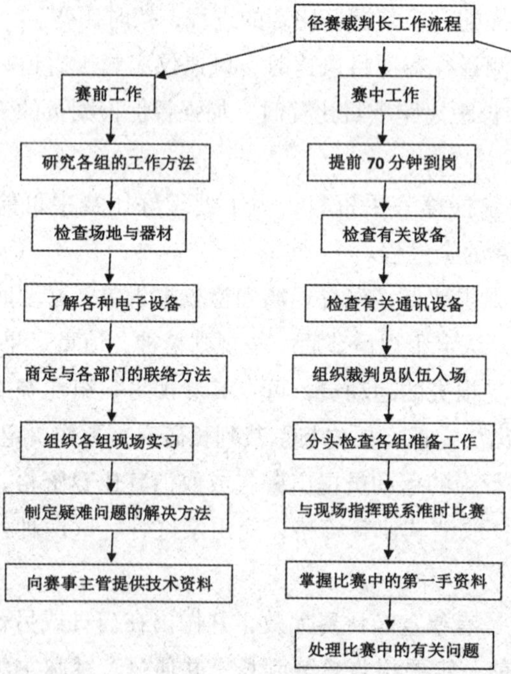

图3－4　径赛裁判长工作流程图

六、所需物品

1. 对讲机：2 部。

2. 终点联网电脑：1 部。

3. 望远镜：1 个。

4. 最新大会纪录。

第二节　检录组裁判工作

一、工作任务与要求

检录裁判工作的主要任务：按大会赛程时间，在热身场地召集运动员到检录处进行检录；按照规则规定的要求，对运动员的身份卡、比赛服装及服装上的广告和鞋及所带物品进行逐项检查，特别是违禁品的检查；根据检录单资料，对参加比赛的运动员进行身份核对，确保运动员佩戴的号码与检录单一致，协助径赛项目运动员按要求佩戴好道次小号码、长距离跑芯片等检录工作；准时、安全地带领运动员到达比赛场地。

要求：录像机、手提电话等电子设备和违反有关规定的物品一律不得进入赛场；除了国际官员、组织代表、技术代表、医务代表、兴奋剂检查代表、技术官员、仲裁委员、裁判长和有关裁判员，赛场内工作人员及已通知来检录的运动员可进入检录处外，其余人员不得进入。

二、岗位设置与工作位置

（一）岗位设置

1. 大型赛事裁判员设置

（1）裁判长 1 ~2 人。

（2）主裁判 2 ~4 人。

（3）检录员 10 ~12 人。

（4）检录辅助员（志愿者）20 –24 人。

（5）广播员 2 人。

（6）检录时间显示器操作员（志愿者）1 人。

（7）入口检查员（志愿者）2 人。

（8）违禁物品管理员（裁判员 1 人 + 志愿者 2 人）。

（9）检录确认终端操作员（大会计算机设备公司提供）1 人。

（10）引导员（志愿者）10 人。

（11）维护秩序管理员（志愿者）4 人。

2. 基层赛事裁判员设置

（1）裁判长 1 人。

（2）主裁判 1 ~ 2 人。

（3）检录员 8 ~ 10 人。

（4）检录辅助员（志愿者）5 ~ 10 人。

（5）广播员 1 人。

（二）工作位置

大型赛事设置第一检录处、第二检录处，基层比赛设置一个检录处。

1. 各检录处基本布局要求

（1）检录室（组）4 ~ 5 个。

（2）工作台（放置终端计算系统及小号码布等所需器材）。

（3）规划检录处的入口及出口位置及引导员行走路线。

（4）检录时间显示屏。

2. 引导运动员到达赛场路线要求

引导员手持引导牌，带领运动员成一路纵队队形行走，一名检录员随队伍殿后，以检录处至赛场最近端方向，绕跑道辅道（第 8 道跑道外）行走，不能穿越运动场中心草地，田赛项目行至赛场附近，在不影响径赛比赛的情况下，才可穿越跑道带进赛场。引导员带领运动员从二检处出发到达不同项目赛场的路线如图 3 – 5 ~ 图 3 – 8 所示。

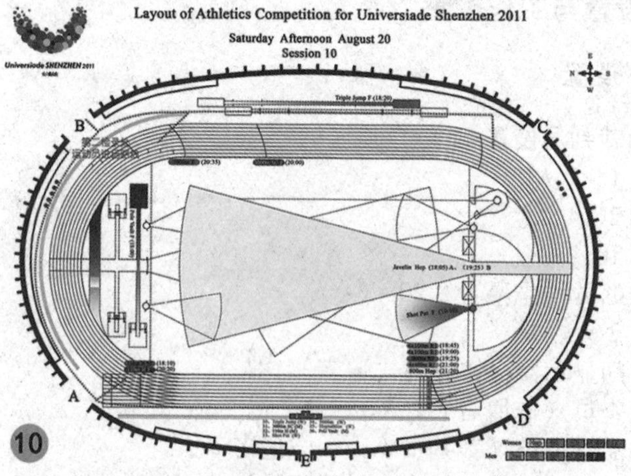

图 3 – 5　从第二检录处至 4 × 100 米接力的路线图

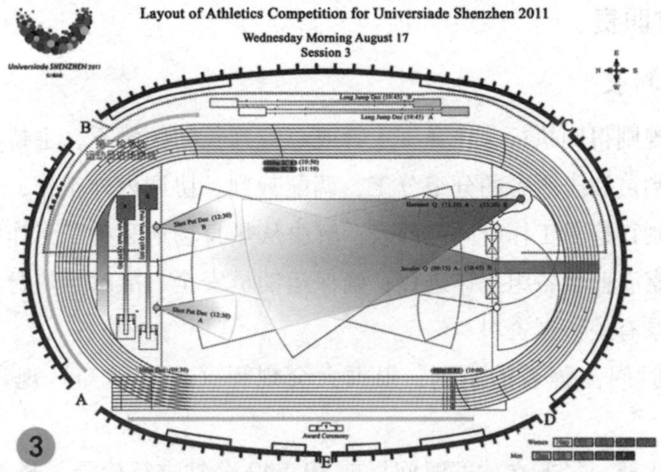

图 3－6　是从第二检录处至撑竿跳高、投掷项目的路线图

图 3－7　引导员引导铅球运动员从弧顶进入赛场

图 3－8　引导员引导运动员到达赛场所走的辅道（跑道外围）

三、岗位职责

（一）裁判长

应确保本规则得到执行，在赛事主管或总裁判长的领导下，主持检录处的全面工作。负责裁判员和志愿者的分组分工、调配裁判、协调内外工作；根据大会规程及竞赛日程，制订检录工作时间流程表；解决从热身场地和检录工作中发生的任何问题；不断观察、监督各组工作进程；确保运动员安全、准时从热身场地到达比赛场地；统计检录有关数据资料。

制订检录时间流程表的原则：根据大会规程（竞赛须知）规定的检录时间进行。

大型国际比赛：径赛在比赛时间提前30~40分钟进行检录，赛前10~15分钟到达起点；田赛提前40~50分钟，撑竿跳高60~70分钟进行检录，赛前30~50分钟到达赛场（表3-1）。

基层比赛：径赛在比赛时间提前20~30分钟进行检录，赛前5~10分钟到达起点；田赛提前30~40分钟，撑竿跳高50~60分钟进行检录，赛前20~30分钟到达赛场。

表3-1　XXX田径运动会检录时间表

项目名称	组别	赛次/轮次	第1次检录通知	第2次检录通知	第3次检录通知	检录开始时间	检录室序号	离开一检时间	离开二检时间	到达赛场时间	项目开始时间
女子跳高		决赛	15：38	15：42	15：47	15：50	3	15：57	16：08	16：10	17：00
男子三级跳远		决赛	16：08	16：12	16：17	16：20	5	16：27	16：39	16：40	17：10
女子5000M		决赛	16：33	16：37	16：42	16：45	1	16：50	17：03	17：05	17：15
女子4×100m接力		决赛	16：58	17：02	17：07	17：10	2、3	17：16	17：26	17：30	17：45

（二）主裁判

1. 大型比赛分工

分设第一检录处和第二检录处。

1~2人在比赛中主要负责第一检录处各检录室的检录工作，并负责引导员的安排，准确掌握检录开始和结束时间，登记每组带出第一检录处的时间，及时督导与处理各检录组的检录事宜，不能解决时及时请示裁判长。

1～2 人负责管理第二检录处裁判员和志愿者在各检录区域的工作，检查入场前小号码及芯片的准备情况，注意监控运动员在第二检录处处准备活动的安全，登记每组检录确认情况，准时召集运动员带出赛场。

2. 基层比赛分工

协助裁判长工作，主要负责各检录组的检录工作，准确掌握检录开始和结束时间，及时督导与处理各检录组的检录事宜，不能解决时及时请示裁判长。检查入场前小号码及芯片的准备情况，登记每组检录确认情况，准时召集运动员带出赛场。

（三）裁判员

1. 检录员

运动员按比赛项目、组次进入各自的检录室后，第一检录处检录员根据检录单信息，对运动员身份及所参加的项目进行核实，对运动员随身携带的物品逐一检查，包括：比赛服装、胸前或背后的号码布、鞋及鞋钉、随身挎包等，是否符合规则、规程所规定的要求。对不能带入赛场的物品暂存保管，填写物品保管收据和物品签收单（一式两份），运动员签名后本人留一份作为赛后取回物品的凭证，另一份装袋并封口，交由违禁物品管理员进行登记。根据检录工作流程表时间，将运动员带离第一检录处的同时将违禁物品一并带到赛后控制中心进行交接。

第二检录处检录员根据检录单信息再次对运动员的参赛信息进行核实，并分发径赛道次小号码或芯片，协助运动员把小号码或芯片按要求佩戴好，监控运动员的准备活动，在终端机上确认检录情况。根据检录流程时间表，准时将运动员带离第二检录处到赛场。

工作中要注意的事项：如在带进赛场时遇到升国旗奏国歌时，必须马上原地站立，摘帽面向国旗行注目礼；当要穿越跑道进入田赛赛场时，需先避让正在进行中的径赛项目，在确保安全的前提下，提醒运动员尽快通过，避免发生冲撞。

注：运动员服装、鞋、号码布标准摘自《田径竞赛规则》（2014—2015）第 143 条 1、2、3、4、5、6、7、8、9、10。

2. 检录辅助员（志愿者）

协助检录员全面检录工作。

3. 广播员

第一检录处广播员根据检录工作时间流程表。在每项每组比赛开始检录前 12 分钟、5 分钟、3 分钟进行 3 次预备检录广播通知，每次广播 2 遍，基层比赛可提前 3

-5 分钟进行广播通知。

第二检录处广播员根据检录工作时间流程表通知相应项目的运动员，到指定位置集合，准备进场。

4. 检录时间显示器操作员

根据检录工作时间流程表在赛前将相关信息录入到显示系统中，赛中根据时间，逐一把各项检录时间内容显示在屏幕上。

5. 入口检查员

检查每一位进入人员的身份卡，并做好记录。只允许国际官员、组织代表、技术代表、医务代表、兴奋剂检查代表、技术官员、仲裁委员、裁判长和有关裁判员，赛场内工作人员及已通知来检录的运动员，禁止无关人员进入检录处。

6. 违禁物品管理员

负责为各检录组提供透明物品袋、封口器、违禁物品保管收据和违禁物品签收单，安排专人（志愿者）移交违禁物品至赛后控制中心。注意物品运输线路和时间，确保每组运动员在到达赛后控制中心之前就将物品送到并交接。

注：违禁物品清单：录像机、盒式录音机、收音机、CD 机、无线通讯机、移动电话或类似装置。摘自《田径竞赛规则》（2014—2015）第 144 条 3（b）。

7. 检录确认终端操作员

通常由大会指定的计时计分设备公司的人员负责，基层比赛由一名裁判员或志愿者进行每项、每组运动员检录情况登记备案。有弃权、请假等情况，要及时通知有关的裁判员或部门（径赛长、编排、项目展示、发令、终点摄像、检查、赛后）。

8. 引导员

由各检录组长指挥，根据所负责的引导项目，准备引导牌→站岗→举牌引导运动员入场→返回。按时间规定和统一的动作从第一检录处室手举项目牌，将进场比赛的运动员引领到比赛场地。工作中要注意的事项：如在带进赛场时遇到升国旗奏国歌时，必须马上原地站立，摘帽面向国旗行注目礼；当要穿越跑道进入田赛赛场时，需先避让正在进行中的径赛项目，在确保安全的前提下，提醒运动员尽快通过，避免发生冲撞。

9. 维护秩序管理员

维护第一检录处第二检录处及热身场地的秩序，确保运动员安全，特别是第二检录处热身场区域窄小，做好动态与静态区域的划分及指引，避免冲撞事故发生。

四、工作细则与方法

（一）赛前工作

1. 在检录裁判长领导下，全体检录处裁判员认真学习《田径竞赛规则》、竞赛规程及技术手册（竞赛须知）所规定的检录工作要求。

2. 裁判长进行工作岗位的精细分工，明确职责，各岗位裁判员要熟悉各自的工作方法及流程。

3. 裁判长测算第一检录处到达第二检录处及第二检录处到达各项目比赛场地行走的距离和时间，制订检录工作时间流程表。

4. 裁判员根据分工，做好各岗位准备工作，包括：检录室布置、工作台布置、领取所需物品等。

5. 赛前进行联调，及时发现总结联调中存在的问题，为确保比赛顺利进行做好准备。

（二）赛中工作

1. 裁判长检查全组人员到岗情况，监督、落实各个岗位的准备工作，发现问题及时解决处理，密切关注赛事信息的变化，协调好各个岗位的工作。

2. 主裁判领取并下发当日秩序册及各种工作表格，分配各检录室本单元检录任务，到竞赛秘书处（编排组）领取本单元检录单并分发给每个检录室，全面协助检录员完成并处理解决检录期间所发生的事情，解决不了的请示裁判长。

3. 裁判员根据赛事主管或总裁判长的要求，每单元提前到岗，在第一检录处公告栏上张贴该单元检录时间工作流程表并在显示屏上显示该内容，大屏幕显示的同时进行广播。入口检查员开始工作，根据检录工作流程时间表的项目检查运动员的参赛卡及随身物品，并引导运动员进入第一检录处的检录室。项目引导员听到第一次检录通知广播后，站在各自检录室门口引导运动员进检录室接受检录。检录员（验收运动员身份卡，运动员按号入座，检录员核对运动员胸前或背后的号码，检查服装、鞋、包、物、广告是否符合标准），离开第一检录处时与检录主裁确认。检录室志愿者带领运动员和身份卡到第二检录处，第二检录处相应检录室检录员准备径赛运动员的小号码（每人 2 个），观察运动员准备活动、保证运动员热身的安全，按时召集运动员列队，核对人数及顺序，经终端确认后带领径赛项目运动员到起点与助理发令裁判员交接（包括：人、检录单、身份卡），交接完成后返回报告、准备下一项任务。

田赛运动员的检录基本与径赛的检录程序相同，检录员特别注意检查运动员的随身物品、护具，比赛器械（自备器械要进入赛场须在赛前通过检测合格并留在器材室待用）不得带入场地。第二检录处检录员注意带入赛场的时间，带出前与田赛裁判组进行沟通，按时带到比赛场地与田赛管理裁判员交接，交接完成后返回报告、准备下一项任务。

全能项目每天每个单元的第一项比赛从第一检录处开始进行检录，方法与单项相同。后继项目由全能裁判员在下一项目比赛前自行检录，并在第二检录处终端进行确认。第二检录处应配合全能裁判组做好各种准备，如道次小号码布，排名号码布等，并提示全能裁判组组，每项比赛检录后都必须知会第二检录处在计算机终端确认。

（三）赛后工作

1. 每单元比赛结束后，裁判长及时通知下一单元比赛的到场时间。

2. 由裁判长作全组工作小结。

3. 主裁判及裁判员整理内务，做好下一单元检录工作的准备。注意做好器材物品的保管，防止丢失。

五、工作重点、难点及应急预案

（一）工作重点与难点

1. 确认参赛运动员与检录单信息一致。

2. 运动员所穿服装及鞋和所带物品都符合规则、规程要求。

3. 按时把运动员带到赛场。

4. 与各个工作组做好沟通配合工作。具体包括：竞赛秘书处领取检录单、当日秩序册等有关赛事资料；与起点、检查组、田赛裁判长确定交接人员地点、时间、方式；与全能裁判长落实每个单元第一项的检录和后续项目提示，并提供所需物品，跟踪确认弃权情况；与赛后控制中心进行违禁物品的交接；与场地器材组落实工作所需器材、物品；与安保人员和大会工作人员协作配合做好从热身场地到赛场的路线通畅、安全、封闭式；与赛事主管或总裁判长及时沟通反映情况、请示工作。

（二）应急预案

示例：参赛运动员忘带身份卡或少带一块号码布等资格问题。

解决办法：检录裁判长及时请示技术代表或赛事主管（总裁判长），如果号码布缺一，可在确认身份无误后，临时补做一块。

六、所需设备与物品

1. 计算机终端1台，打印机1台；A4复印纸若干。

2. 第一检处检录时间显示大屏幕一台。

3. 广播扩音设备2套，（一检、二检各1套，相对独立于赛场广播独立工作）。

4. 项目引导牌12~15个，标有具体项目的标志粘贴纸1套。

5. 电子大钟。

6. 桌子若干，椅子若干，长条椅若干（具体数量以两个接力组总人数为基准配备）。

7. 对讲机若干部。

8. 粘贴式道次小号码1号~8号若干、长跑顺序小号码1号~30号若干。红黄牌2套（具体数量以日程径赛组数为基准配备）。

9. 钉鞋专用测量器或卡尺若干，装物品的透明塑料袋200个若干，2号型号安全别针若干盒，大头回形针若干盒，针线盒62个，不透明宽封箱胶带30卷（要分有3种以上不同颜色）。

10. 夹板、铅笔等文具，剪刀，订书机，创可贴若干，小刀，直尺，胶水，橡皮筋，荧光笔，签字笔，记号笔，空白大号码布，白板笔。

11. 饮水机，冰及冰桶、垃圾桶。

12. 箩筐（供每组裁判放检录工具）。

13. 公告牌4块（一检门外张贴检录单和检录时间安排表，男女要分开）。

14. 一检、二检用的隔离带若干。

第三节　发令组裁判工作

一、工作任务与要求

（一）工作任务

全体起点裁判员应严肃、认真、公正、友好、热情地为运动员服务。根据《田径竞赛规则》和竞赛规程中的相关规定，按照运动会的竞赛日程，认真有效地组织参加径赛项目的运动员进行公平、合理的起跑，严格准时开始比赛，执行有关起跑时的规则，对犯规运动员给予警告或取消其参加比赛资格的处罚，确保赛事起点裁判工作顺利进行，圆满完成任务。

（二）工作要求

1. 必须深刻认识到参加运动会田径裁判的重要意义。

2. 必须遵守田径团队制订章程和要求。

3. 必须掌握和灵活运用起点工作的相关规则。

4. 裁判员在工作中既分工明确，完成本职工作，又要密切配合。

5. 裁判员无论站姿、坐姿、走姿应端正，事先确定裁判行进的顺序，选择最适宜的路线进场、转场和出场。

6. 在确保正常工作的同时，应考虑场上裁判员的站位和使用，使起点更整洁、更优美。

二、岗位设置与职责

（一）岗位设置

1. 发令协调员：1 名。

2. 发令员：2 名。

3. 召回员：2 名。

4. 助理发令员：3 ~ 5 名。

5. 起点服务员：16 ~ 20 名。

备注：比赛时应指派 1 名或多名召回员协助发令员工作（在 200 米、400 米、400 米栏、4 × 100 米接力、4 × 200 米接力、异程接力、和 4 × 400 米接力项目比赛时，至少应安排 2 名召回员）。

（二）岗位职责

1. 发令协调员

（1）负责组织发令组裁判员学习规则与规程，协调其他各裁判组商谈联系事宜，制订工作细则，组织联调实习工作。

（2）安排发令组裁判员的工作，确定其职责。

（3）为每名召回发令员确定专门的任务和位置并监督发令组每一名裁判员履行职责。

（4）收到竞赛主任的有关命令，确认计时员相关裁判员和终点摄像裁判员、风速测量员都已准备就绪，通知发令员开始发令程序准时发令。

（5）担任计时设备公司技术人员与裁判员之间的通话者。

（6）保存所有产生在发令过程中的纸质文件，包括起跑反应时和/或可获得的起跑犯规的波形图。

（7）确保出现起跑犯规情况的判罚得到完全执行（即红黑牌、黄黑牌、绿牌的正确使用）。

2. 发令员

（1）发令员应完全掌控已经就位的运动员。根据发令协调员下达指令准时执行发令。

（2）在发令过程中，发令员应位于能完全看清所有起跑运动员的位置。

（3）对于起跑犯规的运动员有权决定警告或取消比赛资格。

3. 召回员

（1）根据发令协调员确定的任务和位置，协助发令员检查参赛运动员起跑情况是否符合竞赛规则的规定。

（2）如观察到任何起跑犯规情况都有权召回运动员。在运动员起跑犯规被召回或被中止后，应向发令员报告他的观察结果，由发令员决定是否给予哪位运动员警告或取消比赛资格。

（3）发令员未鸣枪时，运动员出现犯规，召回员不能鸣枪召回。

4. 助理发令员

（1）从赛前控制中心引导裁判员接收参赛运动员，根据检录表核对运动员的项目、组别、组次、道次、号码，检查髋侧小号码是否被衣服遮挡。

（2）组织运动员上道，正确地安排每名运动员的道次或站位，监督运动员整理服装，再次检查运动员道次、号码及髋侧小号码是否正确。

（3）组织运动员在起跑线后大约 3 米的位置排列好，梯形起跑时使运动员在距起跑线大约 3 米位置站好；向发令员示意准备就绪。

（4）组织起点服务员按照指定路线，整齐列队将起跑信息系统、传感器、起跑器、道次牌、发令台等物品按指定位摆放。

（5）接力比赛时为第一棒运动员准备接力棒，该组比赛结束后应及时收回接力棒。

（6）当发令员“各就位”口令下达后应根据规则第 162 条 3 和第 162 条 4 的要求，检查运动员是否符合规则，如有违反规则情况应用手势令其改正（直道项目助理发令员一前一后进行检查，梯形起跑两名助理发令员应分别从 4 道至 1 道方向和 5 道至 8 道方向快速移动检查），待全部运动员都符合要求后迅速向发令员示意。

（7）当下令重新起跑时，助理发令员应重新组织运动员在起跑线后大约 3 米位置排列好等待发令。

（8）当出现犯规时，向犯规的运动员出示红黑牌（全能项目第一次出示黄黑牌）。

5. 起点服务员

（1）比赛前 15 分钟布置起点起跑器、道次牌、发令台（按照发令协调员指定位置），清理比赛起点起跑区域各种杂物，使起点保持整洁。

（2）在一个项目结束后转移到另一起点时整齐列队，迅速转移，在裁判员的指导下布置起跑监测仪、传感器、起跑器、道次牌、发令台等。

三、工作细则与方法

（一）赛前工作

1. 发令协调员组织学习竞赛规则和规程，制订工作细则，并明确分工，组织实习。

2. 检查场地器材和所需用品，熟悉各起点的位置，根据实际情况确定发令台和起跑监测仪的摆放地点。

3. 发令员和召回员熟悉使用起跑信息系统中发令设备和犯规感应设备（电子枪和耳麦等），检查该设备有无故障，确保比赛中正常使用，熟悉在起跑犯规时耳麦发出的声音。

4. 制订起点服务员往返的行走路线；对起点服务员进行培训（包括起跑器安装，道次牌摆放、发令台的位置）。

5. 与终点裁判和终点摄影计时裁判研究确定配合的方法，联络方法。

6. 与赛前控制中心联络，明确运动员进入赛场时间。

7. 与赛场主持人联络确定比赛中介绍运动员时间和音乐播放时间（主要是在准备发令运动员介绍完毕的时候停止音乐的播放）。

（二）赛中工作

1. 第一阶段（接收参赛运动员之前）

（1）单元比赛前

① 每单元比赛前裁判组提前 60 分钟到达比赛场地，布置起点，清除起跑区域的杂物，保持起点整洁。

② 根据场地实际情况确定发令台的位置，保证计时和风速等裁判员完全观察到；发令员能全面观察运动员起跑情况。

③ 检查起跑器、起跑监测仪、发令设备、犯规感应设备、电计时传感设备是否正常运行，与终点摄影裁判调试传感器。

④ 检查本单元比赛所需器材和用品是否准确无误（有接力比赛的场次，助理发

令员准备接力棒）。

⑤ 检查召回枪是否存在机械故障和子弹数量，确保比赛中能正常使用。

⑥ 准备就绪退出场地等待裁判员入场。

⑦ 单元比赛前 30 分钟裁判员入场（包括起点服务员）。

⑧ 助理发令员安排起点服务员在指定位置排列整齐等待比赛开始。

⑨ 发令组各裁判员在指定位置等待比赛开始。

（2）转移到新的比赛项目之前

① 清理比完项目起点一切物品、器材设备，迅速整队转移到下一项目的起点，布置起点，清除起跑区域的杂物，保持起点整洁。

② 确定发令台的位置，保证计时和风速等裁判员完全观察到。发令员能全面观察运动员起跑情况。

③ 检查起跑器、起跑监测仪、发令设备、犯规感应设备、电计时传感设备是否正常运行，与终点摄影裁判调试传感器。

④ 接力项目的比赛助理发令员准备接力棒。

⑤ 起点布置完毕，发令组各裁判员在指定位置等待比赛开始。

2. 第二阶段（接收参赛运动员）

发令协调员 1 名，发令员 2 名，召回员 2 名，助理发令员 3 ~ 5 名。

（1）赛前 10 分钟运动员到达起点，一名助理发令员接收检录单另一名协助检查运动员的组别、道次、号码和髋侧号码。核对无误组织运动员调试起跑器，进行练习（跨栏项目应给运动员适当时间练习）。

（2）接力项目助理发令员负责给第一棒的运动员发接力棒。

（3）另外两名助理发令员，一名负责与该组运送衣物筐的起点服务员将衣物筐排在道次牌后面，并在衣物筐后 1 米位置排列整齐，交接相关证件。

（4）发令协调员查看本组其他裁判员准备情况，协调员与其他各裁判组联络准备情况。

（5）发令员与召回员准备就绪并在自己岗位站好，向发令协调员示意准备完毕；发令协调员向径赛裁判长报告。等待现场指挥下达比赛命令。

（6）赛前 5 分钟两名助理发令员监督运动员整理服装，再次检查运动员的道次、号码等是否正确。

（7）竞走比赛项目助理发令员组织运动员由竞走主裁判为运动员讲解比赛事宜。

（8）赛前3分钟运动员停止练习，中长跑项目4分钟运动员停止练习，组织运动员在离起跑线后3米位置站好并向发令协调员示意准备完毕。

（9）赛前2分钟指挥中心下达比赛信号，大屏幕显示运动员的组别，道次情况，同时赛场主持人进行运动员介绍。

（10）发令员在介绍完倒数第二名运动员时已经在发令台站好，再次查看传感器是否处于待启状态，召回员在各自位置站好，犯规感应耳麦处于开启状态。

（11）介绍运动员完毕，发令协调员在确认起跑监测仪在等待比赛状态后，向发令员发出指令，发令员按照竞赛日程准时开始发令。

3. 第三阶段（开始发令）

（1）发令员发出“各就位”口令。

（2）两名助理发令员负责检查运动员的动作是否符合规则规定：400米及400米以下的各项径赛（包括4×200米，异程接力和4×400米接力的第一棒），规定采用蹲踞式起跑和采用起跑器。400米以上的各项径赛（除4×200米，异程接力和4×400米接力），所有项目均采用站立姿势起跑。

（3）出现违规助理发令员应及时用手势或旗示意其纠正，直道项目由两名助理发令员一前一后检查，梯形起跑，两名助理发令员分别从4道至1道方向和5道至8道方向快速移动检查。即：

① 运动员必须在自己的分道内和起跑线后做好起跑姿势。

② 运动员双手和一个膝盖应接触地面，两脚应接触起跑器的抵脚板。

③ 双手或双脚均不得触及起跑线和起跑线的前地面。

④ 在弯道项目起跑时，起跑器和手不得触及右侧分道线外的地面。

⑤ 站立式起跑时手不能触地。

⑥ 接力比赛接力棒不能触及起跑线前的地面。

（4）在“各就位”或“预备”口令发出后，所有运动员都应立即做好预备姿势，不得延误。

（5）在发令枪发出的信号之前开始起跑的，都将判为起跑犯规。助理发令员应向犯规的运动员出示红黑牌（全能项目第一次出示黄黑牌）。任何对起跑犯规负责的运动员将被取消该项目的比赛资格。

（6）鸣枪后如有明显肉眼可以判断的抢跑犯规，召回员应及时果断鸣枪召回（召回枪不宜打得太多）。召回员应将自己观察到的犯规情况如实向发令员汇报，发令员对于犯规的运动员进行判罚。

（7）如肉眼不能直接判断，但起跑监测仪发出犯规信号（反应时小于 0.100 秒）时应立即召回，发令员应根据起跑监测仪反映的情况，对起跑犯规有责任的一名或多名运动员进行判罚（主要是出现跟随犯规）。

（8）比赛中每一次起跑犯规均应取消比赛资格（全能项目除外）。全能项目只有第一次犯规时运动员不被取消比赛资格，之后的每一次起跑犯规均应取消比赛资格。在全能比赛中对于犯规的运动员必须予以黄黑牌警告和向该组全体运动给予黄黑牌警示。

（9）出现犯规或中止起跑后助理发令员应重新组织运动员在起跑线后大约 3 米处站好等待重新发令。

（10）运动员如有以下行为，发令员应中止起跑。由裁判长进行处理：

① 当运动员听到“各就位”或“预备”口令发出后，在发令枪发出信号之前，导致起跑失败，例如在蹲踞式起跑中举手或站立、坐下，无有效理由。

② 没有执行“各就位”或“预备”口令，故意拖延时间。

③ 在下达“各就位”或“预备”口令后，用声音或其他方式干扰比赛中的其他运动员。

（11）因为其他原因导致起跑失败（包括仪器发令枪故障等）或者裁判长不同意发令员的决定时，应向所有运动员出示绿卡表示本次起跑失败不是由运动员导致的。

4. 第四阶段（发令结束后）

（1）助理发令员应确定运动员到达终点后才能够组织下一组运动员上道练习。

（2）4×400 米接力跑助理发令员负责后三棒运动员上道，当第一棒出发后，一名助理发令员组织起点服务员将所有的起跑器和道次牌移出跑道，另外一名助理发令员组织第二棒运动员上道，其余两名助理发令员准备组织第三、第四棒运动员接棒次序（根据各队运动员到达 200 米时的先后顺序排定）。

（3）一名助理发令员组织起点服务员将起跑器重新摆放到场内和运送运动员衣物筐的服务员在指定位置站好。

（4）两名助理发令员接收下一组运动员并进行相关的检查与核对。

（5）接力项目的比赛时由一名助理发令员负责收接力棒。

（6）发令协调员再和其他裁判组联络。

（7）发令员与召回员在指定位置等待下一组比赛指令。

（8）需要换项应迅速整理转移到下一项目的起点布置场地。

（三）赛后工作

1. 整理起点器材和物品。

2. 发令协调员保存所有发令过程中的文件（含起跑反应时和有可能起跑犯规的波形图）。

3. 整队集体按照指定路线退出比赛场地。

4. 归还所有器材。

5. 由发令协调员组织进行工作总结，向径赛裁判长提交总结报告。

四、工作重点与难点

（一）工作重点

1. 根据比赛项目选择适宜的工作地点，既要保证执裁的顺利进行，又要兼顾其他项目的比赛，如跳跃、投掷项目，同时还要考虑摄影的位置，避免冲突。

2. 有效地组织起点工作，使比赛能够按照大会竞赛日程准时进行。

3. 与检录处和赛后控制中心的密切配合，顺利交接运动员进入比赛场地，由1～2名助理发令员护送取消比赛资格的运动员进入赛后控制中心。

4. 根据不同裁判员的特点分工，充分发挥其特长，在明确分工的此基础上保证各裁判员之间的密切配合。

5. 起点裁判与终点、电计、检查和径赛裁判长的配合。

6. 熟练掌握电动起跑设备的工作原理和使用方法。

7. 对可能出现的突发事件如何采取应急措施等。

（二）工作难点

1. 发令员与召回员之间的协调配合。

2. 发令组与其他各组之间的协调配合。

3. 对延误比赛时间的理解和判罚尺度

（1）“各就位”有运动员举手（对新规则的理解）。

（2）在助理发令员催促下仍有运动员有延误时间的嫌疑。

4. 对抢跑犯规的理解和判罚尺度

（1）在发出“预备”口令后，运动员身体的晃动。

（2）1 名运动员身体晃动，造成其他运动员的抢跑。

（3）有 1 名以上的运动员反应时小于 0.1 秒，是否判罚所有犯规运动员。

（4）先进仪器的使用（起跑监测仪）对于犯规运动员判罚尺度的把握，特别是在出现肉眼无法判断的犯规出现后，跟随出去的运动员判罚尺度的把握。

（5）如果有运动员因裁判工作造成的准备姿势时间过长，导致上肢无力，使身体的某个部分被迫接触到起跑线。

（6）在长距离的、不分起跑线的比赛，在所有运动员做好准备动作后，有运动员踩线又主动收回的。

五、发令组各裁判站位

所有裁判员在发令协调员的统一指挥下按不同的分工，在指定时间（助理发令员提前10分钟，发令员和召回发令员提前5分钟）进入比赛场地，执行发令程序。发令组各裁判员站位的基本原则是方便、合理、有序、实效。

（一）发令组裁判员站位原则

1. 发令协调员的站位原则

（1）处于发令员与起跑监测仪位置之间便于起跑发令时出现技术问题便于裁判与提供商技术人员之间的对话。

（2）处于与终点裁判、终点摄影裁判、检查、风速、现场指挥、和宣告员能直接看到的位置，便于比赛中的联络。

（3）处于位置能够全面监督本组裁判员的工作。

2. 发令员的站位原则

（1）应能够观察到所有的运动员。

（2）在运动员采用蹲踞式起跑时，发令员在发出“预备”口令后能够全面观察到运动员是否稳定。

（3）在梯形起跑时，未使用扩音设备发令员的位置应与运动员之间大致相等，如发令员不能取得该位置应将经批准的发令装置处于该位置，用电子触发装置发令。

（4）直道项目应将发令台处于起跑线的延长线上，或前面使发令员能够全面观察运动员的起跑情况。

3. 召回员的站位原则

（1）能够看清所负责的每位运动员的起跑情况。

（2）能够与发令员进行手势交流，特别是梯形起跑时候，在发令员发出“预备”口令后，观察到自己主看运动员稳定，立即做出手势向发令员示意。

（3）站位不仅能观察主看运动员的起跑并能兼顾其他运动员。

（4）运动员出发以后出现抢跑犯规时，召回枪能足以让运动员听到并停止跑进。

4. 助理发令员的站位原则

（1）直道项目分别有两名助理发令员一前一后检查运动员的起跑动作是否符合规则，如果不符合应快速走过去用手势或旗示意其改正，快速退到场边站好。

（2）一名助理在 8 道外与道次牌平齐负责运送衣物筐服务员的指挥。

（3）另外一名助理发令员则在检查裁判员后面，准备接受下一组运动员。

（4）梯形起跑时 4 名助理发令员。

一种方法是分别看 1、2 道；3、4 道；5、6 道；7、8 道运动员起跑姿势是否有违规现象，并及时用手势或旗提醒。负责 1、2 道和 3、4 道站在场地内突沿里面；负责 5、6 道和 7、8 道站在 8 道外沿。另一种方法是有两名助理发令员参与服务员的管理，监督起点服务员将妨碍运动员跑进的起跑器与道次牌移出场外（例如 400 米和 4×100 米接力的 1、2、3、4 道的起跑器与道次牌 4×400 米的所有跑道上的器械）。

只有两名助理发令员监督运动员的起跑姿势时，可以采用两名助理发令员分别从 4 道至 1 道方向和 5 道至 8 道方向快速移动检查，然后在指定位置站好。

5. 起点服务员的站位原则

起点服务员在指定位置站好或坐好。

（二）发令组裁判员站位与分工

1. 100 米和直道栏比赛起点裁判员站位与分工（图 3－9）

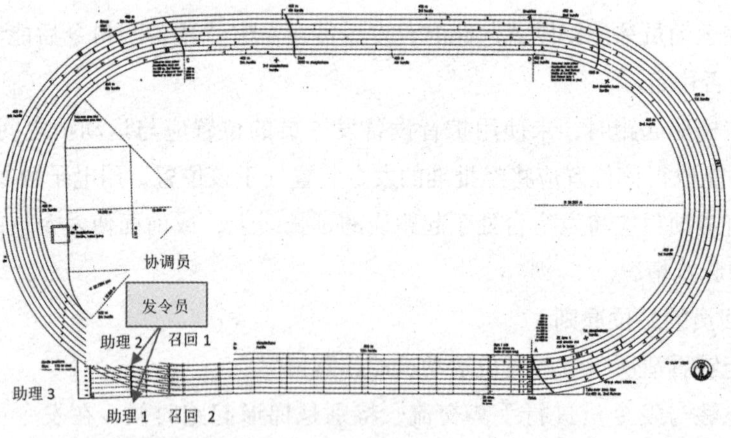

图 3－9　100 米和直道栏比赛起点裁判员站位图

发令员站在起跑线前距第一道约 10 米处，召回发令员站在起跑线前约 10 米，助理发令员站在跑道两侧起跑线延长线附近观察运动员的准备姿势，助理 3 接收并安排下一组运动员。

2. 200 米比赛起点裁判员站位与分工（图 3－10）

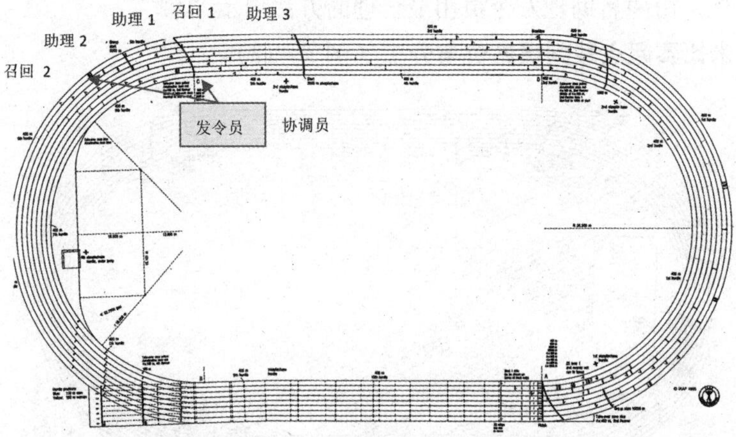

图 3－10　200 米比赛起点裁判员站位图

发令员站在跑道内侧或跑道上，后约 10 米处，召回 1 负责观察 1～4 道运动员，召回 2 负责观察 5～8 道运动员，助理 1 检查 1～4 道运动员准备情况，助理 2 检查 5～8道运动员准备情况，助理 3 接收并安排下一组运动员。

3. 400 米、400 米栏、4×100 米、4×400 米接力比赛起点裁判员站位与分工（图 3－11）

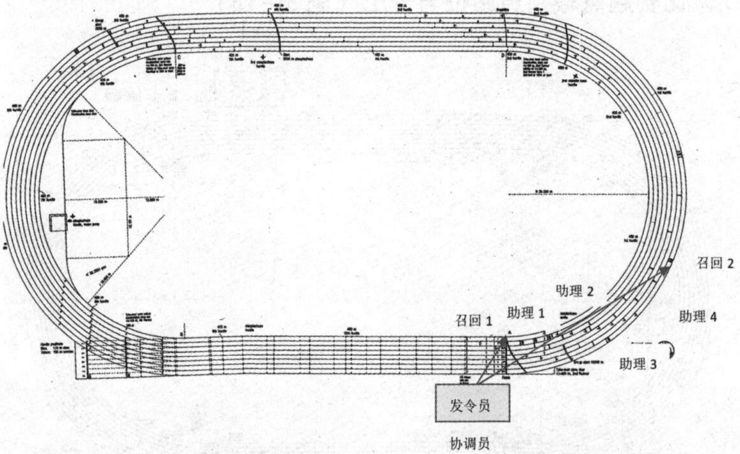

图 3－11　400 米、400 米栏、4×100 米、4×400 米接力比赛起点裁判员站位图

发令员站在终点线后，跑道外侧约10米，召回1负责观察1~4道运动员，召回2负责观察5~8道运动员，助理1、2、3、4分别检查两名运动员准备情况。如有运动员犯规，由两名助理发令员用最合理的方法出示“牌”。

4. 800米比赛起点裁判员站位与分工（图3-12）

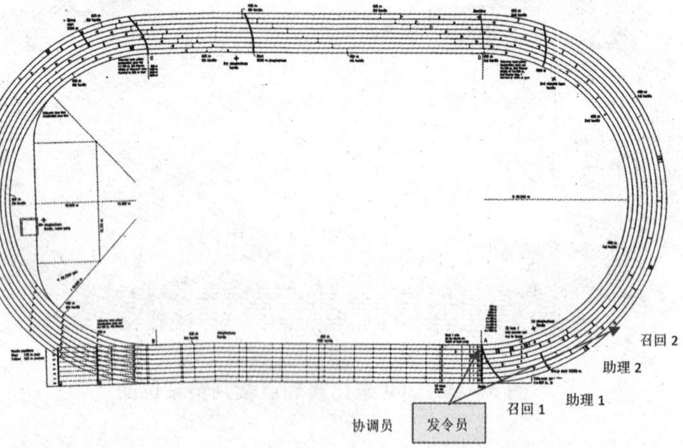

图3-12　800米比赛起点裁判员站位图

发令员站在终点线后，跑道外侧约10米；召回1负责观察1~4道运动员，召回2负责观察5~8道运动员；助理1检查1~4道运动员准备情况，助理2检查5~8道运动员准备情况，助理3接收并安排下一组运动员。

5. 1500米比赛起点裁判员站位与分工（图3-13）

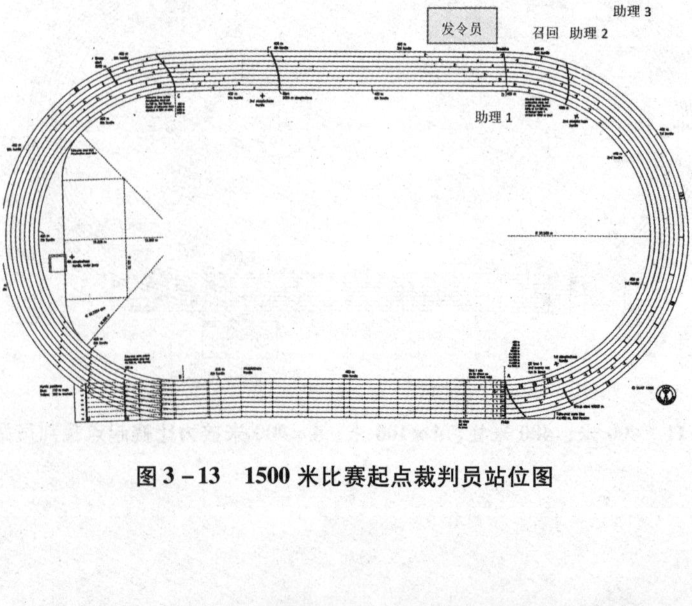

图3-13　1500米比赛起点裁判员站位图

3000 米障碍跑与 1500 米比赛基本一致。发令员站在起跑线前，跑道外侧约 10 米处，或站在跑道上，起跑线后 10 米处；召回发令员负责观察所有运动员，助理 1、2 检查运动员准备情况，助理 3 接收并安排下一组运动员。

6. 5000 米比赛起点裁判员站位与分工（图 3 – 14）

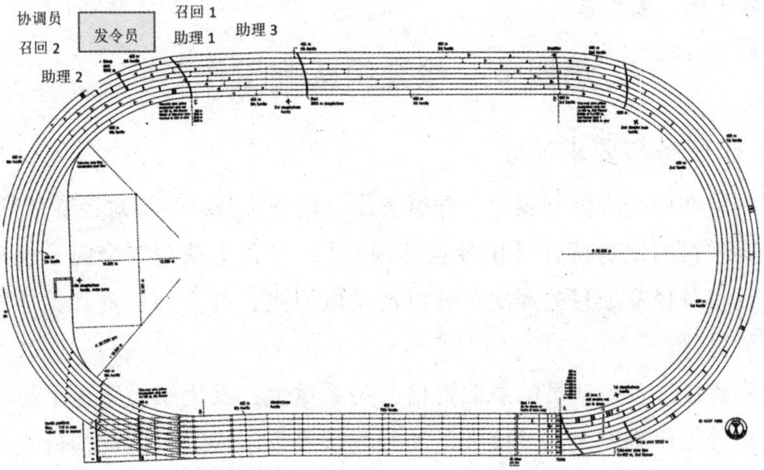

图 3 – 14　5000 米比赛起点裁判员站位图

10000 米跑与 5000 米基本一致。发令员站在常规起跑线前，跑道外侧约 10 米；召回 1、助理 1 在常规起跑线处分别观察和检查运动员的准备情况；召回 2、助理 2 分别在另一弧形起跑线处做同样工作，助理 3 接收并安排下一组运动员。

六、发令组裁判所需物品

1. 发令台（烟屏）：4 个。

2. 电子触发或电子枪、起跑监测仪由厂家提供。

3. 发令枪 4 ~ 6 把，子弹根据比赛情况确保充裕。

4. 起跑器：16 ~ 20 副。

5. 道次牌：两套。

6. 接力棒：两套。

7. 联络对讲机：1 部。

8. 无线话筒（在起跑器后面没有扩音设备使用）。

9. 红黑牌、黄黑牌、绿牌：4 套。

10. 擦枪油：250 毫升左右。

11. 抹布：2 块。

12. 铁钳：2 把。

13. 螺丝刀：2 把。

14. 手套：16～20 付。

15. 夹板 4 块、笔 4 支。

第四节　检查组裁判工作

一、工作任务与要求

检查裁判组在检查主裁判领导下开展工作，检查主裁判直接对径赛裁判长负责。为确保各径赛项目的比赛符合《田径竞赛规则》，检查主裁判要全面了解掌握比赛规程、竞赛日程及径赛项目的赛次、分组及录取原则，并全面负责和具体领导检查组各项工作的进行。

检查工作直接涉及运动员的录取资格，关系重大；又因塑胶跑道上运动员犯规不留痕迹，检查工作难度大，对检查员的裁判水平要求极高。因此，检查员必须全面学习掌握和理解田径规则，准确把握判罚尺度，不徇私情、一丝不苟地进行工作。

比赛中的工作任务：（1）检查径赛运动员有关犯规情况；（2）在跨栏跑和障碍跑项目比赛前要检查栏数、栏位、栏高、配重是否符合规则要求；（3）长距离比赛人数过多分两组起跑、障碍跑等的跑道标志和 800 米抢道标志（小旗或锥形物体）是否摆放到位；（4）在 4×100 米接力比赛时，检查员要对二、三、四棒运动员进行管理和组织上道；（5）在非直道径赛项目（200 米以上）与跳高、标枪比赛同时进行时，检查员应与该项管理裁判员配合管理好田赛运动员，确保比赛安全、顺畅。

如发现径赛运动员比赛中犯规，检查员应按工作程序将该运动员的犯规情况准确记录下来，并及时报告检查主裁判，为主裁判提出判罚建议和径赛裁判长的判罚决定提供准确的材料和证据。

二、岗位设置与工作位置

（一）岗位设置

1. 大型赛事裁判员设置

（1）人员设置

主裁判：2 人。

裁判员：24～36 人。

检查员共分 6 组，每组 6 人，其中组长 1 人。

（2）分工（表 3－2）

表 3－2　大型赛事裁判员分工表

竞赛项目	主裁判数量	检查员数量	工作小组数量	备注
100 米	2	6	1	
200 米	2	12	2	
400 米	2	18	3	
800 米	2	18	3	
1500 米	2	12	2	
5000 米	2	12	2	
10000 米	2	12	2	
100 米栏	2	24	4	
110 米栏	2	24	4	
400 米栏	2	24	4	
3000 米障碍	2	15	3	
4×100 米接力	2	36	6	
4×400 米接力	2	30	5	

2. 基层赛事裁判员设置

（1）人员设置

主裁判：2 人。

裁判员：10～16 人。

根据裁判员的数量，具体安排分组情况，通常每组不少于 5 人。若总人数是 5 的倍数的，就按倍数分组；若总人数不是 5 的倍数的，主裁判就根据每项比赛的具体情况，确定几名检查裁判员上场工作。

（2）分工（表 3－3）

表 3－3　基层赛事裁判员分工表

竞赛项目	主裁判数量	检查员数量	工作小组数量	备注
100 米	2	5	1	
200 米	2	5	1	
400 米	2	5、7、10	1、1、2	
800 米	2	5、7、10	1、1、2	若分道加 2 人
1500 米	2	5、7、10	1、1、2	
5000 米	2	5、7、10	1、1、2	
10000 米	2	5、7、10	1、1、2	
100 米栏	2	10、12、14	2、2、2	
110 米栏	2	10、12、14	2、2、2	

续表

竞赛项目	主裁判数量	检查员数量	工作小组数量	备注
400 米栏	2	10、12、14	2、2、2	
4×100 米接力	2	10、12、14	2、2、2	全部裁判上场
4×400 米接力	2	10、12、14	2、2、2	全部裁判上场

（二）工作位置

站位原则：（1）由主裁判安排检查员的位置和所负责的区域。一位主裁判在终点附近，另一位主裁判流动在各项目容易犯规的区域，通常站在田径场对角的位置。（2）直道项目：检查员分布在跑道的外侧，距离跑道外沿 2 米左右，分段负责检查。（3）200 米跑时，在弯道两侧交错分布，重点检查弯道。直道位置分布在跑道外沿 2 米左右。（4）400 米及中长跑项目，应分布在弯、直道交接处；抢道标志线附近；与田赛项目相冲突的位置；直道外侧。（5）接力跑项目应分布在各接力区两侧，分别是清晰地看清楚进、出接力区的位置；弯直道交接处；4×400 米接力抢道标志线两侧；200 米起点附近安排一位裁判员报第三、四棒运动员的号码顺序（可由第二主裁判担任）。

1. 大型比赛（图 3－15～图 3－21）

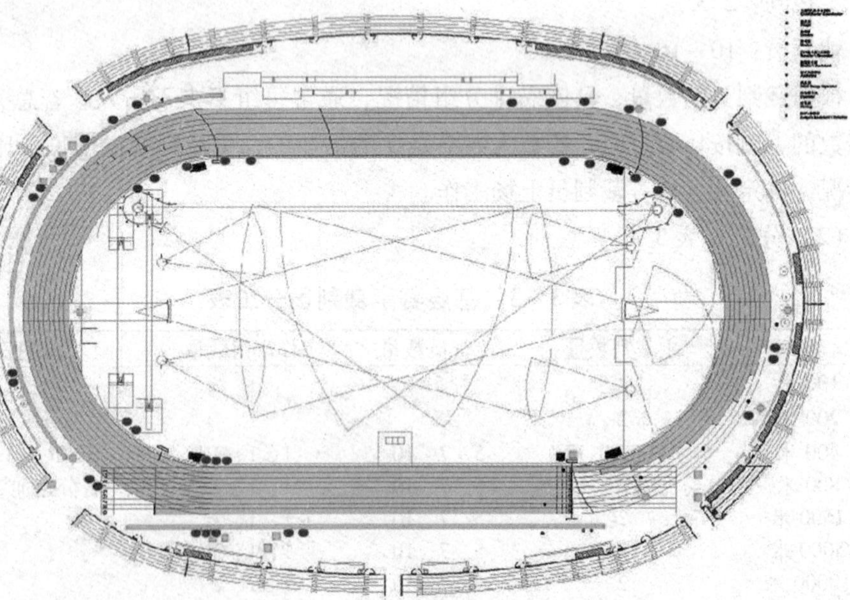

图 3－15　4×100 米站位图　（刘后振 2008 年奥运培训）

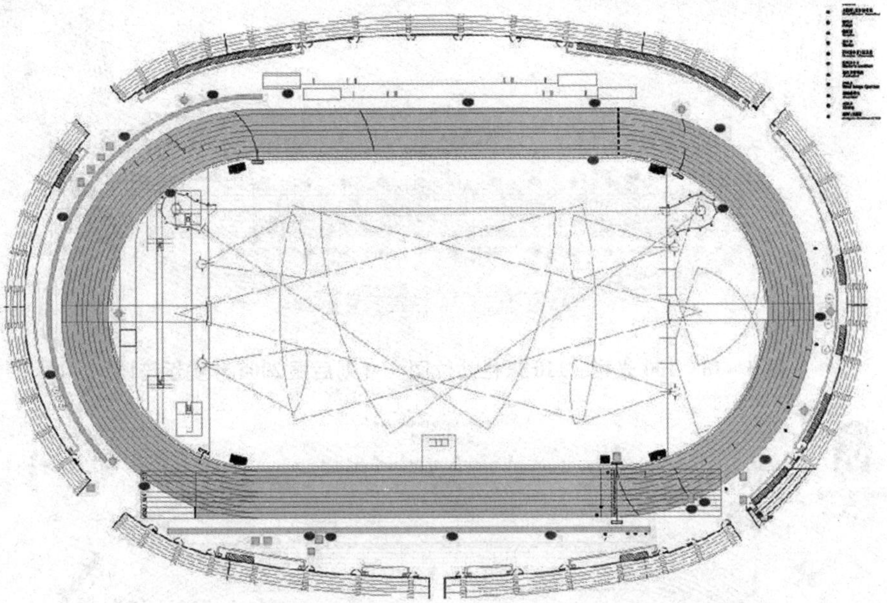

图 3－16　4×400 米站位图　（刘后振 2008 年奥运培训）

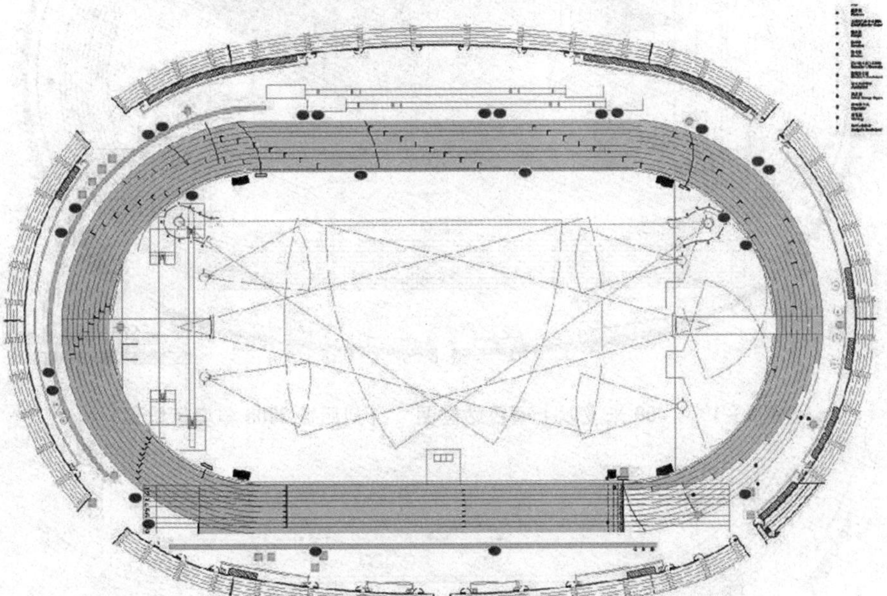

图 3－17　400 米栏站位图　（刘后振 2008 年奥运培训）

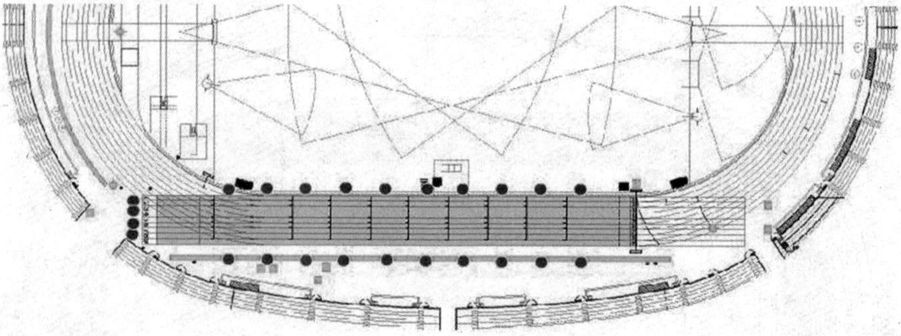

图 3－18　100 米栏、110 米栏站位图　（刘后振 2008 年奥运培训）

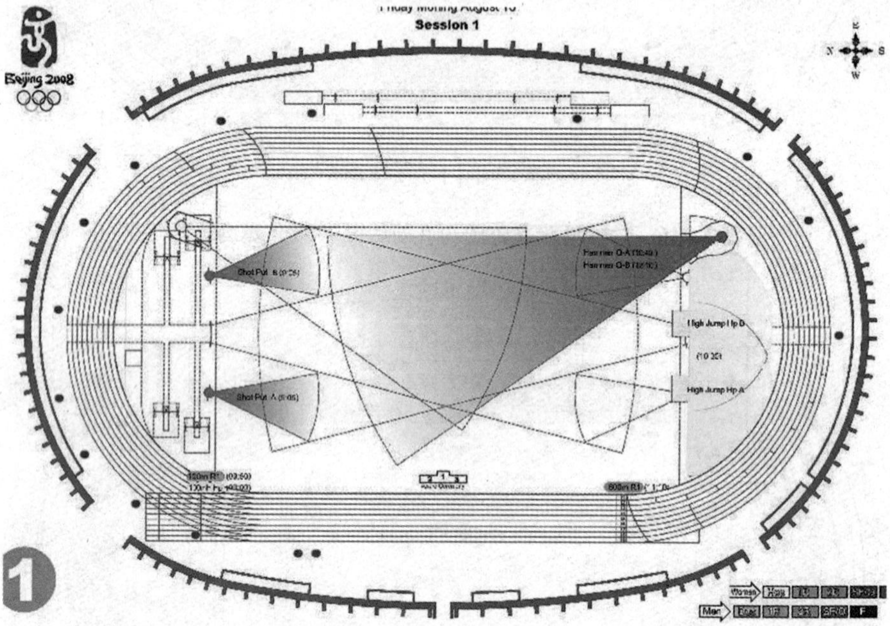

图 3－19　400 米及以上项目站位图　（刘后振 2008 年奥运培训）

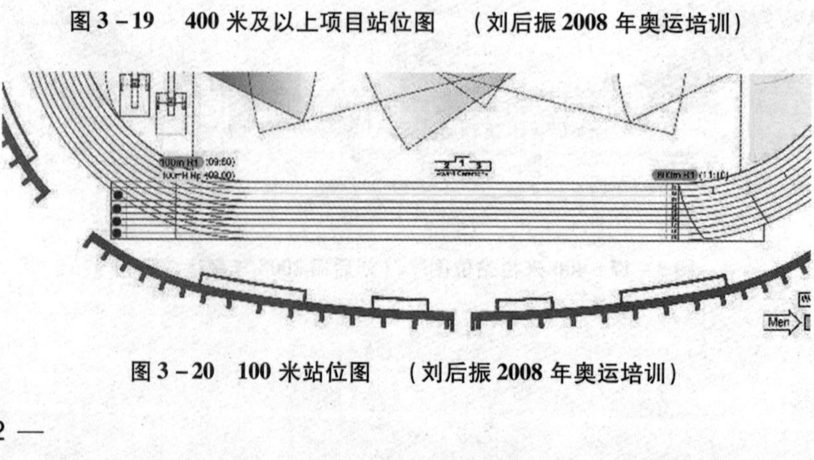

图 3－20　100 米站位图　（刘后振 2008 年奥运培训）

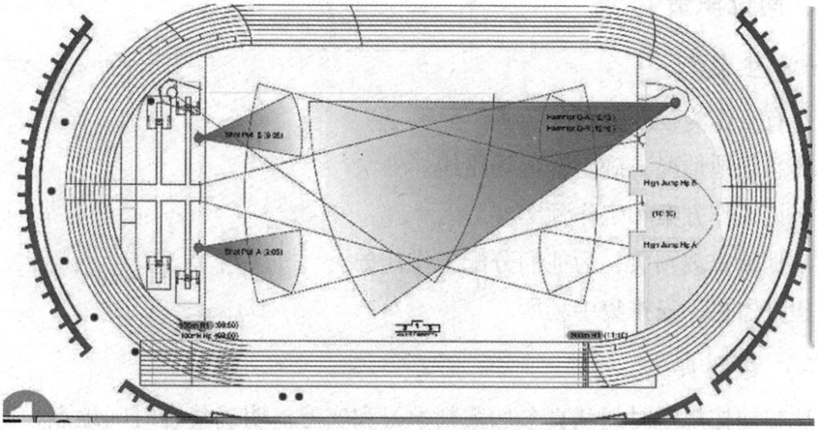

图 3－21　200 米站位图　（刘后振 2008 年奥运培训）

2. 基层比赛（图 3－22）

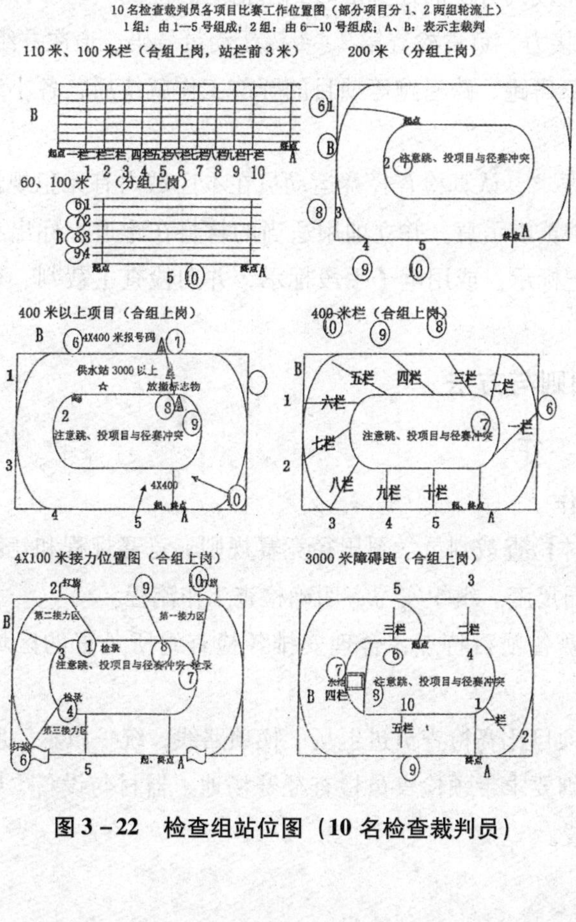

图 3－22　检查组站位图（10 名检查裁判员）

三、岗位职责

（一）主裁判

1. 所有工作为径赛裁判长负责。

2. 熟悉场地情况，确定进退场路线。

3. 制订工作方案和工作预案。

4. 培训检查裁判员，为他们分配工作任务。

5. 检查器材，安排集中场所。

（二）裁判员

1. 比赛前按规定时间认真参加裁判学习和实习。明确集合时间地点，明确进退场路线，明确工作位置，明确联络旗示，明确裁判方法与尺度，熟悉径赛场地，明确栏架、障碍栏架、接力区等的位置和规格。

2. 比赛中按主裁判分配的任务准时到达指定的位置。

3. 4×100 米接力，负责检查第 2～4 棒运动员号码、道次并组织上道。

4. 接力跑、障碍跑、跨栏跑等项目的赛前工作就绪后，各小组长用旗示及时报告检查主裁判。

5. 按照规则要求，认真检查径赛运动员在本区域内有无犯规情况。如发现违反规则的情况，应举黄旗示意。并立即用适当的材料在跑道上标出犯规地点、或在图纸上用类似的标记标示、或用电子手段标示，并向检查主裁判、径赛裁判长提交书面报告。

四、工作细则与方法

（一）赛前工作

1. 主裁判工作

（1）组织全体检查裁判员学习田径竞赛规则、竞赛规程和竞赛须知等文件，统一裁判方法与判罚尺度。组织实习，明确检查工作流程。

（2）根据径赛各项目特点，合理安排各检查组所负责的区域和每名检查员的位置。

（3）制订各项目比赛检查员进退场、换项路线，统一旗示，明确联络方法等。

（4）按照规则要求带领检查员检查径赛场地、器材与设备，熟悉栏架、障碍栏架、接力区等位置。

（5）与径赛裁判长商定每组比赛前检查准备就绪后和比赛中出现犯规情况后的联络方法。

（6）与场地器材组联系，落实检查组所需器材、用品和每单元领取办法。

赛前50分钟检查主裁判分发当日秩序册，并向检查员进一步明确本单位径赛项目、组数、人数及每个项目各检查员所处的位置和换项路线。赛前30分钟各裁判组统一进场，检查组到西直道中间面向主席台，赛场主持人介绍技术代表等之后退场。

2. 裁判员工作

（1）按照赛前工作日程，在主裁判的组织下学习田径竞赛规则相关内容、竞赛规程和竞赛须知等有关文件，制订检查工作细则。

（2）统一裁判方法和判罚尺度，确定判罚原则。

（3）根据竞赛日程，检查组进行具体分工。对检查员进行分组，确定工作位置和检查区域，明确工作任务。

（4）确定比赛前检查组集合时间、地点，明确进、退场和换位路线。

（5）熟悉栏架、障碍栏架、接力区等位置和规格。落实检查组所需器材、用品以及领取办法。

（6）熟悉对讲机、裁判用具的使用方法，统一旗示和检查报告表的填写要求。

（7）联络方式

小组长、主裁判、径赛裁判长之间的联络：检查小组长与检查主裁判之间，检查主裁判之间，检查主裁判与径赛裁判长之间用对讲机直接通话。

组员与组长之间的联络：检查员发现问题后，向主裁判举旗示意，组长发现旗示后及时通过对讲机向主裁判报告。

（二）赛中工作

1. 主裁判工作

（1）主裁判A在终点附近，掌握比赛进程，负责每组比赛前后与检查员和径赛裁判长的联络。

（2）主裁判B在每项比赛容易犯规地点，如有犯规情况报告，应迅速到犯规现场了解、察看、处理问题。在检查员报告表上签署意见并签名后，立即送交径赛裁判长。

（3）密切注意每组比赛全过程，了解各检查员的工作情况。

2. 裁判员工作

（1）裁判员姿态

坐位要求：内突沿内侧裁判要求将椅子放在草地上，脚尖靠下水道线为准；跑道外裁判要求坐在距离跑道最外侧分道线1米处。

坐姿要求：1500米以下（含）项目比赛，在听到运动员介绍开始直到该组最后一名运动员经过终点，坐时要求两膝盖并拢，尽可能做到三个直角，即小腿和大腿、大腿和躯干，躯干、小腿与地面保持垂直；1500米以上项目比赛时，尽可能保持小腿和大腿形成直角，躯干放松但要保持与地面垂直；两手握旗帜平放在膝盖上。量栏架尺子统一竖放在座椅左侧地面并紧靠坐椅，与分道线垂直。每小组间歇可以稍作放松，但不得离开座位。

（2）裁判员工作细则

①在径赛项目与跳高、标枪比赛场地冲突时，该区域的检查员应加强与该项目的管理裁判员协调、配合，确保比赛安全、有序进行。

②比赛开始，检查员采用坐姿选择最佳视角观察运动员在本区域内有无犯规情况。检查主裁判视线跟随运动员跑进，观察比赛全过程。

③跨栏、障碍跑、接力项目，赛前20分钟检查组整队按确定路线进场，其他径赛项目提前15分钟整队进场。每人右手携椅子，左手携拎袋（夹板、黄旗、秩序册和其他用具放置其中），一路纵队沿跑道外侧行进，步调一致，精神饱满，按号就座，仪表庄重，举止大方。两名检查主裁判，一名固定于重点附近，另一名游动于易犯规区域。

④跨栏（含障碍跑）项目赛前15分钟到达各自号位，迅速、仔细核对栏位是否摆放正确，栏高是否符合该项比赛规定。赛前10分钟检查结束，之后凡被运动员触及，在运动员停止练习后再次核对。其他项目赛前10分钟到达各自号位，密切注意比赛进程，等待比赛开始。

⑤4×100米接力比赛时，赛前10分钟各接力区小组长与检查员交接运动员，核对运动员的单位、道次、号码并组织上道。赛前5分钟各接力区小组长注视终点，准备回答检查主裁判的旗示。

（3）发现运动员犯规处理流程

①检查员看清犯规运动员的道次、号码，如影响其他运动员，则要看清被影响运动员的道次、号码。

②检查员用对讲机或旗示（直臂上举黄旗，时间稍长）立即报告检查主裁判，检查主裁判立即报告径赛裁判长，提示该组成绩缓报。

③检查员立即准确地用胶布标出犯规地点。

④检查员及时、准确填写检查报告表的每项内容：组别、项目、赛次、组次、犯规运动员的道次、号码，犯规地点，犯规情节等，最后签名。

⑤就近的检查主裁判亲临现场，根据检查员的报告，提出处理意见，签名，并请径赛裁判长进行处理。

⑥自愿退出比赛：起跑后多少米处，第几圈某处，跑至距终点多少米处自愿退出比赛。

⑦接力犯规：第几区前（后）沿内、外，预跑线里、外，几号传几号的过程中，未进接力区或出区多少米；几道第二棒几号运动员提前多少米未越过抢道线切入里道等。

⑧几号运动员在何位置冲撞或阻挡几号运动员，造成什么情况。

⑨检查员在秩序册上简要记录犯规情况，以备后查。

⑩比赛中发现在比赛区域内提供或接受帮助的任何运动员，立即请径赛裁判长给予警告，并告诫他如重犯将被取消该项目的比赛资格。

（三）赛后工作

1. 主裁判工作

（1）比赛全部结束后组织讨论与评议上一单元的工作情况。

（2）每单元比赛结束，全体检查员退场后及时进行小结，并提出下一单元裁判工作要求。

（3）密切注意每组比赛全过程，了解各检查员的工作情况。

2. 裁判员工作

（1）积极反馈赛场中出现的问题，以及自己的处理办法。

（2）每单元比赛结束，全体检查员退场集中听取主裁判的总结和工作安排。

（3）熟悉下一单元的比赛项目，认真做好下一单元的准备工作。

五、工作重点、难点及应急预案

（一）工作重点与难点

1. 100 米、200 米、400 米

（1）窜道。

（2）中退。

（3）阻挡、影响他人等。

（4）弯道项目进入内侧道获利。

（5）弯道位置与田赛冲突。

2. 800 米、1500 米、5000 米、障碍赛

（1）起跑犯规。

（2）内侧超越。

（3）阻挡、影响他人。

（4）弯道获利问题。

（5）陪跑问题。

（6）5000 米设水站。

（7）长距离项目的关门时间。

（8）出现中退的处理。

（9）出现犯规填单。

（10）障碍赛的起跑与器材的放置等。

3. 110 米栏、400 米栏

（1）清场地。

（2）量栏间距。

（3）测栏高。

（4）栏平面。

（5）栏的横向间距。

（6）投影区域 5cm。

（7）重心调整。

（8）栏前 2 米处端坐。

（9）踢栏、绕栏、推栏、腹部碰栏。

（10）弯道栏的座位。

（11）5 道撞到 4 道栏架的处理。

（12）倒栏后检查：横梁、高度、重心、位置。

4. 4 ×100 米接力、4 ×400 米接力

（1）清理场地。

（2）预跑区、接力区的位置。

（3）进区、出区分工。

（4）组织运动员讲解规则。

（5）核对信息指引运动员站位。

（6）报告接力区情况。

（7）4×400 米接力放抢道标志物，报号码，监督站位，进出区的监督。

（8）4×400 米接力安排一名裁判员在 200 米处报第三棒、第四棒运动员顺序。

（9）4×100 米接力第 2～4 棒的运动员需站在预跑线之前（可踩线）与出接力区线之后（不可踩线）的区域内任何地方准备起跑。

（10）接力项目要遵循“谁掉棒谁捡棒”的原则。

（二）应急预案

1. 检查裁判员人数较少

解决办法：每工作组不少于 5 人。若总人数不是 5 的倍数的，根据每项比赛的具体情况，确定几名检查裁判员上场工作。原则是：弯直道交接处；人流较多的区域（基层比赛不封场）；与田赛比赛有冲突的区域；运动员容易出现犯规的区域；主裁判视线不清的区域等安排检查裁判员。

2. 临近裁判员进场，检查裁判还没有到齐（基层比赛常出现）

解决办法：临时打乱顺序，根据现有人数安排工作位置。

3. 运动员在比赛中号码布脱落

解决办法：第一时间通知径赛裁判长，汇报情况。

4. 运动员中退

解决办法：第一时间取下他右侧的小号码布，若长距离项目，取下两侧的小号码布。

5. 检查裁判员未能及时上交犯规表格，下一项目比赛开始

解决办法：最快通知径赛裁判长，提醒上一个比赛项目，暂缓出比赛成绩。

6. 天气突变

解决办法：天气突变（下雨或刮大风）等，总裁判长没有宣布停止比赛，在岗的检查裁判员必须正常执裁。

7. 长距离项目运动员，突然摔倒

解决办法：检查裁判员马上摇旗示意，并上前询问，了解情况，尽量不要移动其身体位置，若需要帮助，需积极协助移离跑道。疏散围观人群，等待医护人员到达。

8. 观众涌入到场地中

解决办法：如果可以，尽快联系安保人员，拉起隔离带；若时间紧迫，用和气的口吻劝说观众离开跑道，保证比赛顺利进行。

六、所需设备与物品

1. 检查记录单。2. 对讲机。3. 夹板。4. 椅子。5. 栏架量尺。6. 钢尺。7. 笔。8. 旋笔刀。9. 胶布。10. 剪刀。11. 裁判旗（黄旗）。12. 抢道标记物。13. 雨衣。14. 草帽。

七、本岗位裁判工作实际案例

1. 在2013年广东省大学生田径锦标赛的男子丙组5000米的比赛过程中，一名运动员多跑了一圈，终点的检查主裁判发现后，阻止了该运动员二次冲过终点（由于基层比赛配备的通讯设备不足，无法及时将信息传达给场地上的检查裁判员）。根据检查裁判的工作职责，该主裁判的处理是正确的。避免了运动员的二次冲线，以及影响运动员成绩的评判。

2. 在2014年广州市运会学校组的4×400米接力项目比赛过程中，在第三接力区出现运动员在预跑线后起跑的情况，裁判员果断判罚，根据《田径裁判规则》规定，裁判判罚是正确的。但此案例值得注意的是：若运动员在比赛刚刚开始的时候就是站在预跑线后的话，是检查裁判员未尽到告知与提醒的责任；若是比赛开始后，由于运动员接棒心切逐步后移，致使双脚或一只脚移出了预跑线后，导致预跑线后起跑，这就是运动员自身的问题了。无论哪种情况，只要运动员在预跑线后起跑，都要举旗、填单、汇报。

第五节　终点裁判工作

一、工作任务与要求

终点裁判工作的主要任务是准确、迅速地判定径赛运动员到达终点的名次，并担任中、长距离跑和竞走比赛的记圈工作。全体裁判员应严肃、认真、细心、注意力集中地完成裁判工作。

二、岗位设置及工作位置

（一）岗位设置

1. 基层赛事裁判员设置

（1）终点主裁判：1人。

（2）记圈员总记圈组：3人。“人盯人”组：（根据运动员人数，每人盯1～2人）。

2. 大型赛事裁判员设置

（1）径赛裁判长：1 人。

（2）终点主裁判：3 人。

（3）记圈员

总记圈组：3 人。

报圈组：2 人。

脱圈组：2 人。

“人盯人”组：8 人（或棋盘记录组 4 人）。

（二）工作位置（图 3－23）

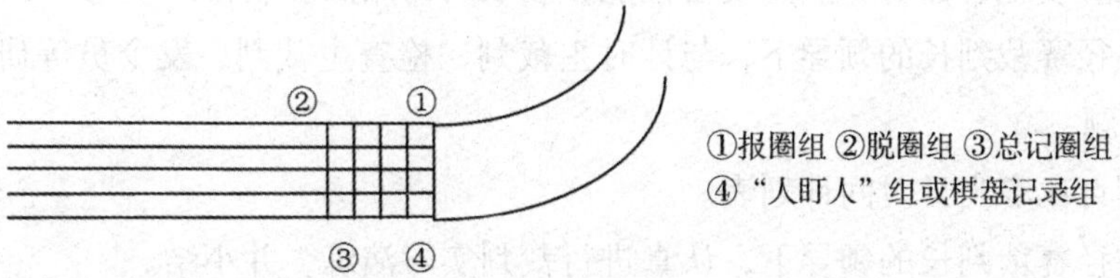

图 3－23　终点裁判的工作位置

三、岗位职责

（一）主裁判分工

1. 主裁判 A 负责全面及报圈组。

2. 主裁判 B 负责总记圈组。

3. 主裁判 C 负责脱圈组与“人盯人”组。

（二）主裁判职责

1. 在径赛裁判长的领导下进行工作。组织学习，负责裁判员分工，明确职责，制订工作细则。

2. 组织、领导裁判员进行中、长距离跑和竞走比赛的记圈工作。

3. 与其他裁判组进行协调配合。

4. 检查场地器材和所需用品。

（三）裁判员职责

1. 短距离项目组：准确判定每位运动员到达终点的名次。

2. 总记圈组：准确记取运动员跑、走圈数及名次。

3. 报圈组：在终点准确显示所剩圈数；对每位运动员最后一圈时以铃声告之。

4. 报脱圈组：通知已被套圈和将被套圈的运动员。

5. “人盯人”组：记取每位运动员每圈时间。

6. 棋盘组：用移动棋子的方式，准确记取运动员跑、走圈数及名次。

四、工作细则与方法

（一）赛前工作

1. 主裁判

（1）组织全组裁判员学习有关规则、裁判法和竞赛规程及其他有关竞赛文件。

（2）做好裁判员分组、分工，定岗，确定职责及工作方法。

（3）检查场地、器材，熟悉设备性能，领取所需用品和表格。

（4）在径赛裁判长的领导下，与计时主裁判、检查主裁判、发令员等研究有关工作配合问题。

（5）制订比赛当日时间计划表。

（6）在径赛裁判长的领导下，认真进行裁判实习演练，并小结。

2. 裁判员

（1）在主裁判的带领下学习有关规则、裁判法和竞赛规程及其他有关竞赛文件。

（2）明确自己的工作任务及工作位置。

（3）熟练各种记圈表的使用记录方法。

（4）熟练操作余圈显示器和对脱圈运动员准确报圈的方法。

（5）在主裁判的领导下，搞好现场实习联调。

（二）赛中工作

1. 径赛主裁判

（1）领导各组裁判员按时到位，根据不同项目（组）以及参赛人数进行合理分工。

（2）比赛时与计时、检查、发令等做好联系工作，如有电动计时即由径赛裁判长与电动计时室联系。

（3）当看到发令员举旗示意时，即刻“回旗”，表示工作就绪。

（4）每场开赛前，应按赛程的项目顺序、组别、赛次等向裁判员宣读，做好名次记录存查。

（5）每组运动员到达终点后，应将各终点裁判员所记的该组“终点名次报告表”收齐，核实无误后，送交径赛裁判长。

（6）如使用电动计时装置，终点主裁判要向电动计时组提供即将到达终点的长跑运动员的名次和号码。

（7）分道跑项目的分工：按 1 ~ 8 名观看的名次由上而下坐在裁判台上。可采用按名次分工的方法。即裁判员每人看一个名次，同时兼看一个与主看名次相邻的名次。再由一名裁判员主看 4、5 名。主裁判看总名次。运动员到达终点后，主裁判填写好终点名次存查表。

（8）部分分道跑项目的裁判方法多采用按道次分工“人盯人”的方法。

（9）大型比赛中，800 米和 1500 米比赛时，内场只留一名摇铃（翻牌）裁判员，一名径赛主裁判在外场记取所有运动员抵达终点的名次。

（10）大型比赛中，3000 米障碍、5000 米、10000 米比赛时，根据运动员人数，进行合理分工。例如：比赛人数 7 人以下，裁判员执岗 7 人。12 人以下，裁判员执岗 10 人。20 人以下，裁判员执岗 15 人。

（11）起点、终点在田径场内的公路竞走比赛，主裁判 1 人分管内场的记圈和终点工作，2 人分管外场的记圈工作。

（12）比赛开始后，核对参赛人数，随时了解裁判员工作情况。

2. 径赛主裁判分工

（1）在场内跑道举行的长距离跑、走项目 3 个主裁判的分工：

径赛主裁判 A 负责全面工作：重点是注意观察报圈组及总记圈组的工作。在 5000 米、10000 米比赛中，当运动员还剩最后 3 圈时，及时将总记圈组与“人盯人”记圈组进行核对；当领先运动员还剩最后 1 圈时，通知报圈组摇铃。

径赛主裁判 B 重点是负责总记圈组工作：加强对记取运动员跑、走圈数及其名次的核对工作。

径赛主裁判 C 重点是负责脱圈组工作：加强记圈过程中的核对工作。如有脱圈时，通知报脱圈组及时告知脱圈运动员剩余圈数。

（2）在部分和全部场外进行的长距离跑、走项目，主裁判一人分管内场的记圈和终点工作，二人分管外场的记圈工作。

3. 终点裁判员

（1）判定运动员的终点名次，应以其躯干（不包括头、颈和四肢）任何部位抵达终点线后沿垂直面的顺序为准。

（2）判定运动员名次时，首先要看清名次和运动员的特征，然后辨认其号码和道次。如有串道还应记住串道运动员的号码和串入的道次，并报告主裁判。

（3）分道跑项目裁判员将所认看的名次填入终点名次报告表中并交主裁判。

（4）部分分道跑项目的裁判方法多采用按道次分工“人盯人跟到底”的方法。即每名裁判员只看一个道次。当运动员到达终点时，判定其名次。

（5）在场内跑道举行的长距离跑、走项目，在径赛裁判长的领导下，采用人盯人的计时计圈或与棋盘记录法、总表记录法相结合的办法判定名次。

（6）竞走比赛采用环形路线，最长为2.5公里，最短为2公里。参赛运动员较多，一般采用人盯人计时计圈的方法。

4. 记圈裁判员

（1）在每项比赛前，核实主裁判宣读的检录内容，将运动员组别、项目、赛次及组次分别填入“记圈表”中。运动员上道后，看清参赛运动员的道次、号码、服装、体型、发型等特征，以便辨别。

（2）起点、终点在田径场内的公路竞走比赛的记圈工作。

起点、终点在田径场内的公路竞走比赛：内场记圈员位置设在内场跑道的出口处，负责场内的记圈工作。当运动员走完内场距离时，用旗示或标志牌引导运动员走向外场，当运动员返回内场时，指引运动员进场的路线。

起点、终点在田径场内的公路竞走比赛：外场记圈员位置设在外场路线的某处，负责外场的记圈工作。指引运动员进入外场路线，向每圈领先的运动员显示剩余圈数。剩最后一圈时“摇铃”提示，当运动员走完外场距离时，用旗示或标志牌引导运动员进入内场。

5. 总记圈组（A、B、C　3名裁判员）

（1）根据比赛项目，确定使用相应的表格，了解参赛人数和运动员水平。

（2）比赛开始，核对参赛人数并记入表内，每次运动员距离终点约50米处，由A报号，B依次在总记圈表上记录（当运动员脱圈时，及时标出脱圈符号），C监看记录。

（3）当运动员还剩最后1圈时，由裁判员告知径赛主裁判，由主裁判通知报圈组裁判摇铃。

6. 报圈组2名裁判员

（1）在进行800米及800米以上的赛跑时，应在内沿外距终点约3米处设圈数显示器。领先运动员每跑完一圈，牌号就减少1数。如10000米跑，先显示“25”的字样，当领先运动员第一圈进入终点直段时显示“24”，以后每当领先运动员进入终点直段时便显示剩余圈数。

(2) 比赛开始，裁判员按下列程序工作：当领先运动员进入终点直道时，A 按下显示器变换圈数的电钮；B 记录领先的 1～3 名运动员号码；C 观察领先几名运动员跑进情况，注意他们的位置变化。以后每圈均照“按钮－记录－观察”六字工作。

(3) 当每名运动员还剩最后一圈时“摇铃”。

7. 报脱圈裁判员

(1) 根据比赛项目，确定使用相应脱圈牌和表格，注意观察领先运动员与落后运动员之间的距离变化。

(2) 脱圈运动员离终点 10～15 米处，根据脱圈组主裁判的口头呼报，由一名裁判员举牌或口头通知运动员剩余圈数。另一名裁判员及时将脱圈运动员号码记入已跑圈数格内。

8. “人盯人”裁判员

每名裁判员负责盯看运动员 1～3 人，当运动员上道时立刻核实号码，牢记其特征；运动员起跑后，注意其跑进中名次的变化；每次运动员通过终点线时，填好每名运动员每一圈所用的时间；运动员到达终点后判定其名次。

9. 棋盘组裁判员

将每名运动员的号码写在小棋子上，按照运动员通过终点的顺序依次将棋子移到剩余圈数的小格里。1 人报运动员号码，1 人移棋子，1 人记录，1 人核对。用移动棋子的方式，准确记取运动员跑、走圈数及名次。

（三）赛后工作

1. 主裁判工作

(1) 每一比赛单元或每天比赛结束后，应及时小结，检查存在的问题和不足，提出改进意见，尽量减少错判、漏判名次的现象并明确下一单元工作要点。

(2) 比赛全部结束后，终点主裁判应写出书面总结材料报送径赛裁判长。

2. 裁判员工作

(1) 本小组内进行小结，根据需要及时切磋、沟通比赛中应注意的问题。

(2) 清点归还比赛用品。

五、协调工作

1. 与有关裁判组的协调与配合

(1) 与检录裁判协作，掌握实际参赛人数了解中长距离跑时运动员佩戴号码的范围。

（2）与发令组协作，确认有关运动员罚下时联络通知终点的方式。

（3）与检查组协作，及时了解中退运动员的号码和中退位置。

（4）与终点摄影计时组协作，中长距离项目比赛时，随时向其主裁判报告运动员脱圈、中退情况及到达终点的顺序。

（5）与场地器材组协作，准备好比赛所需器材、物品。

（6）与径赛裁判长报告，终点组一切准备就绪，可以开始比赛。

2. 比赛中工作协调

（1）发现运动员中退时应确认号码后立即向主记圈报告。

（2）发现运动员侧号码未固定好丢掉或不清晰，会影响终点记圈时，应及时向主记圈报告，主记圈确认大号码后在下一圈运动员通过终点时，各裁判组根据大号码确认小号码并记录在表中。

（3）发现有运动员被脱圈，盯人组确认号码后向主裁判报告，主裁判在表格中确认该运动员是否脱圈。

六、工作重点、难点及应急预案

（一）工作重点与难点

1. 短距离跑项目的重点是判定前三名。难点是判定四五名。

2. 长距离跑、走项目的重点是准确判定运动员达到终点的名次顺序。难点是准确判定被脱圈运动员的剩余圈数。

（二）应急预案

预案 1：比赛过程中运动员号码布在比赛过程中脱落。

解决方案：（1）赛前与检录处联系，要求仔细检查每个运动员号码布的佩戴是否牢固。（2）要求裁判员在比赛前熟记本单元比赛大号码与小号码的对应关系，并在有关记录表上注明，以便及时核对。或记住脱落号码布运动员的衣服颜色。（3）比赛过程中看不清楚运动员小号码，用望远镜来观察运动员的小号码。（4）与器材组协商，要求合理设置号码布大小，包括字体（特别是数字“1”，要能与“7”容易区别）。

预案 2：比赛过程中运动员中途退出比赛。

解决方案：（1）及时记录中途退出运动员的号码，防止错记。（2）赛前与检查组、起点组沟通，确认比赛人数，赛中及时与检查组沟通，确定中退运动员号码，并及时清点每圈运动员人数。

预案3：领先运动员到达终点，脱圈运动员夹于其中，一起冲刺。

解决方案：（1）裁判员及时示意脱圈运动员继续比赛，并告知剩余圈数。（2）口头提示脱圈运动员，并举牌给予提示。

预案4：记圈显示器失灵。

解决方案：（1）及时进行更换，起用备用电子显示器或手工计圈牌一个。（2）如果来不及更换，报圈裁判员用手势和口头向第一集团运动员提示剩余圈数。

预案5：报圈裁判员（摇铃）听不见主裁判所报运动员号码。

解决方案：（1）赛前报圈裁判员（摇铃）与负责总记圈组的主裁判达成协调默契，当听不见所报的声音时，用手势传递信息。（2）另一名报圈裁判员根据记录提示报圈裁判员（摇铃）。

预案6：接近比赛尾声运动员接近终点摔倒。

解决方案：及时通知赛后控制中心裁判员根据现场情形予以处置，不影响终点裁判的正常工作，确保终点工作顺利开展。

预案7：比赛过程中翻圈错误（多或少翻）。

解决方案：（1）主裁判根据记录情况，及时与计圈牌核对，发现问题，及时纠正。（2）赛前认真组织实习，熟悉器械性能。

预案8：“人盯人”记圈组裁判员有漏记现象

解决方案：（1）主裁判马上检查该记圈员是否确实漏记，并和总记圈组核对。（2）与检查主裁判取得联系，看是否有运动员中退，及时进行更正。

七、所需设备与物品

1. 对讲机。2. 圈数显示器。3. 铃铛。4. 垫板。5. 铅笔。6. 削笔刀。7. 脱圈显示牌。8. 夹板。9. 桌、椅。10. 秒表（“人盯人”用）。11. 白板（棋盘组用）。12. 终点所需的各种表格。

八、本岗位裁判工作实际案例

在2011年深圳第26届世界大学生运动会田径比赛男子3000米障碍项目比赛过程中，由于运动员全身湿透，出现粘在身上号码布脱落的情况。当值主裁判立刻查看检录单上的脱落号码布运动员胸前的小号码，并通知各组裁判员，最后使裁判员顺利记取运动员达到终点的顺序，没有出现漏报的现象。由于主裁判有丰富的终点裁判工作经验，并做好预案，沉着冷静地应对突发问题，避免了差错。

第六节　终点摄影计时裁判工作

一、工作任务与要求

终点摄影计时裁判组的主要任务是在径赛裁判长的领导下，用全自助电子摄影计时系统，迅速准确地计取径赛运动员的比赛成绩和判定名次。要求计取成绩和判定名次要迅速准确，同时要确保分段成绩显示牌正常运作，保证终点摄影装置的性能符合要求并正常使用。

二、岗位设置及工作位置

（一）岗位设置

1. 大型赛事裁判员设置

（1）国际终点摄影主裁判：1 人。

（2）终点摄影主裁判：1 ~ 2 人。

（3）判读裁判员：2 人。

（4）记录员：2 人。

（5）终端操作员：1 ~ 2 人。

（6）摄影计时器操作员：2 ~ 3 人。

（7）分段成绩操作员：2 人。

（8）起点工作人员：2 人。

（9）录像操作员：1 ~ 2 人。

2. 基层赛事裁判员设置

（1）主裁判：1 人。

（2）判读裁判员：1 人。

（3）记录员：1 人。

（4）终端操作员：1 人。

（5）摄影计时器操作员：1 人。

注：国际终点摄影主裁判由国际田联技术代表任命和有关地区协会选派，并监督所有终点摄影工作的运作。国内举办的全国性、国际性田径比赛终点摄影计时主裁判由中国田径协会指派。

（二）工作位置

终点摄影计时装置一般设在体育场西侧看台高处，主光轴对准终点线后沿垂直轴面。终点摄影计时仪器在大型比赛中可设 3 台，两台在摄影室架设主机与副机，另一台架在田径场终点延长线的内场。

三、岗位职责

（一）主裁判

1. 在径赛裁判长领导下负责全组的工作，监督设备的安装和调试，对计时装置运行负责，确保终点摄影计时器的性能符合要求和正常工作。审核判读员判读的每组运动员的成绩和记录员的成绩，如破纪录时严格核对运动员的图像和成绩，打印出附有时标的照片签名送竞赛秘书组。

2. 每个单元比赛前负责与厂家技术员和发令员一起测试计时器精度，并请技术代表指定一台摄影计时装置为主机。每单元比赛结束后及时总结经验做好小结。

3. 每单元比赛开始前15分钟主动向径赛裁判长报告终点摄影计时工作准备就绪。

（二）裁判员

1. 一名判读裁判员

在主裁判的监督下负责判读每组运动员的名次、道次和成绩。判读记录0.01秒，另一名判读裁判员负责现场比赛实况，记录每组各道次运动员到达终点的顺序及长距离跑运动员到达的顺序号码与脱圈运动员的情况。

2. 记录员

负责记录判读员判读的名次，道次和成绩，每记录完一组立即交给终端操作员一份，并负责与终点、起点（用对讲机或电话）联系等。

3. 终端操作员

负责安装调试计算机终端设备，在赛前3~5分钟将要比赛的项目，负责提取运动员的检录表，并报告主裁判该组参赛人数及缺席情况，每组比赛后将从计时器上接受的比赛名次和成绩信息传至现场成绩处理中心，协助主裁判与现场成绩处理中心联系，确保成绩下传和有关比赛信息准确无误，配合判读裁判员在长距离比赛中记圈工作并判定名次。

4. 摄影计时器操作员

负责安装调试摄影计时装置，熟悉比赛进程，随时注意天气变化调试光圈，同时，随时与起点联系，确保每组比赛时起点传感器与终点摄影计时装置正常工作。

5. 分段成绩操作员

负责安装调试光电设备与分段显示牌等设备，负责打印每组成绩和分段成绩。

6. 起点工作人员

保证比赛前10分钟完成安装调试起跑信息系统、发令传感器、通讯设备等工作。

7. 录像操作员

负责录像系统设备的安装与调试工作，负责录下每项每组运动员到达终点的情景，必要时为主裁判和判读员重放该部分情景，提供参考。

四、工作细则与方法

（一）赛前工作

1. 主裁判工作

（1）带领全组人员认真学习《田径竞赛规则》和裁判法，熟悉比赛日程和项目，明确分工和职责，做好应急预案。

（2）检查安装、调试摄影仪器设备，与发令员联合实习。

（3）确定与有关裁判组的联络信号和协作方法，制订与人工计时组配合的细则。

（4）向径赛裁判长汇报终点摄影计时组准备工作情况。

2. 裁判员工作

（1）带领全组人员认真学习《田径竞赛规则》和裁判法，明确分工和职责，制订具体的工作方案。

（2）负责安装、调试仪器设备，并熟悉其性能，检查所有使用的设施，熟练掌握仪器设备的操作方法。

（3）设置终点线与分道线交叉处的黑色标志。

（4）准备各种有关器材及物品。

（二）赛中工作

1. 主裁判工作

（1）主裁判赛前1~2小时带领全组人员到达场地，对计时器进行检查和实际操作，保证计时器正常工作。

（2）检查终点摄影计时器的放像口是否对准终点线的后沿，检查判读仪胶片滑板上的垂线是否与显示屏上的垂线重合。

（3）审核判读员判读的每组运动员的成绩和记录员记录的成绩，打印出附有时标的照片并签名后送竞赛秘书组。

（4）严格要求判读员判读要迅速、准确，正面撞线以躯干为准，侧面撞线以运动员的肩峰为准（不包括头，颈和四肢）。（图3－24）

图 3－24　运动员抵达终点线后沿垂直面时的情形

2. 裁判员工作

（1）赛前 3～5 分钟终端操作员从电脑调出该组运动员的检录表，打印一份交主裁判。

（2）发令员鸣枪后，摄影计时操作员注意观察计时装置的启动情况，当运动员距达终点线 5～10 米时及时启动摄影装置进行拍摄。

（3）当运动员全部跑过终点后，摄影计时操作员关闭摄影（像）装置，打开图像文件判读道次、成绩和名次。

（4）判读员判读出运动员的名次、道次和成绩，精确到 0.01 秒，给记录员记录。

（5）记录员听到判读员判读的名次，道次和成绩，一边记录在终点摄影计时成绩表中，一边复述记录的成绩，经主裁判审核后交给计算机终端操作员。

（6）计算机终点操作员，接到记录表后迅速录入计算机终端，经操作员和主裁判认真核查无误后，主裁判令操作员传给终点计算机终端。

（7）录像系统操作员，应高度集中拍好各组运动员到达终点的情景，随时提供给主裁判参考。

（三）赛后工作

1. 主裁判工作

（1）每单元比赛结束后应立即进行小结，找出存在的问题，以利再战。

（2）全部比赛结束后应进行书面总结，肯定成绩，表扬好人好事，找出存在问题，不断提高业务水平。

（3）督促全组人员将每单元比赛的成绩归档，保管好各种设备，最后归还器材和用品。

2. 裁判员工作

（1）将单元比赛的成绩归档。

（2）保管好各种设备、传感器、起跑信息系统、光电设备显示牌、电缆接头等。

（3）离开摄影计时室时检查室内电源是否关闭，确保安全。

（4）归还器材和用品。

（四）终点摄影计时裁判工作程序（图 3－25）

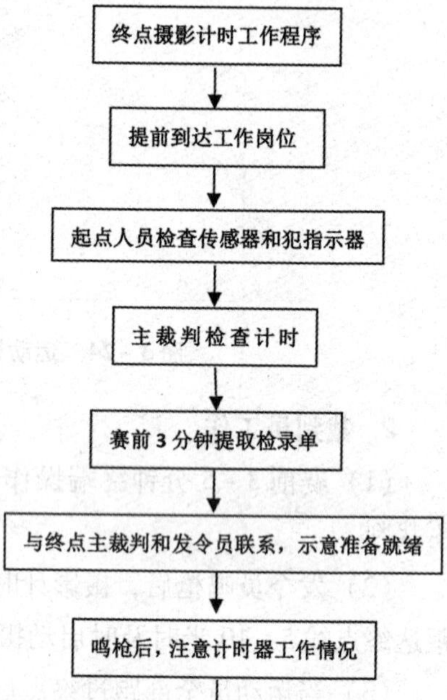

图 3－25　终点摄影计时裁判的工作程序

五、工作重点与难点及应急预案

（一）工作重点与难点

迅速、准确地计取运动员的成绩和名次是终点摄影计时工作的重点。在比赛中准确快速地判读运动员的成绩是终点摄影计时的工作难点。判读成绩必须按照《田径竞赛规则》的规定，以运动员的躯干抵达终点线后沿垂直面的瞬间为主。

（二）应急预案

预案 1：当电子计时系统出现故障时。

解决办法：与人工计时裁判组协作，将人工计时成绩提供给大会作为正式比赛成绩。

预案 2：当长距离跑出现运动员脱圈，场面混乱，难以分清运动员的排序时。

解决办法：主动与终点主裁判联系，迅速核对运动员的排序，留意脱圈运动员的跑进情况。

预案 3：当几名运动员同时冲过终点，小号码布难以看清楚时。

解决办法：马上与终点主裁判联系，让他们提供终点名次，作为参考。

六、所需物品与设备

1. 摄影计时装置：2~3 台。
2. 光电计时设备：3~4 台。
3. 起跑信息系统：1~2 套。
4. 传感器：4~5 个。
5. 计时打印设备：1 套。
6. 计算机终端：1 台。
7. 判读仪：1 台。
8. 放像机：1 台。
9. 对讲机：2~3 台。
10. 望远镜：2 架。
11. 其他物品：若干。

注：以上所列仅为主要设备和物品。

七、终点摄影计时裁判工作实际案例

第 11 届北京亚运会女子 10000 米的决赛出现终点摄影计时少计最后一名运动员跑的圈数的情况。当比赛结束，大屏幕显示成绩后，手计时主裁判迅速将情况向径赛裁判长反映，径赛裁判长立即展开调查，责成终点摄影计时主裁判反复核对计时胶片，查明由于最后一名运动员脱圈，判定成绩时漏掉了该运动员最后一圈的图像，故少计算一圈成绩，随后大屏幕重新公布女子 10000 米决赛成绩，径赛裁判长写出更正成绩说明附在大会次日的成绩公报上。径赛裁判长对这件事的处理是恰当、及时的，也是正确的。不回避问题，知错就改，符合规则精神。

第七节　人工计时裁判工作

一、工作任务与要求

人工计时裁判工作的主要任务是准确地计取径赛运动员的比赛成绩，在长距离跑和竞走项目比赛中协助终点裁判组做好记圈工作。要求裁判员独立、准确、迅速地完成计时任务。

二、岗位设置及工作位置

（一）岗位设置

1. 大型赛事裁判员设置（设有电子计时系统）

（1）主裁判：1~2 人。

（2）裁判员：10 人。

2. 基层赛事裁判员设置（没有电子计时系统）

（1）主裁判：2 人。

（2）裁判员：24 人。

（二）工作位置

1. 有电子计时系统时人工计时裁判员（10 人）的工作位置（图 3－26）

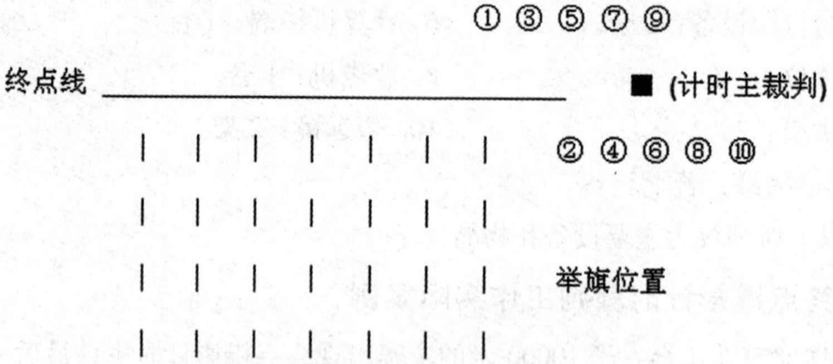

图 3－26　计时员的工作位置

2. 设有电子计时系统时，人工计时裁判员（24 人）的工作位置（图 3－27）

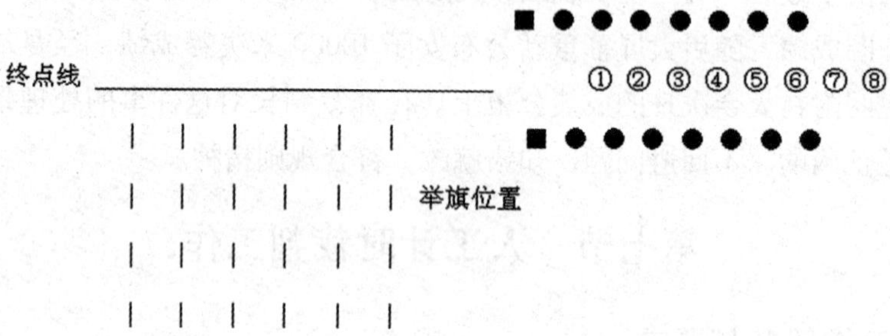

图 3－27　计时员的工作位置

注：■计时主裁判　●道次计时员　①主计时员

（注：计时员的位置应距跑道外侧至少 5 米远。）

三、岗位职责

（一）主裁判

1. 在径赛裁判长的领导下负责全组的工作，对计时员进行分工，明确职责与任务。赛前领导全体计时员学习《田径竞赛规程》。熟悉工作方法，制订应急预案，负责与起点、风速、检查、终点等有关裁判组联系，做好赛前联调实习工作。

2. 研究制订各项目的计时方法，制订工作细则。

3. 检查场地器材，列出所需物品清单交给大会器材组准备。

4. 在比赛中领导与组织全体计时员，准确计取各项径赛的成绩。

5. 审核各计时员计取的成绩并签名。

（二）裁判员

在计时主裁判的领导下明确分工与职责，准确迅速地完成计时任务，当计取中长跑或竞走的比赛成绩时，除计时外还应完成记圈工作。

四、工作细则与方法

（一）赛前工作

1. 主裁判

（1）领导全体计时员认真学习《田径竞赛规则》与规程。

（2）根据计时裁判员的业务水平，明确分工与职责。

（3）组织计时员参加联调实习，统一工作方法，制订工作细则。

（4）准备好各项比赛所需器材和表格等。

（5）了解场地设备和器材的准备情况。

（6）确定与有关裁判组的联络及协作方法等。

2. 裁判员

（1）认真学习《田径竞赛规则》、裁判法和制订工作细则。

（2）熟悉秒表性能，掌握计时方法。

（3）熟悉成绩记录方法。

（4）参加赛前的联调实习。

（二）赛中工作

1. 主裁判

（1）赛前1～1.5小时带领计时员进场，做好各项赛前准备工作。

（2）再次明确分工和方法，检查秒表，接收并审核成绩记录卡片。

（3）各单元开赛前5～10分钟向计时员宣读本单元比赛项目，时间及顺序，将成绩记录卡片交给坐在最下面的计时员并迅速向上传递。

（4）当听到比赛即将开始的音乐铃声或其他信号时，提示计时员“回表”，并用精练的语言（如“上道”“举枪”）等提醒计时员注意起点的动态，做好计时的准备。

（5）比赛中若计时员的秒表出现故障，应立即指示后备计时员“补表”。

（6）每组比赛结束马上收回卡片（最好按名次），核对成绩，必要时检查计时员的秒表，无误后签名，并示意计时员“回表”。

2. 裁判员

（1）当听到主裁判“回表”提示后及时回表。

（2）当听到主裁判“上道”提示后，注意起点的动态，听到“举枪”提示后眼睛紧紧盯住烟屏（若没有烟屏就盯住传感器），并将已置于腰腹部的秒表按键按紧（不要用力过猛），当看到发令枪发出的烟或闪光立即开表。开表后马上检查秒表是否走动，如无误则注视主场的跑进情况。如“失表”即马上报告主裁判，以便安排候补计时员“补表”。

（3）当运动员离终点还有 25 ~ 30 米时，计时员眼睛的主光仍继续看运动员，余光看终点，并按紧停表键，做好停表的准备。当运动员离终点线 10 米时，则以眼睛的主光看终点线，余光看运动员。当所计运动员的躯干（不包括头、颈和四肢）的任何部位抵达终点线后沿垂直面的瞬间时停表。

（4）停表后，将成绩准确无误地填写在成绩记录卡片上，先按 1/100 秒填写在分表栏中，然后换算成 1/10 秒填写在成绩栏中。如破纪录，应立即报告主裁判。

（5）计时员填好成绩记录卡片后，迅速由上往下传递给计时裁判，然后将计时成绩按 1/100 秒填写在计时存查表上，计时主裁判收齐成绩记录卡片后立即审核，必要时查检计时员的秒表，审核无误交径赛记录员。

（6）不同径赛项目的计时方法

①分道跑和部分分道跑的径赛项目的计时方法

短跑、跨栏跑、800 米、4 × 100 接力、4 × 400 米接力等项目，当只有 10 名计时员时可采用按道次分工计时加按名次计时相结合的计时方法，即 8 名计时员按分配的道次计时，有 2 名计时员计取第一名的成绩，按道次计时的计时员应始终盯住所计道次的运动员。在部分分道跑项目中，当运动员抢道后仍需盯住该运动员，以防误计或漏计。在 4 × 400 米接力比赛中，计时员应记住所计道次运动员的服装式样（颜色）、单位及最后一棒运动员的号码和特征等。

当设置 24 名计时员时，在分道跑项目中，一般采用分道计时计名次的方法，在部分分道跑项目中也可以采用按名次分工计时的方法。计时主裁判令第一道 3 名计时员计第一名，第二道计时员计第二名，第三道计时员计第三名，依次类推。

如遇运动员“串道”，则先抵达运动员由本道计时员负责计，后到达的运动员由空道计时员计。最后按运动员号码调整计时卡片，并将此情况填在卡片相应赛项“备注”栏内，以备查验。

②不分道跑项目和场地竞走项目的计时方法

一般采用"人盯人"的计时记圈方法，即每名计时员分工负责1～2名运动员的计时（包括计取分段时间）记圈记名次并兼报脱圈的工作。在长距离比赛项目中计时员要认真填写分段计时记圈表（表3-4），并与终点裁判工作相配合，随时与终点裁判员所示圈数核对，如发现不符，应立即报告计时主裁判，由计时主裁判与终点主裁判核对。当所负责的运动员脱圈后立即走到第3道附近及时给脱圈运动员报圈，报完后坐在第8道外的长凳上，直到完成计时记圈任务后方可回到计时台上。

表3-4 5000米跑计时、记圈表

号码： 组别： 单位： 赛次：

已跑圈数	已跑距离	成绩	剩余圈数
0.5	200		12
1.5	600		11
2.5	1000		10
3.5	1400		9
4.5	1800		8
5.5	2200		7
6.5	2600		6
7.5	3000		5
8.5	3400		4
9.5	3800		3
10.5	4200		2
11.5	4600		1
12.5	5000		0

计时员： 年 月 日

③公路赛跑、马拉松和竞走比赛的计时方法

公路赛跑、马拉松和竞走的计时任务有两项，一是全程终点计时，二是分段计时（包括半程计时），全程终点计时。由于参加比赛的人比较多，可采用"循环计时法"，即让计时员轮流循环计取到达终点运动员的成绩，具体方法如下：

A. 主裁判可将计时员按第1～10名顺序分工。第一名计时员应分别计取第1、11、21、31名运动员的成绩，第二名计时员取第2、12、22、32名运动员的成绩，并依此类推。计取后将运动员成绩名次和本人签名登记在记录表上。

B. 比赛开始前10分钟，计时主裁判员集合于起点处等待开表。开表后，计时员在规定地点待命。

C. 在第一名运动员即将到达终点前5~10分钟，主裁判将计时员按1~10名的顺序排列在终点线附近。当所计运动员抵达终点时，及时并看清运动员号码，将号码和所计成绩填入成绩记录表中（表3-5）。

表3-5　外场径赛终点成绩记录表

号码：　　　　组别：　　　　单位：　　　　赛次：

号码	成绩	备注

计时员：　　　　　　　　　　　　　　年　　月　　日

D. 计时员将成绩填好的记录表交计时主裁判后迅速排在计时员队尾，等待计取下一名运动员的成绩。

E. 计时主裁判收到计时员的成绩表迅速审核，无误后交服务员送到编排记录处。

为防止出现漏记成绩，可在终点处设立另一个计时小组（3人）。一人负责报告到达终点的所有运动员号码，一人负责记录号码，一人负责记录成绩，最后与各计时员核对。

当举行公路竞走比赛时，因采用环形路线，运动员走的圈数比较多，可采用内场中长跑的计时、记圈方法。

④分段计时

一般由2~3人来完成，一人为计时小组长负责全组工作，并使用录音机报录通过该分段的运动员号码，一人记录运动员的号码，一人计时。具体方法如下：

A. 比赛开始前，计时员与发令员的手表对准时间。发令时，一名计时员通过无线对讲机开表，另一名计时员同时打开该公里处的计时器。

B. 当领先运动员到达该分段前50米时打开录音机，当运动员通过时，一人按运动员用过顺序报号码，一人记录号码，另一人计时。

C. 计时小组长通过对讲机，将领先的前10名运动员的号码和成绩迅速报给有关裁判长。

D. 当全部运动员通过该分段后，如有可能，将全部运动员的分段成绩和号码填入记录表（表3-6）审核无误后交编排记录处。

表 3－6　外场径赛分段成绩记录表

项目：　　　　　组别：　　　　　分段：

名次	号码	成绩	备注
1			
2			
3			

（三）赛后工作

1. 主裁判

（1）每单元比赛结束后，计时主裁判应及时组织计时员进行工作小结。肯定成绩，找出问题，找出解决的办法，使工作精益求精。

（2）全部比赛结束后，组织全体计时员认真总结，并写出书面总结或建议交给径赛裁判长。

（3）督促计时员清点秒表、夹板等物品，办理归还手续。

2. 裁判员

（1）每单元比赛结束后认真听计时主裁判做工作小结，找出工作中存在的问题，制订改进的措施，避免错误的发生。

（2）全部比赛结束后，认真参加总结，配合主裁判写好书面总结或建议交径赛裁判长。

（3）根据主裁判的安排，将所有比赛用品收齐上交。

五、工作重点、难点及应急预案

（一）工作重点与难点

人工计时工作的重点是迅速准确地计取径赛运动员的成绩。难点是把握开表和停表的时机，减少误差。

为确保准确无误地计取径赛运动员的成绩，应做好以下几个方面的工作：

1. 培养计时员严肃认真的工作态度。

2. 制订科学计时方法和细则，合理分工，并做好与终点裁判组的配合工作。

3. 计时员应熟练掌握秒表的使用方法，把握好开表、停表的时机和方法，做好赛前的联调实习工作，反复练习，减少误差。

（二）应急预案

预案 1：当出现看到发令枪的烟或闪光时却没有开表。

解决办法：应马上报告主裁判，由主裁判安排候补计时员“补表。”

预案2：当电子计时系统出现故障时。

解决办法：应将手计时的成绩提供给大会作为正式成绩。

预案3：当记圈过程中出现多记或少计圈数时。

解决办法：主裁判应立即与终点主裁判联系及时核对，并更正。

六、所需设备与物品

1. 计时台（能坐26人以上）：1个。
2. 电子秒表（多功能）：12～28块。
3. 夹板：12～28块。
4. 径赛成绩记录卡片：若干。
5. 计时记圈表：若干。
6. 计时存查表：若干。
7. 其他物品：若干。

七、人工计时裁判工作案例

在1975年北京举行的第三届全运会男子10000米决赛时出现了全组队员多跑一圈的事件。致使比赛结束后很长时间才公布运动员的名次，但不公布成绩。经调查，造成这次事故的主要原因有3个。一是参赛人数多（29人），运动员水平差距大，出现多人脱圈，场面混乱的局面。二是场地灯光不够亮，比赛中天已黄昏，裁判员无法看清运动员的跑进情况。三是工作方法不当，计时组和终点组工作配合不默契。计时组只负责计取运动员到达终点的成绩，终点组只采用棋盘式的记圈方法，当棋盘记圈和余圈显示牌同时出现混乱时，没有采取有效的补救方法。事后，大会对这件事件的处理方法（只公布名次，不公布成绩）是无奈之举，但有错必改也是正确的，体现了以人为本尊重事实的精神。

第三章　田赛裁判工作

第一节　田赛裁判长工作

一、工作任务与要求

领导所有田赛项目（包括全能比赛的田赛项目，田赛风速员）的裁判工作。保证田赛比赛的正常进行。

二、岗位设置与分工

（一）分工

根据运动会规模可设多名田赛裁判长。大赛应保证每一项田赛比赛均有一名田赛裁判长。比如：1. 田赛裁判长 A 分管高度跳跃工作（跳高、撑竿跳高）；2. 田赛裁判长 B 分管远度跳跃工作（跳远、三级跳远）；3. 田赛裁判长 C 分管无护笼项目的投掷工作（铅球、标枪）；4. 田赛裁判长 D 分管有护笼项目的投掷工作（铁饼、链球）。

（二）职责

1. 保证竞赛规程和竞赛规则得到执行，处理发生于比赛期间，以及竞赛规程和《田径竞赛规则》未明文规定的任何问题。

2. 田赛裁判长应对田赛比赛进行中的抗议或异议，包括发生在比赛过程中的问题作出裁决。裁判长不能代替裁判员，但是可以按照自己的观察根据规则做出行动和决定。

3. 运动员如果在比赛中违反体育道德或者有不正当行为，田赛裁判长有权予以警告或取消比赛资格。给予运动员警告，应向运动员出示黄牌；取消比赛资格，应出示红牌。这两种处分均应填入成绩单。田赛裁判长作出的警告和取消比赛资格的处分应传达给竞赛秘书和其他裁判长。

4. 田赛裁判长可以根据可获得的证据重新考虑做出裁决（不管是在第一时间做出的裁决还是在抗议情况下的裁决）。通常情况下，这种重新裁决应在相关项目的颁奖仪式前或仲裁组做出的可行裁决前做出。

5. 如果田赛裁判长认为某项比赛或某项比赛的任何部分应予重赛方为公允时，有权宣布该项比赛无效，并作出在当日或其他时间重新比赛的决定。

6. 不管因为何种原因，运动员在试跳（掷）时受阻，或试跳（掷）不能正确记录，田赛裁判长有权予以再一次试跳（掷）的机会，且保证补试跳（掷）的时间得到合理安排。

7. 田赛裁判长应与（电子）测量裁判员一起监督创纪录的成绩测量。审核最终的比赛成绩并在成绩单上签名。在远跳项目中，相关田赛裁判长应确保风速仪设置在距离起跳线 20 米处，高 1. 22 米，距离助跑道不超过 2 米。

8. 当身体残疾的运动员根据有关规则参加比赛时，田赛裁判长可以解释或者允许与相关规则不同的形式，让残疾运动员可以参加比赛，只要这种规则的改变不给残疾运动员提供任何相对其他参赛运动员有利的条件。如果这种决定引起争议或对这种改变有任何质疑，应提交至仲裁组。

三、工作细则与方法

（一）赛前工作

1. 根据赛程，合理安排各裁判组的项目分工。各组既独立工作、又必须协调配合，必要时必须服从裁判长的统一调配安排。

2. 检查各裁判组规则和规程的学习，确认各裁判组的工作方法。

3. 督促各裁判组检查场地、器材和设备，电子设备裁判员熟悉掌握各种电子设备，确保电子设备准确无误。

4. 召开各主裁判会议，落实、解决可能出现的各项问题。

5. 组织和指导各裁判组的现场实习。

6. 设想比赛中可能发生的各种问题和解决问题的方案，要求各裁判组在赛前做好一切防范措施。如设备出现故障、天气变化、运动员在赛中的不同状况的处理办法等。

7. 将技术会议的有关决定，如起跳高度、升高计划等及时提供给相关裁判组。

8. 与检录、赛后、全能确认运动员的接受和交接的具体办法。

（二）赛中工作

1. 每一单元按大会规定的时间、地点集合，提请主裁判检查各组人数，列队进场。

2. 裁判员进场后，按岗位职责迅速、有序准备场地、器材，既专人负责又要相互帮助，确认准备妥当后裁判员退场。

3. 按规定时间报请现场指挥进场上岗，进场后简要复检场地器材。据高跳、远跳、短投、长投的特点掌控赛前练习，尤其要注意练习的安全。

4. 准时与现场指挥联系进行运动员展示，同时请技术官员对电子设备（测距仪）进行最后的审核。展示后比赛开始。

5. 赛中掌控好比赛的进程，注意观察每名运动员比赛的全过程，处理好比赛中可能出现的任何问题。投掷器械的重量、竿高的架距、不同人数试跳的时限及高度比赛有无决名次跳等均需加以特别的注意。

6. 出现有争议的判罚情况，要亲临判罚地点，察看现场和询问当值裁判，或和技术官员交换意见。确有犯规，应向运动员指明犯规的条款，包括允许运动员观看犯规的现场，应将争议解决在现场。

7. 对运动员坚持要继续投诉的判罚，必须将成绩先行丈量并加以记录，注意保留一切有关的证据（录像、照片、器械、橡皮泥显示板等）以便仲裁裁决。应允许运动员“在抗议下”继续比赛。

8. 对比赛中有不正当行为的运动员提出警告或取消其比赛资格。警告应向运动员出示黄牌，取消资格应出示红牌。这两种处分均应填入成绩记录卡。

9. 对比赛中因他人影响而受损失的运动员，可令其重跳/投。如确需变更比赛场地，应在一轮比赛后变更。注意不能因风向或风力的变化而变更场地或比赛的时间。

10. 审查比赛成绩，注意高度单项比赛第一名并列提请技术官员对测距仪进行最后的审核。

（三）赛后工作

1. 每一单元结束，应对比赛做扼要小结，对发现的问题提出解决办法，对下一场次比赛做明确要求。

2. 全赛结束后归还所借器材用品。

3. 汇总各组小结，写出工作总结，并上交赛事主管。

四、工作重点与难点

（一）重点

对各裁判组进行合理的分工，特别场次裁判员的临时调动，保证比赛准时开始与正常进行。

（二）难点

执行规则和规程的各项规定，处理发生于比赛期间规则未作明文规定的任何问题。

五、工作流程图（图3－28）

六、所需物品

对讲机：每人1部。

每日田赛比赛场地图：每人1份。

每日各项目展示时间表：每人1份。

最新田径纪录：每人1份。

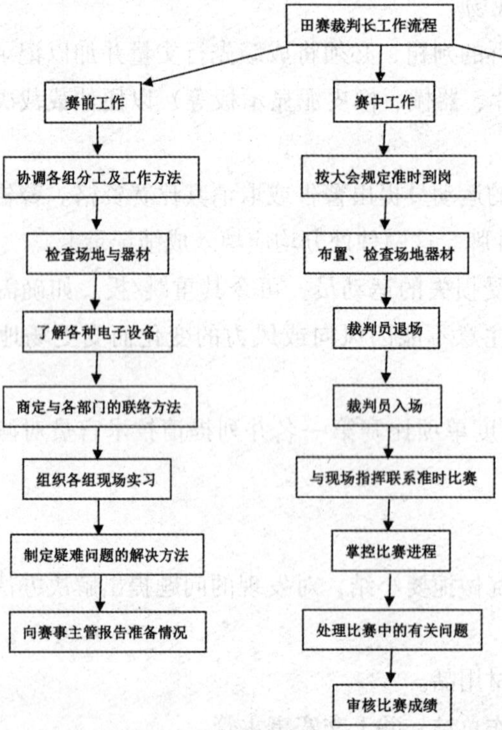

图3-28　田赛裁判长工作流程图

第二节　跳高组裁判工作

一、工作任务与要求

在田赛裁判长的带领下，以高度的责任感，根据《田径竞赛规则》和运动会比赛竞赛规程的有关条款之规定，严肃认真、准确无误、井然有序地完成跳高项目的裁判工作。

二、岗位设置及工作位置

（一）岗位设置

1. 大型赛事裁判员设置

（1）主裁判：2人。

（2）记录员：1人。

（3）终端操作员：1 人。
（4）放置横杆裁判员：2 人。
（5）丈量裁判员：1 人。
（6）时限员：1 人。
（7）管理裁判员：2 人。
（8）激光测量员：1 人。

2. 基层赛事裁判员设置

（1）主裁判：1 人。
（2）记录员：1 人。
（3）检查记录兼时限员：1 人。
（4）放置横杆裁判员：2 人。
（5）丈量裁判员：1 人。
（6）管理裁判员：2 人。

（二）工作位置（图 3－29）

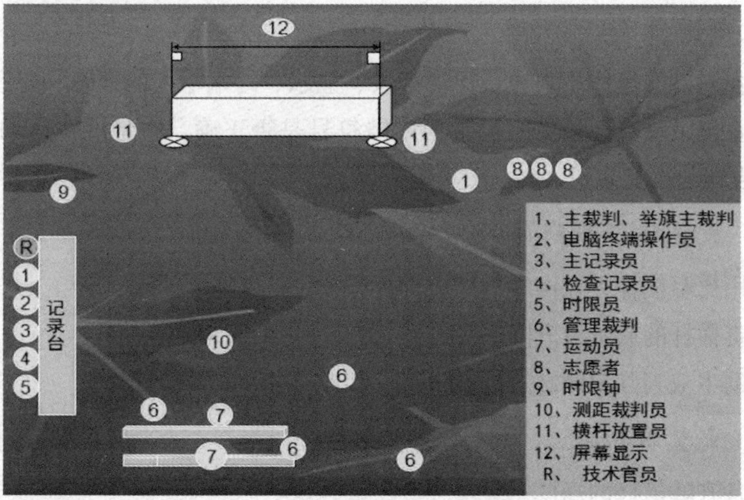

图 **3－29**　跳高组裁判工作岗位设置图

三、岗位职责

（一）主裁判

1. 领导全组学习规则、规程、统一裁判工作方法。负责全组裁判员的具体分工和协调工作。

2. 赛前检查场地器材及各种设备。将所需器材清单交器材组。组织现场实习，熟悉器材、设备性能及工作程序。

3. 指派记录员和管理裁判员到赛前控制中心对运动员进行检录。

4. 向运动员宣布比赛注意事项及起跳高度与升高计划，组织赛前练习。

5. 监督丈量高度，判定运动试跳成功与失败。

6. 掌握比赛进程，控制节奏。处理运动员请假事宜，处理比赛中的争议，如不能及时解决时应及时报告田赛裁判长。

7. 审查成绩和录取名次，请田赛裁判长和技术官员审核签字。

（二）记录员

1. 和管理裁判一起准时到赛前控制中心进行检录。检查运动员服装、号码、钉鞋、携带物品及参赛证，准时按既定路线将运动员带入比赛场地。

2. 登记运动员起跳及免跳高度。

3. 记录每名运动员是试跳情况（成功、失败、免跳、请假等）及最后成绩、录取名次。交主裁判审核。

4. 加强同终端操作员沟通，保证记录、显示、终端输入的准确、一致。

5. 检查记录员对记录员所记录的成绩符号是否正确，并将试跳运动员的号码、轮次及时告知公告显录员。

（三）放置横杆裁判员

1. 选用比赛横杆，在两端做好方向标记。

2. 负责横杆的放置及升降。

3. 协助主裁判判定跳高运动员试跳是否犯规。

（四）丈量裁判员

1. 准备升降横杆的高度

2. 准确快速丈量高度。

（五）时限员

负责掌握每名运动员的试跳时限显示。

（六）终端操作员

1. 在每次试跳前，根据检查记录员的宣示，将试跳运动员的号码、轮次显现在屏幕上。

2. 试跳完毕、根据主裁判旗示显示试跳成功或失败的符号在屏幕上。

3. 负责将运动员每次试跳情况以及最后成绩输入终端机，比赛结束，将记录员排出的名次再输入终端机加以确认。

（七）管理裁判员

1. 与记录员到赛前控制中心进行检录，准时按既定路线将运动员带入比赛场地。

2. 在比赛场地的运动员席位旁，张贴成绩记录表，及时准确公布运动员的试跳情况。及时通知运动员做好试跳准备。

3. 维持赛场秩序，检查运动员使用标志物是否符合要求，监督运动员不得接受规则禁止的帮助。必要时陪同请假运动员离开比赛场地。

4. 分批带领比赛结束的运动员到赛后控制中心。

（八）激光测量员

负责测量每次试跳的高度。

四、工作细则与方法

（一）赛前工作

1. 主裁判组织全组裁判员学习规则、规程等文件，根据比赛程序、确定裁判分工及职责，详细研究统一裁判方法，制订工作细则。

2. 开列器材物品清单，交场地组做好一切工作准备。全组事先到现场检查场地器材设备、熟悉器材性能和使用方法。发现问题及时向裁判长反映及请求解决，以保证比赛顺利进行。

3. 反复进行现场实习。

4. 拟定天气变化的应急措施。

（二）赛中工作

1. 按照大会要求的时间，全组裁判员提前 100 分钟到场。按照各自岗位对场地器材、仪器设备进行检查和调试。

2. 记录员和管理裁判员到赛前控制中心进行检录，应注意：

（1）收取运动员参赛证，比赛结束后带至赛后控制中心归还。

（2）检查运动员服装、号码、钉鞋、提包等。

（3）不允许运动员将盒式录音机、收音机、传呼机、移动电话等通讯电子类似装置带进场内。

3. 管理裁判员和记录裁判员按照规定的时间带运动员进入比赛场地。主裁判宣布比赛注意事项、起跳高度及升高计划。安排运动员丈量步点。

4. 管理裁判员督促跳高运动员登记前起跳高度，如运动员不登记，则在其试跳时按照大会起跳高度进行。

5. 赛前 20 分钟，由主裁判组织运动员按比赛顺序进行 1－2 次练习试跳。

6. 赛前 5 分钟，停止练习。主裁判监督激光测量员丈量第一个试跳高度，丈量员复审起跳高度。记录员登记运动员免跳高度。管理裁判员通知运动员做好准备。

7. 比赛开始，终端操作员将第一位试跳运动员的号码，跳次显示在屏幕上。主裁判面向助跑道，将红旗平举，待一切准备就绪，将红旗放下，时限计时器开始启动，运动员试跳开始。

8. 主裁判根据规则判定运动员试跳成功或失败。成功上举白旗，失败上举红旗。同时记录员和电子显示操作员分别在成绩记录表和屏幕上显示成绩符号（O）或失败符号（×）。

9. 试跳高度超过纪录时，主裁判应请田赛裁判长对横杆高度进行审核，如运动员跳过破纪录的高度，应该由田赛裁判长在成绩登记表上签字确认。

10. 比赛中管理裁判员应维持好赛场的秩序，妥善处理运动员试跳与径赛运动员跑进和其他田赛项目之间的互相干扰。已被淘汰的运动员由管理裁判员分批带到赛后控制中心，发还参赛证。最后 3 名运动员在比赛全部结束后由管理裁判员一起带至赛后控制中心。

11. 比赛结束时，记录员整理好所记录的成绩、排列名次交主裁判复核，请田赛长，技术官员审核签字，然后将记录表送至编排记录处。

12. 终端操作员将记录员排列好的名次输入计算机内予以确认，并打印一份成绩表交管理裁判员。

（三）赛后工作

1. 每场比赛后，主裁判组织裁判员进行小结，发现问题及时研讨解决的办法，并向田赛裁判长汇报。

2. 主裁判安排下一场裁判员的分工及集合时间。

3. 大会结束后，主裁判安排清理归还所借物品，组织裁判员进行总结，并写成书面材料交田赛裁判长。

五、工作重点、难点及应急预案

（一）工作重点与难点

1. 一名主裁判全面负责，另一名主裁判控制比赛的进程。

2. 免跳事宜在记录台。

3. 与电脑操作员核实成绩与排名。

4. 比赛中与径赛项目冲突时，以径赛优先的原则。

5. 组内各个岗位之间的配合、组间之间的配合。

6. 时限员记录时限，管理裁判及时通知运动员准备试跳。

7. 比赛后的运动员带出。

8. 保证试跳过程中横杆托不会滑落。

9. 语言交流问题。

（二）应急预案

1. 及格赛中同一个项目两组进行比赛时，要保证两组运动员升高度的时间、条件尽量相同。如果在比赛过程中出现一组必须更换跳高架的情况，另一组可以放慢比赛进度，不要停止比赛。（出现更换跳高架的情况尽量不要移动架的原有位置）

2. 全能项目尽量按照比赛进程带入场地。

3. 在比赛过程中出现断电等情况，应准备好备用电池及有足够的电源。

4. 入场的时间——自由练习时间——赛前组织一次练习时间——停止练习准备比赛时间？根据人数的多少如何处理？

5. 与各个组之间的配合：升国旗等。

6. 为了节省空间，在保证两组跳高项目比赛的同时，桌子的摆放为斜线，或与技术官员协调认可。

六、所需设备与物品（表3－7）

表3－7　所需设备与物品表

序号	名　　称	数量	序号	名　　称	数量
1	跳高海绵包	2套	10	长凳	4条
2	判罚（黄、红）卡	2套	11	红、白、黄旗	各1面
3	跳高架	2付	12	秒表	2块
4	风标	2个	13	笔	10支

续表

序号	名　称	数量	序号	名　称	数量
5	田赛成绩公告牌	1-2个	14	带夹书写板	4块
6	跳高横杆	若干根	15	激光测距仪	1个
7	裁判桌	3张	16	计时钟	2个
8	椅子	12把	17	扫帚	2把
9	高度丈量尺	1把			

七、本岗位裁判工作实际案例

在××运动会跳高项目比赛过程中，运动员过杆过程中碰到横杆造成横杆抖动，这时运动员迅速离开落地区，裁判员举了白旗，而后横杆掉下来。最终还是算运动员试跳成功，因为横杆是在裁判员举了成功旗示后掉下的。

第三节　撑竿跳高组裁判工作

一、工作任务与要求

在田赛裁判长的带领下，以高度的责任感，根据《田径竞赛规则》和运动会比赛竞赛规程的有关条款之规定，严肃认真、准确无误、井然有序地完成撑竿跳高项目的裁判工作。

二、岗位设置及工作位置

（一）岗位设置

1. 大型赛事裁判员设置

（1）主裁判：2人。

（2）记录员：1人。

（3）终端操作员：1人。

（4）放置横杆裁判员：1人。

（5）升降高度及移架操作员：1人。

（6）时限员：1人。

（7）管理裁判员：2人。

（8）激光测量员：1人。

2. 基层赛事裁判员设置

（1）主裁判：2人。

（2）记录员：1 人。

（3）检查记录兼时限员：1 人。

（4）放置横杆裁判员：2 人。

（5）升降高度及移架裁判员：2 人。

（6）丈量及接杆员：1 人。

（7）管理裁判员：2 人。

（二）工作位置（图 3－30）

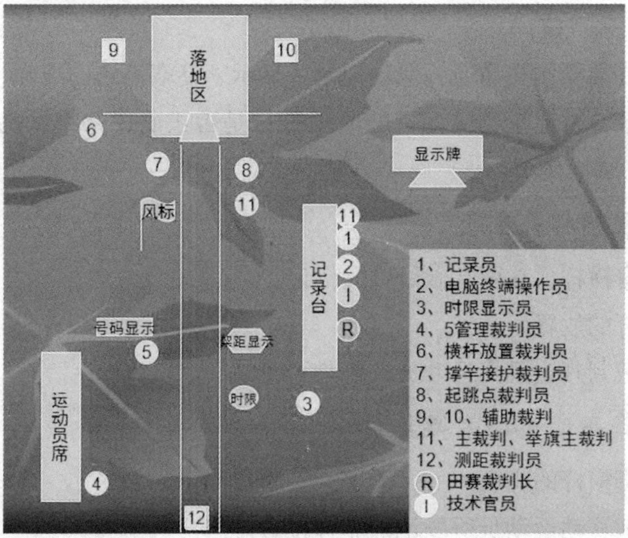

图 3－30　撑竿跳高组裁判工作岗位设置图

三、岗位职责

（一）主裁判

1. 领导全组学习规则、规程、统一裁判工作方法。负责全组裁判员的具体分工和协调工作。

2. 赛前检查场地器材及各种设备。将所需器材清单交器材组。组织现场实习，熟悉器材、设备性能及工作程序。

3. 指派记录员和管理裁判员到赛前控制中心对运动员进行检录。

4. 向运动员宣布比赛注意事项及起跳高度与升高计划，组织赛前练习。

5. 监督丈量高度，判定运动试跳成功与失败。

6. 掌握比赛进程，控制节奏。处理运动员请假事宜，处理比赛中的争议，如不能及时解决时应及时报告田赛裁判长。

7. 审查成绩和录取名次，请田赛裁判长和技术官员审核签字。

（二）记录员

1. 和管理裁判一起准时到赛前控制中心进行检录。检查运动员服装、号码、钉鞋、携带物品及参赛证，准时按既定路线将运动员带入比赛场地。

2. 登记运动员起跳及免跳高度。

3. 记录每名运动员是试跳情况（成功、失败、免跳、请假等）及最后成绩、录取名次。交主裁判审核。

4. 加强同终端操作员沟通，保证记录、显示、终端输入的准确、一致。

5. 检查记录员对记录员所记录的成绩符号是否正确，并将试跳运动员的号码、轮次及时告知终端操作员。

（三）放置横杆裁判员

1. 选用比赛横杆，在两端做好方向标记。

2. 负责横杆的放置。

3. 协助主裁判判定跳高运动员试跳是否犯规。

（四）升降高度及移架操作员

1. 准备升降横杆的高度

2. 负责向前移动运动员所登记的立杆位置。

（五）时限员

负责掌握每名运动员的试跳时限显示。

（六）终端操作员

1. 在每次试跳前，根据检查记录员的宣示，将试跳运动员的号码、轮次显现在屏幕上。

2. 试跳完毕、根据主裁判旗示显示试跳成功或失败的符号在屏幕上。

3. 负责将运动员每次试跳情况以及最后成绩输入终端机，比赛结束，将记录员排出的名次再输入终端机加以确认。

（七）管理裁判员

1. 与记录员到赛前控制中心进行检录，准时按既定路线将运动员带入比赛场地。

2. 在比赛场地的运动员席位旁，张贴成绩记录表，及时准确公布运动员的试跳情况。及时通知运动员做好试跳准备。

3. 维持赛场秩序，检查运动员使用标志物是否符合要求，监督运动员不得接受规则禁止的帮助。必要时陪同请假运动员离开比赛场地。

4. 分批带领比赛结束的运动员到赛后控制中心。

（八）激光测量员

负责测量每次试跳的高度。

四、工作细则与方法

（一）赛前工作

1. 主裁判组织全组裁判员学习规则、规程等文件，根据比赛程序、确定裁判分工及职责，详细研究统一裁判方法，制订工作细则。

2. 开列器材物品清单，交场地组做好一切工作准备。全组事先到现场检查场地器材设备、熟悉器材性能和使用方法。发现问题及时向裁判长反映及请求解决，以保证比赛顺利进行。

3. 反复进行现场实习。

4. 拟定天气变化的应急措施。

（二）赛中工作

1. 按照大会要求的时间，全组裁判员提前100分钟到场。按照各自岗位对场地器材、仪器设备进行检查和调试。

2. 记录员和管理裁判员到赛前控制中心进行检录，应注意：

（1）收取运动员参赛证，比赛结束后带至赛后控制中心归还。

（2）检查运动员服装、号码、钉鞋、撑杆、提包等

（3）不允许运动员将盒式录音机、收音机、传呼机、移动电话等通讯电子类似装置带进场内。

3. 管理裁判员和记录裁判员按照规定的时间带运动员进入比赛场地。主裁判宣布比赛注意事项、起跳高度及升高计划。安排运动员丈量步点，每名运动员可以使用大会提供的标志物1~2个。

4. 管理裁判员督促杆高运动员登记前后移动架子立柱的距离，如运动员不登记，则在其试跳时将立柱放在“0”点的位置。

5. 赛前20分钟，由主裁判组织运动员按比赛顺序进行1~2次练习试跳。

6. 赛前5分钟，停止练习。主裁判监督激光测量员丈量第一个试跳高度。记录员登记运动员免跳高度。管理裁判员通知运动员做好准备。

7. 比赛开始，终端操作员将第一位试跳运动员的号码，跳次显示在屏幕上。主裁判面向助跑道，将红旗平举，待一切准备就绪，将红旗放下，时限计时器开始启动，运动员试跳开始。

8. 主裁判根据规则判定运动员试跳成功或失败。成功上举白旗，失败上举红旗。同时记录员和电子显示操作员分别在成绩记录表和屏幕上显示成绩符号（O）或失败符号（×）。

9. 试跳高度超过纪录时，主裁判应请田赛裁判长对横杆高度进行审核，如运动员跳过破纪录的高度，应该由田赛裁判长在成绩登记表上签字确认。

10. 比赛中管理裁判员应维持好赛场的秩序，妥善处理运动员试跳与径赛运动员跑进和其他田赛项目之间的互相干扰。已被淘汰的运动员由管理裁判员分批带到赛后控制中心，发还参赛证。最后3名运动员在比赛全部结束后由管理裁判员一起带至赛后控制中心。

11. 比赛结束时，记录员整理好所记录的成绩、排列名次交主裁判复核，请田赛长、技术官员审核签字，然后将记录表送至编排记录处。

12. 终端操作员将记录员排列好的名次输入计算机内予以确认，并打印一份成绩表交管理裁判员。

（三）赛后工作

1. 每场比赛后，主裁判组织裁判员进行小结，发现问题及时研讨解决的办法，并向田赛裁判长汇报。

2. 主裁判安排下一场裁判员的分工及集合时间。

3. 大会结束后，主裁判安排清理归还所借物品，组织裁判员进行总结，并写成书面材料交田赛裁判长。

五、工作重点、难点及应急预案

（一）工作重点与难点

1. 如何井然有序地组织赛前的丈量步点和练习试跳（根据运动员的人数、水平、器材行的情况，准备3种方案）。

2. 如何与厂家的技术人员沟通，保证高度的升降和架距移动快速、准确，不出故障。

3. 各工作岗位之间的协调配合。

4. 语言交流问题。

5. 整个团队成员对各自工作和他人工作的熟悉与关心，认真执裁，相互补台是杜绝工作失误的重要保证。

6. 赛前对重点运动员的了解、对疑难判罚的认真分析与讨论、对工作细节的提醒是杜绝工作失误的重要途径。

7. 赛前认真、细致、准确地检查核对运动员的撑杆（存放地点、姓名以及数量）。

8. 熟悉电动撑竿跳高架的操作流程。

9. 怎样做到按照国际大赛的标准进行裁判工作？裁判工作井然有序，裁判员举止得体；人员分布合理美观，执裁动作规范准确。

（二）应急预案

1. 裁判组主裁判负责制；各成员要有团队精神，明确分工，统一协调；各行其责，配合默契，有条不紊。

2. 场地始终如一，规范整理。插斗前泡沫垫不能留有缝隙，两立柱下端有保护。

3. 每次升杆后，应检查并拧紧把手螺钉，避免运动员在试跳时出现支架滑落，从而引起裁判工作的被动。

4. 架距登记表应由运动员亲自填写、修改，任何其他人不得替代、干预。

5. 架距调整准确无误，固定牢靠，避免运动员有异议，若运动员在比赛中出现撑竿断裂，应予以重新试跳；

6. 赛前有计划地有序地组织运动员练习。

——技术会确认练习试跳高度？（通常有两个高度）

——根据运动员人数确定检录时间？（技术会提出）

7. 撑竿跳高跳高架移动的速度和准确性以及出现问题的处理方法。

8. 激光测距仪高度丈量的速度、准确性以及稳定性以及出现问题的处理方法。

9. 撑竿跳高与其他项目的冲突。（例如：标枪）

10. 断电后的补救措施。（能否有备用电源）

11. 撑竿跳高及格赛尽量保证两组升杆高度一致。

12. 颁奖仪式升国旗环节如何进行裁判工作？

13. 出现运动员受伤情况的处理：主裁判应冷静及时视情况处理，固定一名裁判员及时到大会医疗处请医生处理，其余裁判不要惊慌，坚守工作岗位。

14. 比赛场地设施的合理布置，防止与比赛无关员的设施（如记者，摄影等）干扰和影响比赛。

15. 保证在大风天气下准确判断，但这种情况应尽可能避免。

16. 赛前负责做好与各裁判组之间的协调工作，包括：赛前控制中心，赛后控制中心，编排记录组，场地器材组，技术组（比赛中所使用的各仪器，器材的技术维护人员）等。

六、所需设备与物品（表3－8）

表3－8　所需设备与物品表

序号	名　称	数量	序号	名　称	数量
1	撑竿跳高海绵包	2套	12	红、白、黄旗	各1面
2	判罚（黄、红）卡	2套	13	50米皮尺	2卷
3	撑竿跳高架	2付	14	秒表	2块
4	撑竿搁架	1付	15	计时钟	2个
5	风标	2个	16	笔	10支
6	助跑标记	若干对	17	带夹书写板	4块
7	田赛成绩公告牌	1～2个	18	扫帚	2把
8	撑竿跳高横杆	若干根	19	镁粉盒	2个
9	裁判桌	3张	20	架距显示牌	1个
10	椅子	14把	21	激光测距仪	1个
11	长凳	4条	22	高度丈量尺和15米钢尺	2个

七、本岗位裁判工作实际案例

在××运动会撑竿跳高项目比赛过程中，运动员在过杆过程中碰到横杆，且横杆离开了横杆托，然而运动员落到落地区后横杆回到横杆托上。当值裁判举红旗，判罚试跳失败，因为在运动员过杆过程中裁判员发现运动员把离开横杆托的横杆用手扶上横杆托，使横杆仍然留在横杆托上，违反《田径竞赛规则》第183条第2款中的规定：试跳时，运动员用手稳定横杆或将横杆放回。

第四节　远跳组裁判工作

远跳组裁判主要负责跳远和三级跳远裁判工作。

一、工作任务与要求

在田赛裁判长领导下，根据运动会竞赛规程和最新《田径竞赛规则》的有关规定，严肃、认真、公正、准确地完成远跳项目比赛的裁判工作。

二、岗位设置与工作位置

（一）岗位设置

1．大型赛事裁判员设置（共 14 +2 人）

（1）裁判长 1 人。

（2）主裁判 2 人（1 人旗示，1 人全面管理）。

（3）电脑记录员 1 人。

（4）人工记录员 1 人。

（5）时限及候赛显示 1 人。

（6）电子/摄像测距员 1 人。

（7）落点裁判员 1 人。

（8）管理裁判员 2 人。

（9）橡皮泥显示板管理 1 人。

（10）平沙机操作员 1 人，辅助操作 1 人。

（11）风速员 1 人（大会委派）。

（12）志愿者 2 人（据需要安排或轮候工作）。

注：根据比赛日程，如有同场比赛（如及格赛或全能比赛等），则需要人力支援，由两个主裁判各带领一个组同时工作。

2．基层赛事裁判员设置（共 9 +2 人）

（1）主裁判 1 人。

（2）记录员 1 人。

（3）监看记录及时限 1 人。

（4）丈量员 1 人。

（5）落点裁判员 1 人（兼丈量）。

（6）管理裁判员 1 人。

（7）橡皮泥显示板管理 1 人。

（8）平沙员 1 人。

（9）风速员 1 人（大会委派）。

（10）志愿者 2 人（据需要协助工作）。

（二）工作位置

1. 大型赛事裁判员工作位置（共14+2人）（图3-31）

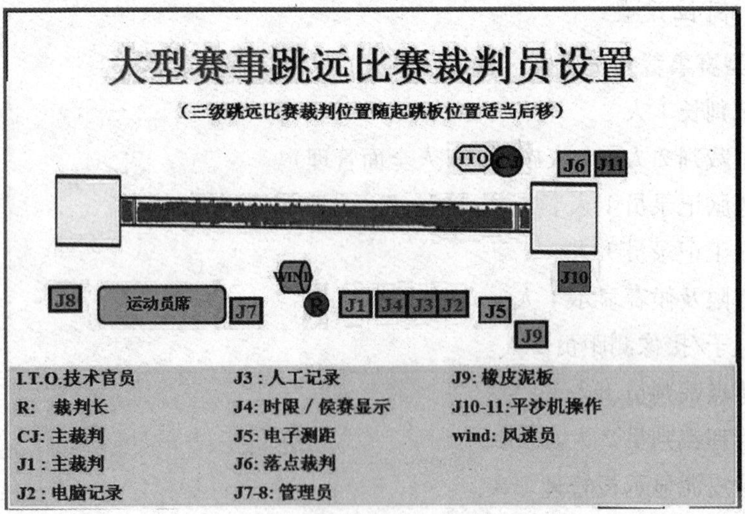

图3-31 大型赛事跳远比赛裁判员位置图

2. 基层赛事裁判员工作位置（共9+2人）（图3-32）

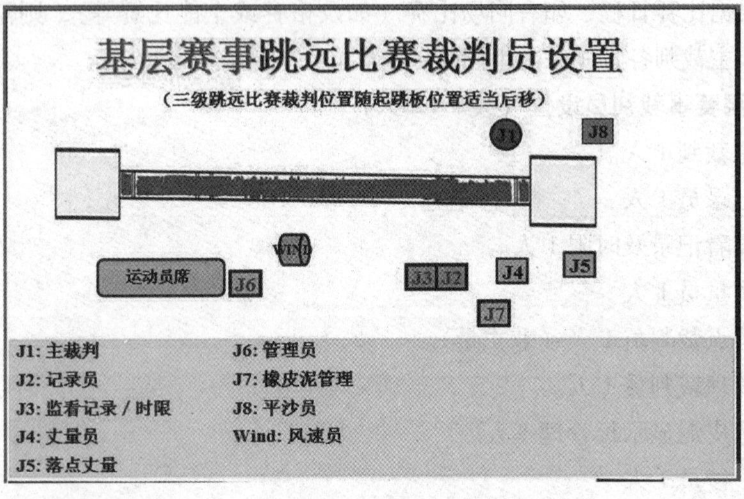

图3-32 基层赛事跳远比赛裁判员位置图

三、岗位职责

（一）主裁判2人（1人旗示，1人全面管理）

1. 全面负责全组工作。确保竞赛规程和《田径竞赛规则》的切实执行，顺利完成远跳比赛的裁判工作。

2. 组织学习规程和《规则》，制订本组裁判工作细则，安排裁判的工作分工，统一裁判方法及流程。向场地器材组提交和确认比赛所需物品清单。

3. 带领全组裁判检查场地、器材及仪器设备，进行实习和联调，熟悉和掌握有关器材、设备的性能及使用方法。

4. 在各比赛单元，带领全组裁判按规定时间做好赛前的一切准备。

5. 按规定时间列队进场，对场地、器材做最后的检查和准备。

6. 接收进场运动员，宣布比赛注意事项，并监控整个练习过程。

7. 按时进行项目及运动员展示。

8. 负责判定运动员试跳的成功与失败。监督成绩的测量，遇破纪录时及时报请田赛裁判长和技术官员审核。

9. 掌控比赛进程，处理运动员请假及比赛中的异议。如不能解决，及时报告田赛裁判长处理。

10. 审核前3轮成绩及新排定的试跳顺序并向运动员宣布。

11. 审核最终成绩、名次并请田赛裁判长和技术官员确认签名。

12. 组织裁判员列队离场。

13. 赛况小结，对下一场比赛做明确安排。

（二）电脑记录员1人（赛前确认是否由设备供应商人员操作）

1. 认真核对由检录带进的成绩单与电脑中名单是否一致。

2. 负责将待试跳运动员的信息按序显示于公告屏，正确接收每名运动员的试跳成绩、风速数据（由测距仪、风速仪自动传送）或标注失败、免跳等情况，并将成绩或失败信息及时传送至成绩公告屏。前三轮比赛结束，及时排定新的试跳顺序并与记录员核对。

3. 比赛结束，及时排定运动员的成绩、名次并与记录员核对。无误后打印成绩单一式两份交主裁判，1份由管理裁判员带交赛后控制中心，1份留存。

（三）人工记录员1人

1. 认真核对由二检带进的参赛运动员的人数、注册证等信息。

2. 准确记录运动员的试跳成绩，包括犯规或免跳符号的记录。每轮试跳完毕与电脑操作员核对成绩及符号。

3. 如有及格赛，应将已达到标准的运动员及时报知管理裁判。

4. 前 3 轮结束后，及时排定新的试跳顺序，与电脑操作员核对无误后交主裁判审核。

5. 全赛结束，与电脑操作员核对无误后签字并交主裁判，经主裁判、田赛裁判长、技术官员签字后将原始成绩单、风速记录单和测距仪校准表一起送交竞赛秘书处（编排记录组）。从电脑终端打印成绩单一式两份，1 份由管理裁判员交赛后控制中心，1 份交主裁判留存。

6. 注意与电脑操作、成绩显示、风速测量的合作配合，确保记录无误。

（四）时限及候赛显示 1 人

1. 负责计取从正式通知运动员试跳到运动员完成试跳的时间。

2. 应使时限显示钟放置在便于运动员观察的位置。从起跳点主裁判撤离“STOP”标志开始计时，时限尚余 15 秒时，举黄旗向运动员示意并提示起跳点主裁判注意。时限到时，黄旗落下。

3. 控制下一名运动员的号码显示（依设备情况可由电脑自动显示）。

（五）电子/摄像测距员 1 人（赛前确认是否由设备供应商人员操作）

1. 负责测量每次成功试跳的远度并发送至记录台电脑。

2. 按规则要求分别于赛前及赛后用钢尺对测距仪进行校准，并记录检测结果。比赛结束后签字，将校准表交主裁判。为确保准确，要求测距员在每轮试跳结束后必须对预置的固定测试点核验仪器一次。

（六）落点裁判员 1 人

1. 准确判定运动员落地的最近点，并协助判断运动员的落地是否犯规。如落地出现犯规应及时向旗示主裁判示意，由主裁判判定是否犯规。

2. 负责成绩的测量。在运动员落地最近点准确放置测距仪反射镜，由测距员测定判读。

3. 指挥平沙操作，确保沙面平整并与起跳板齐平。

4. 赛前、赛后与测距员一起完成测距仪的校准测量。

（七）管理裁判员 2 人

1. 接收二检带入场地的参赛运动员。和记录员一起仔细核对带进的运动员的所有信息无误。

2. 负责场内运动员的管理，维持赛场秩序。包括助跑标志的发放、检查标志的摆放、协助组织赛前练习、监督运动员不得离开比赛场地和接受帮助、陪同请假运动员离场等，确保比赛中运动员的行为符合《田径竞赛规则》的有关规定。

3. 比赛中提醒运动员注意候赛显示屏的提示，督促其作好准备，使比赛更为流畅。

4. 分别带领达到及格标准运动员、前3轮淘汰运动员、后3轮比赛运动员到赛后控制中心。妥善交接运动员的参赛证件，并交名次表1份给赛后控制中心主裁判。

（八）橡皮泥显示板管理1人

1. 负责橡皮泥显示板的准备和出现犯规时的更换和修补工作。

2. 注意操作方法，务必使橡皮泥符合《规则》要求并保持合适的软硬度。

（九）平沙机操作员1人，辅助操作1人（由设备供应商人员操作）

1. 赛前适当时候、赛中每次试跳测量完毕，在落点裁判员的指挥下迅速将沙面平整。

2. 协助落点裁判员判定运动员的落地最近点。

（十）风速员1人

由大会委派。必须能熟练使用机器，熟悉不同项目的风速测定及记录方法。前三轮比赛结束主动到记录台登记新的试跳顺序，比赛结束后签字，将记录单交主裁判。

（十一）志愿者2人（据需要安排或轮候工作）

由主裁判安排各项临时性工作。

四、工作细则与方法

（一）赛前工作

1. 按大会规定和田赛裁判长安排，主裁判全面负责本组裁判工作并制订出工作细则。

2. 集中全组裁判，介绍大会概况及本组的裁判任务，明确比赛项目、时间、场地、参赛人数和运动员水平等情况。据各裁判员的工作经验和能力进行分工，职责到人。对竞赛规程和《田径竞赛规则》的有关条款进行认真学习，明确工作方法，包括组内和组间工作的协调方法。

3. 检查场地器材及仪器设备，确认场地器材符合《田径竞赛规则》的规定。熟悉仪器设备的性能和使用方法。由大会指定公司人员操作仪器时，应与其沟通，使其工作同样符合裁判工作的要求和规范。

4. 进行裁判实习和联调，发现问题及时向有关裁判长报告，并应同时提出可能的解决方案，使问题解决在正式开赛之前。

（二）赛中工作

1. 赛前准备：大赛要求赛前 1.5 小时到场集中，赛前 1 小时列队入场按各自分工认真对场地器材、仪器设备进行检查、准备和调试；准备完成后电子测距员留守已校验准确的测距仪，其他裁判员离场。

2. 裁判员进场：运动员入场前 5 分钟，主裁判组织本组裁判按大会规定路线列队进场。各就位作好赛前最后准备。测距员请技术官员对仪器进行确认检验。

3. 运动员进场：二检的裁判员于赛前 30 分钟将运动员带入比赛场地。

4. 管理裁判接收参赛运动员并确认实到参赛人数，由主裁判向运动员宣布比赛注意事项。

5. 记录员接收由二检带进的成绩单一式 5 份（技术官员、记录员、管理裁判员、风速测量员各 1 份）。

6. 运动员赛前练习：管理裁判分发助跑标志（每人最多 2 个），监控运动员有序进行练习。赛前 20 分钟，主裁判可组织运动员按顺序每人练习 1 ~ 2 次。

7. 介绍运动员：赛前 3 分钟，主裁判组织、管理裁判带领运动员到指定位置，面向主席台列队由大会进行运动员介绍。其他裁判迅速整理比赛场地（如平整沙坑、安放橡皮泥显示板等）。介绍结束，管理裁判督请运动员回到休息席准备比赛。

8. 开始比赛：电脑操作员向电子显示屏发送第一名试跳运动员号码、姓名。一切准备就绪，主裁判移开“STOP”标志，时限员启动倒计时器，比赛正式开始。

9. 运动员每次试跳结束，主裁判据规则判定成功或失败。成功上举白旗，失败上举红旗，旗示停留约 2 ~ 3 秒以使运动员、裁判员以及观众明确可见。随后移放“STOP”标志回起跳板后。

10. 如试跳成功，落点裁判将反射镜准确插在运动员落地的最近点，测距员测定成绩发送至终端电脑，电脑操作员确认后发送至成绩显示屏。如试跳失败则向成绩显示屏发送“×”符号。同时人工记录员记下成绩或符号。检查记录员监看记录员（包括电脑操作员）的记录和操作。

注意：（1）如风速数据不能自动传送至电脑终端，电脑记录员则应人工录入风速数据。(2) 运动员起跳犯规，特别是橡皮泥显示板上仅有少量痕迹时，橡皮泥显示板管理员应稍候，待运动员自行观察犯规情况后再更换（或修补）橡皮泥显示板。若有争议，需保留现场，由裁判长及技术官员参与判决。必要时将橡皮泥显示板保留以利仲裁最终裁决。

11. 成绩测量完毕且无破纪录情况，平沙机（或者平沙裁判员）迅速平整沙面。当运动员成绩超过纪录，主裁判应先确认风速，如符合规则规定，即请田赛裁判长和技术官员对成绩进行审核。

12. 按以上 8 ~ 11 运作顺序和要求继续进行比赛。

13. 前三轮试跳结束，记录员将后三轮试跳运动员名单顺序与电脑操作员核对后交主裁判审核，主裁判向运动员宣布新的试跳顺序。被淘汰运动员由管理裁判带到赛后中心并与之妥善交接运动员及参赛证件（可要求离场运动员将自己的助跑标志归还，以保证赛场的整洁）。

14. 第 6 轮试跳结束，测距员请技术官员对仪器进行最后检验。记录员及时整理好成绩、名次，与电脑操作员核对无误后签字交主裁判。经主裁判、田赛裁判长和技术官员审核签字后和风速记录单、测距仪校准表一起送交竞赛秘书组（编排记录组）。电脑操作员打印成绩单一式两份，1 份由管理裁判交赛后控制中心，1 份交主裁判留存。管理裁判将运动员带至赛后中心，注意将名次表、运动员和参赛证与之一一交接。

15. 比赛结束：在场裁判尽快整理场地器材，列队离场。

16. 赛中其他重要情况处理

(1) 电子测距仪的准确与否直接关系裁判工作的成败，电子测距员既要有高度的责任心，亦要有有效的措施确保仪器的准确测定。测距仪一经安装并校准，测距员即不能离开测距仪器，一旦因故离开，必须对测距仪进行重新校准。比赛时要求测距员在每轮试跳结束后均对预置的固定测试点核验仪器一次。

(2) 跳远场地多位于两直道外侧。管理裁判在有效控制运动员的试跳顺序外，还应特别注意赛场随时变化的情况，如第 8 跑道有比赛的项目、器材的进出、记者、志愿者队伍以及非试跳运动员的穿行，确保比赛的顺利和安全。

(三) 赛后工作

1. 每场比赛结束，进行工作小结，明确安排下一场的裁判工作，主裁判及时向田赛裁判长汇报工作情况。

2. 全赛结束，主裁判写出书面总结，交田赛裁判长。

五、工作重点、难点与应急预案

（一）工作重点与难点

1. 规程和《田径竞赛规则》的学习和准确理解，据比赛特点和裁判员的特长对工作作明确的分工和合理的安排。

2. 和设备提供商的沟通和密切配合。

3. 严格的纪律和积极认真的工作态度。

4. 制订切实有效的应急预案。

（二）应急预案

预案1：运动员在比赛中受伤 。

解决办法：（1）主裁判及时了解运动员的伤情，征求运动员的意见是否需要医务帮助，如需要，则用对讲机或由志愿者跑步前去由通知医务人员到场。（2）对受伤运动员的“帮助”应在符合规则的前提下进行，以免导致取消运动员应有的成绩。

预防措施：（1）明确最近的医务点和联络的方式。（2）加强对赛场各类人员（裁判员、技术人员和媒体记者等）的要求和管理，保证场地的安全有序，特别是在两个场地同时比赛的情况。（3）赛前练习是冲撞的易发阶段，应特别注意练习秩序的控制。

预案2：运动员对判罚结果有异议。

解决办法：（1）保留现场，包括保留现场录像等有关资料。由主裁判根据规则有理有据地对运动员进行解释，必要时请田赛裁判长和技术官员一起处理。例如：运动员对起跳犯规判罚有异议，可让他观察留有痕迹的橡皮泥显示板；对落点插的光标有疑问，可以让他观看落地最近点。（2）如运动员坚持不服，经裁判长同意，可将运动员的成绩测量下来，或让其“在抗议下”继续比赛，以保留其进一步申诉的权利。

预防措施：（1）熟悉和准确理解规程和《田径竞赛规则》的各有关条款。（2）橡皮泥显示板要做得非常标准，符合规则第185条中的要求。（3）属国际比赛，可准备英文版《田径竞赛规则》和竞赛规程。

预案3：电子设备、仪器出现问题。

解决办法 ：（1）即时联系技术人员处理修复。如不能及时修复，则报请田赛长决定，是否采用人工裁判方法保障比赛继续进行。（2）启用预备的设备和器材：包括人工录入、钢尺丈量、人工平沙等。

预防措施：(1) 赛前熟悉仪器设备，了解可能产生的问题、原因和解决方法。对厂方操作人员也要有严格要求，确保技术保障人员在场和联络通畅。(2) 赛前合理安置电源线、网络线，并做好防护措施（如采用电源线保护管，插座防水等）(3) 准备好人工裁判的用具与方法，如：钢尺、电子秒表、人员职责等。(4) 有条件时可多准备一套备用的电子设备。

预案4：比赛中天气突变。

解决办法：确遇天气条件不适合继续比赛（如雷雨、光线不足等），应按大会通知执行。注意只要条件允许，尽可能在一轮比赛后暂停比赛。

预防措施：赛前注意天气预报，事先做好相关的防护工作，如遮阳伞、防雨棚、吸水车或海绵块、抹布、毛巾、透明塑料袋等。

预案5：观众不文明行为或政治事件。

解决办法：如观众在看台扔砸物品或其他骚乱，可及时报告大会由保安或警察处理。

如运动员在赛场展示政治标语、横幅及其他不正当行为，可由裁判长黄牌、甚至红牌警告并将处分结果填入成绩单。严重者报告大会由场地指挥（Marshal）或警察带离赛场。

六、所需设备与物品（A＋B 组同时比赛时 ×2）

红、白、黄旗：各1面。

纪录旗（不同颜色）：2面。

钢尺30米、皮尺50米（公、英尺双面）：各2把。

“STOP”标志墩：1个。

三角显示板：2块。

小羊角锤1个、长短钉子：若干。

起跳线（校准及人工丈量用，3米长）：2条。

橡皮泥显示板：6块。

橡皮泥显示板支架：1个。

橡皮泥刮刀：2把。

橡皮泥（红绿蓝）：各3块。

助跑标志：30对以上（据参赛人数准备）。

夹板及签字笔：6 套。

手提喇叭：1 个。

秒表：1 个。

风标：1 个。

风速起始标志：1 个。

远度标示牌（远、三级）：各 1 套。

沙坑分隔带（10 米长）：2 条。

插钎：2 根。

沙耙、铲子、扫帚：各 2 把。

棉手套：4 对。

透明胶：2 卷。

吸水海绵/抹布：若干。

带支架小白板、笔、擦：1 套。

白板磁吸：8 个。

裁判桌：4 张。

椅子：15 把。

运动员休息席及遮阳/雨棚：2 套（据参赛人数准备）。

裁判席遮阳/雨棚：2 套。

太阳伞（为风速及平沙员准备）：4 把。

由大会配备：电脑及打印机、成绩显示屏、激光或影像测距仪、时限钟、风速仪及显示屏，各 1 套。

七、本岗位裁判工作实际案例

1. 如何录取进入后三次试跳的运动员？

规则 180 通则：除跳高和撑竿跳高外，在其他田赛项目中，如果参赛运动员多于 8 人，则每名运动员均有 3 次试跳（掷）机会，有效成绩最好的前 8 名运动员可再试跳（掷）3 次。当运动员人数只有 8 人或少于 8 人时，每人均有 6 次试跳（掷）机会。

实例：运动员检录后进场 10 人，但其中 2 人助跑后因伤告知主裁判不跳了（成绩单记为免跳），剩余 8 人中的 2 人前 3 次均犯规。请问是这 8 人均有后 3 次机会还是有有效成绩的 6 人才有后 3 次机会？

处理及依据：对“参赛运动员”人数有不同理解及做法。建议免跳的运动员参加试跳 1 次，既可避免弃权的运动员被取消后续比赛资格，也可避免出现录取上的争议。如此，上例应按 10 人参赛录取有成绩的 6 人进入后 3 次试跳。

2. 兼项运动员能这样要求试跳吗?

规则 142 报名：如果一名运动员同时参加一项径赛和一项田赛或多项田赛，有关裁判长可以允许该运动员在某一轮次的比赛中，或在跳高和撑竿跳高的每次试跳中，以不同于赛前抽签排定的顺序进行试跳（掷）。如果该运动员后来在轮到其试跳（掷）时未到，一旦该次试跳（掷）时限已过，将视其该次试跳（掷）为免跳（掷）。

规则 180 通则：比赛顺序和试跳（掷）5. 运动员应按抽签排定的顺序参加比赛。如果运动员没有按照此要求进行比赛，可以按照规则第 125. 5 和 145. 2 给予警告或取消比赛资格。

实例：某运动员因接力兼项在第一轮要求先跳，试跳后运动员并没离开，在第二轮（甚至第三轮）继续要求先跳，能否同意其要求?

处理及依据：裁判员应确认请假运动员的兼项是否已将开始，兼项运动员提前试跳后，即由裁判员或志愿者将其带往兼项的检录地点，其兼项返回后按《规则》142. 3 处理，不应允许运动员任意改变试跳的顺序。

3. 运动员起跳时鞋尖稍越过起跳线，但橡皮泥显示板未见痕迹，能判其犯规吗?

规则 185 跳远：以下情况应判试跳失败：在起跳过程中，无论是助跑后未起跳还是仅做跳跃动作，运动员身体的任何部位触及起跳线以前的地面。

实例：跳远起跳时，运动员的鞋尖稍许越过了起跳线，但橡皮泥显示板未见痕迹。

处理及依据：规则明示运动员不能“触及”起跳线以前的地面，因橡皮泥是软的，“触及”必然会留有痕迹。故在没有痕迹的情况下判其犯规依据不足。

造成此结果的原因大致有二：一是因鞋的头部是圆的，确实没有触及起跳线前的地面；二是橡皮泥显示板没有严格按规则 184. 5 的要求做好，出现该状况多属这种情况造成。裁判员应提高业务水平，严肃认真地做好比赛器材的准备工作。

八、工作流程（图 3－33）

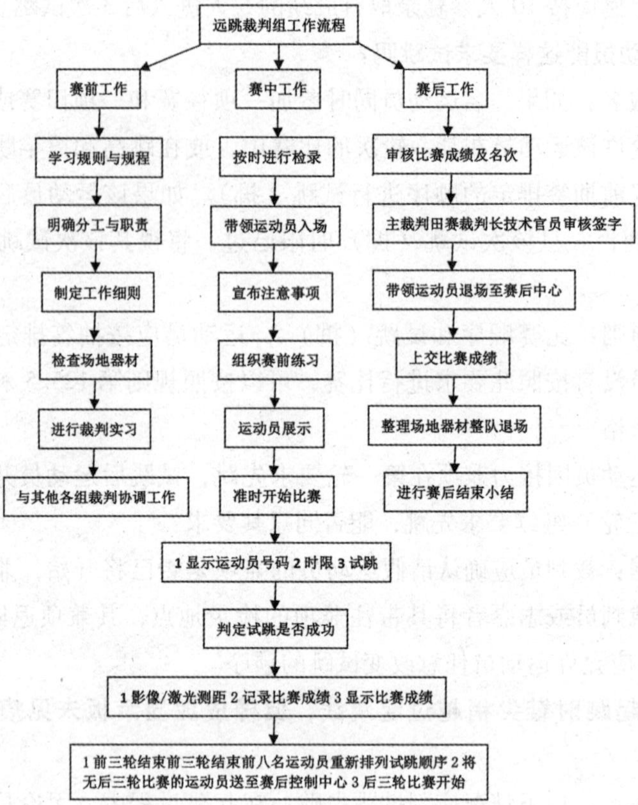

图 3－33　远跳裁判组工作流程图

第五节　投掷组裁判工作

投掷组裁判主要负责铅球、标枪、铁饼和链球的裁判工作。

一、工作任务与要求

投掷裁判工作的主要任务是根据运动会的要求，在田赛裁判长的领导下，由主裁判根据《田径竞赛规则》的相关规定，带领本组裁判员采用适宜的裁判工作方法，各司其职、紧密合作，确保该赛事的铅球、铁饼、标枪、链球等项目的比赛能够按时、公平、准确、安全地完成。

工作要求是遵守规则、公平公正；严肃执裁、认真准确；踏实准备、灵活应变；明确职责、团结协作。

二、岗位设置及工作位置

（一）岗位设置

1. 大型赛事裁判员设置

（1）技术官员：1人。

（2）田赛裁判长：1人。

（3）主裁判：2人。

（4）内场裁判员：1人。

（5）记录员：1人。

（6）电脑终端操作员：1人。

（7）检查记录兼时限员：1人。

（8）运动员管理裁判员：1人。

（9）器材管理裁判员：1人。

（10）激光测距仪操作员：1人。

（11）外场裁判员：2人。

（12）落点裁判员：2人。

2. 基层赛事裁判员设置

（1）主裁判：1人。

（2）内场裁判员：1人。

（3）记录员：1人。

（4）外场裁判员：2人。

（5）成绩丈量员：1人。

（6）落点裁判员：1人。

（二）工作位置（图3－34～图3－36）

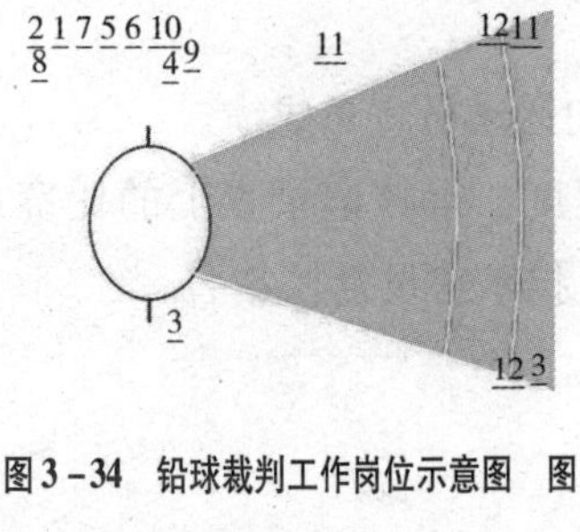

图3－34　铅球裁判工作岗位示意图

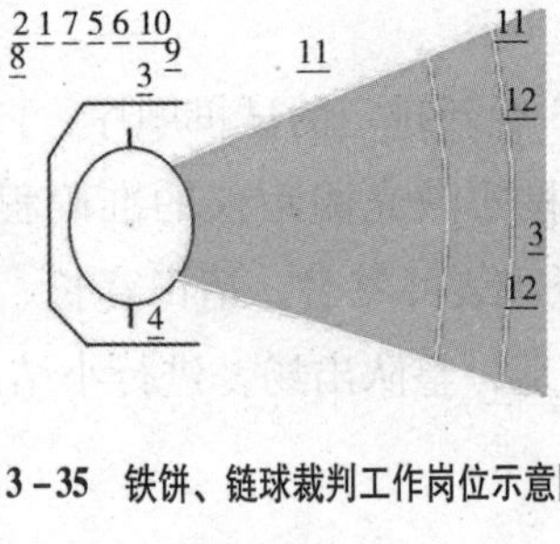

图3－35　铁饼、链球裁判工作岗位示意图

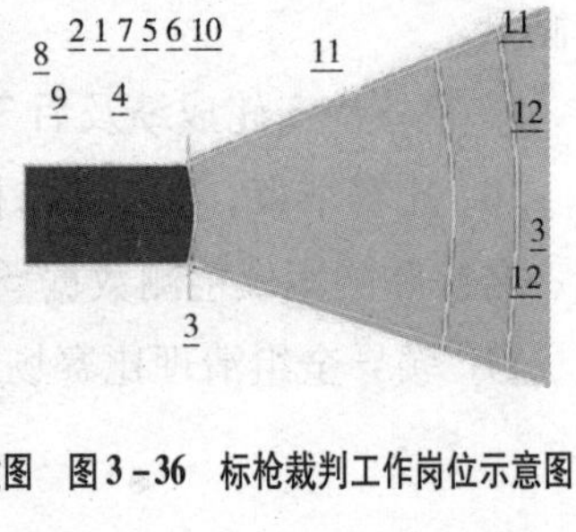

图3－36　标枪裁判工作岗位示意图

三、岗位职责

（一）田赛裁判长

1. 确保比赛正确执行《田径竞赛规则》，处理规则未做明文规定的任何问题。

2. 对赛中及赛后的运动员出现的违纪情况进行判罚。

3. 按照自己的观察根据规则对裁判组做出任何行动和决定。

4. 审核最终比赛成绩并签名，处理任何有争议的问题，监督纪录成绩的测量。

5. 对比赛中的抗议或异议，包括检录过程中的任何问题进行裁决。

6. 对在比赛中违反体育道德或有不当行为的运动员予以警告或取消比赛资格。警告应出示黄牌，取消比赛资格应出示红牌，并填入记录表，交到竞赛秘书处。

7. 在颁奖仪式或仲裁委员会做出可行裁决之前，有权根据确凿证据重新做出裁决。

8. 在出于公平的情况下，有权决定该项比赛无效和重赛。

（二）主裁判

1. 全面领导裁判组工作，合理分配每位裁判员的岗位及任务。

2. 组织全组裁判员学习《田径竞赛规则》、竞赛规程及竞赛须知等。

3. 领导全组裁判员进行赛前岗位培训，检查比赛场地、器材和仪器设备，发现问题及时上报田赛裁判长。

4. 认真组织赛前实习、联调，统一裁判工作方法。

5. 听取技术官员、田赛裁判长的建议和意见，及时改进裁判工作方法。

6. 比赛开始前检查电子仪器运行情况，“三点”核实激光测距仪的准确程度。

7. 接收入场运动员；组织运动员有序练习；与现场指挥沟通现场展示等事宜；开始比赛，掌控整个比赛现场，控制比赛进程、节奏，处理偶发事件，并及时与田赛裁判长沟通。

8. 执裁时严格执行竞赛规则，监督器械落点，判定运动员试掷成功与失败及成绩测量。

9. 审核前3轮成绩及后3轮新排定的试掷顺序，向运动员宣布成绩。

10. 比赛结束，“一点”核实激光测距仪的准确程度，审核记录表上的比赛成绩、名次和测距仪检测数据登记表并签名，请田赛长、技术官员复核签名。

11. 领导全组清理比赛场地，整队出场，进行小结。

（三）内场裁判员

1. 协助主裁判监督运动员试掷犯规情况。

2. 协助器材管理裁判员整理、清洁器材。

3. 比赛结束后与器材管理裁判员整理、清洁器材，准备出场。

4. 链球比赛时根据运动员需要开关活动挡网，以及链球挂网时搬梯子摘取链球。

（四）记录员

1. 与管理裁判员一同做好赛前检录工作，配合检录裁判员检查运动员证件、服装、号码布等；检录结束记录员在前，管理裁判员在后，带运动员入场；注意入场路线、通过赛道的时机；入场后将运动员安排在运动员区域，分发记录表给相关人员。

2. 比赛开始记录、复述运动员比赛成绩或犯规或免掷。

3. 与电脑终端操作员配合，确保记录的信息准确无误，并兼查大屏运动员显示信息。

4. 比赛结束，确认记录无误后签名，并交主裁判、田赛裁判长、技术官员签名后将记录表和测距仪检测数据登记表交竞赛秘书组，然后回组小结。

（五）电脑终端操作员

1. 赛前一起架设测距仪器，连通电脑与仪器，调出该场比赛的数据。

2. 配合激光测距操作员、主裁判、裁判员“三点”检测测距仪的准确度。

3. 比赛开始大屏显示运动员信息，并与激光测距操作员紧密配合，及时录入比赛数据，进行展示，然后显示下一名参赛运动员信息。

4. 与记录员加强沟通，确保记录员准确记录下每名运动员的比赛信息。

5. 比赛结束将比赛信息存档，配合记录员核实记录表上的信息，以及配合激光测距操作员、主裁判、裁判员“一点”核实测距仪的准确度。

6. 整理器材，准备出场。

（六）检查记录兼时限员

1. 监督记录员记录的信息是否有误。

2. 独立记录运动员的比赛信息。

3. 根据大屏显示信息，及时开动时限，还剩 15 秒时持续举黄旗示意。

4. 比赛结束，整理场地，准备出场。

（七）运动员管理裁判员

1. 协同记录员到检录处进行检录，配合检录裁判员检查运动员的比赛用具、随身携带物品是否违反规定，并带运动员入场。

2. 赛中全面管理运动员，维持赛场秩序，监督运动员合理接受技术指导，对不服从管理的运动员提出警告，并向主裁判汇报。

3. 有请假运动员时，将信息报告记录员后陪同离开赛场，并负责将其带回继续比赛。

4. 根据比赛进程，提醒运动员及时做好试掷前的准备工作。

5. 分别带领前3轮被淘汰的运动员和获得名次的运动员到赛后控制中心，将运动员证件交给赛后的裁判员，然后回组小结。

（八）器材管理裁判员

1. 管理场地内的投掷器材，确保在比赛时只有两名运动员手里有器械，并在自己的监控之下。

2. 维持场内秩序和安全，协助运动员管理裁判员提醒运动员及时做好准备。

3. 回收、整理运回的器材，并发放给运动员。

4. 赛后整理器材，准备出场。

（九）激光测距操作员

1. 架设测距仪器，连通电脑终端，检测仪器准确度，准备检测数据登记表，并记录测试数据。

2. 与落点裁判约定沟通办法，并迅速、准确地测量运动员的有效成绩。

3. 排除赛中出现的电子仪器的故障问题。

4. 与电脑终端操作员配合，确保比赛信息被及时、准确地录入并保存。

5. 赛后核实仪器准确度，并记录、签名，整理器材，准备出场。

（十）外场裁判员

1. 协助主裁判用钢尺对激光测距仪器进行检测。

2. 将投出的器械运回内场。

3. 协助落点裁判确认器械的第一落点。

（十一）落点裁判员

1. 快速到达并准确判定运动员试掷器械的第一落点，并判定器械落地是否有效。

2. 在落点的最近点插下激光反射镜，进行成绩测量。

3. 与主裁判和激光测距操作员建立有效沟通，确保外场犯规的及时判罚。

4. 提醒外场所有裁判员注意安全。

5. 组织外场裁判员集队入场和退场。

四、工作细则与方法

（一）赛前工作

1. 田赛裁判长工作

（1）根据大会要求分配各裁判组工作，监督场地器材检查、业务学习。

（2）确定场地、器械符合竞赛规则要求。

（3）处理各裁判组赛前准备工作中遇到的问题。

2. 主裁判工作

（1）根据各裁判员裁判工作经历和业务水平，合理分配裁判员适合的岗位及任务。

（2）组织全组裁判员统一学习各岗位裁判职责和工作方法，普及铅球、铁饼、标枪、链球项目的竞赛规则，强调团结协作的重要性；根据竞赛规程、竞赛须知及大会相关规定安排每场到场时间、集合地点、工作任务；根据每场任务安排，明确各组别器械重量、规格。

（3）领导全组裁判员检查比赛场地（标枪助跑道长度、宽度、投掷弧；投掷圈圆心、直径；护笼位置、牢固程度、开口、高度）及落地区角度线等，根据实际情况提出应注意的事项；到器材室检查器材品牌、重量、规格、重心等是否符合规则要求；检查其他裁判用具是否齐全；检查仪器设备是否正常运转。

（4）根据大会要求认真组织联调，进行各岗位完整的流程实习，发现问题，解决问题。

3. 裁判员工作

（1）认真学习《田径竞赛规则》，记录到场时间、比赛场次和器械要求，明确岗位责任和任务，熟悉工作方法。

（2）学习《田径竞赛规则》上的器械数据，如果没有专门检查器材的仪器，学习利用简易办法进行器材检查，并对合格的比赛器材进行标记。根据竞赛规程检查器材规格、品牌，并确定是否有自备器材，根据器材清单检查其他器材是否齐全。

简易方法：

①学会用游离卡尺检查器械直径、厚度等；

②利用水瓶盖当基座称铅球、链球重量；

③利用夹板找出标枪的重心，用钢尺进行测量等；

④防止链球挂网，将链球钢丝两端接头位置用胶布封死；

⑤投掷区角度线检查的简易方法：利用一把50米皮尺和两支标枪，首先准确找出各投掷场地的圆心，然后利用等腰三角形原理进行检查。铅球、铁饼、链球以投掷圈的圆心为顶点，外场利用标枪形成两边长为10米，底为6米的等腰三角形检查投掷区角度是否准确，铁饼、链球需考虑护笼开口，左右等距；标枪以投掷弧的圆心为顶点，两边长为10米，底为5米的等腰三角形检查投掷区角度，皮尺内沿应经过投掷弧和助跑道形成的夹角内角，外场标志线内沿应在等腰三角形线上。

（二）赛中工作

1. 田赛裁判长

（1）监督整场比赛的各项工作符合《田径竞赛规则》规定。

（2）对比赛中及赛后的运动员出现的违纪情况进行判罚；处理任何有争议的问题，对比赛中的抗议或异议做出判决，决定是否给予运动员重赛；审核最终比赛成绩并签名；监督纪录成绩的测量。

（3）对裁判组的工作提出合理化建议。

2. 主裁判

（1）提前90分钟到指定地点集中，安排任务。

（2）赛前60分钟与场地裁判员交接器材，然后列队出场，布置完场地（链球比赛时须要设置活动挡网关门位置）列队退场。

（3）赛前35分钟再次带队入场，准备比赛接收运动员，裁判员各就各位，组织运动员练习，赛前5分钟停止练习，联系现场指挥介绍运动员。

（4）准时开始比赛。

（5）执裁站位：铅球内场主裁判应站在面向投掷区右侧抵趾板延长线2～3米的位置；标枪内场主裁判应站在面向投掷区右侧投掷弧延长线2～3米，并右横跨一步的位置与投掷弧形成一定的角度；铁饼、链球比赛时应站在护笼外，投掷圈后沿延长线上的位置。

（6）根据竞赛规则对比赛运动员进行执裁。

（7）掌控内场各环节有序地进行工作，兼顾外场情况。

3. 裁判员

（1）内场裁判员应站在主裁判对角位置，协助内场主裁判注视运动员试掷动作的全过程，认真观察运动员是否有犯规情况，按预定方式交流（手势）；协助器材管理裁判员回收器械；链球比赛时根据运动员需要开关活动挡网，当链球挂网不能抖落时应准备梯子，取下链球方能继续比赛。

（2）记录员应根据大会规定的检录时间（一般为 40 分钟）与运动员管理裁判员一起到检录处协助检录裁判员对本场比赛的运动员进行检录（也可规定检录裁判员将运动员直接带入比赛场地），在记录表上标记未到运动员，然后将运动员带入比赛场地，记录下运动员的请假、免投信息，画“—”，并告知电脑终端操作员，并将记录表发放给技术官员、检查记录兼时限员、运动员管理裁判员、器材管理裁判员各一份；比赛开始记录下运动员每次试掷信息，成功者记录下试掷成绩，失败者画“×”；并注意上场运动员与证件是否符合；前三轮结束后根据规则排定运动员决赛名单及后三轮的试掷顺序（倒序），并告知运动员管理裁判员。

（3）电脑终端操作员保证电脑、测距仪、大显示屏连通，工作正常；显示应该上场的运动员信息，并留意运动员胸前号码是否与大屏显示的号码一致；测量每名运动员试掷的有效成绩，并在大屏展示，失败者点击失败标记；前 3 轮结束后与记录员核对运动员信息，确定决赛名单及后 3 轮试掷顺序。

（4）检查记录兼时限员应独立记录运动员的比赛信息，并随时检查记录员记录的信息是否准确；根据大屏显示运动员信息开始计运动员时限，当倒计时还剩 15 秒时，将黄旗举起，并保持，当时间为 0 秒时，大声告知“时限到”，但运动员在 0 秒前已开始做动作则不喊；前 3 轮结束协助记录员将淘汰运动员的证件挑出，交给运动员管理裁判员。

（5）运动员管理裁判员应将运动员管理在合理的范围内，以及留意场外技术指导是否符合规则，是否有物品传入场地，并制止运动员在场内投掷其他物品；当有径赛项目同时进行时应与检查裁判员一起控制好投掷运动员，保证径赛项目顺利进行；督促运动员根据比赛顺序提前做好准备；前三轮结束，将被淘汰的运动员及其证件带到赛后控制中心交给赛后裁判员，比赛结束同样如此（有混合区时要经过混合区）。

（6）器材管理裁判员应管理好场地器材，确保比赛时只有两名运动员手中有器械；协助外场裁判员回收器械，并保证器械完好、洁净；协助运动员管理裁判员管理运动员；比赛结束整理器材，准备退场。

（7）激光测距操作员应确保测距仪与电脑终端连通；能快速准确地测量成绩；与落点裁判员建立有效的沟通方式（手势），告知测量结束。

（8）外场裁判员应确保安全的情况下快速将掷出的器械运回内场；协助落点裁判员看清器械落点；当标枪扎在地上、链球陷在地里时注意取出器械的方法，避免破坏器械的第一落点，标枪应稍用力上抬然后拔出，链球应从侧面用力拉出；熟练掌握运送器材仪器的操作或合理分配区域和体力。

（9）落点裁判员应组织外场所有裁判员列队入场和退场；在确保安全的情况下以最快的速度到达器械落地点，并确定器械触地最近点，将激光反射镜垂直插下，使镜体水平，镜面正对测距仪；在运动员试掷时应留意运动员的技术特点，预判器械飞行方向及投掷的大概距离，做到提前移动；两名落点裁判员应分开前后站位，相距约10米，遇到器械向自己飞来时应左右移动躲避；与激光测距操作员建立沟通、并看到大屏显示成绩及下一名运动员信息后方可拔出反射镜；应先到落点再看主裁判的旗式；负责外场安全。

（三）赛后工作

1. 田赛裁判长

（1）对裁判组的工作提出建议。

（2）解决裁判组遇到的问题。

（3）接收投掷组赛事总结，并上交赛事主管。

2. 主裁判

（1）检查、清理场地器材情况，整队出场，与器材室交接比赛器材。

（2）召集组员进行本场小结，发现问题及时上报田赛裁判长。

（3）安排下场比赛任务，提示注意事项。

（4）大会结束后向田赛长提交赛事总结。

3. 裁判员

（1）检查、清理场地器材，准备出场。

（2）对各自岗位工作情况进行小结。

（3）记录下场赛事注意事项，熟悉规则。

五、工作重点、难点及应急预案

（一）工作重点与难点

1. 根据规则规定，标枪在落地时枪尖应先于标枪的其他部位触地，成绩方为有效。因此，外场主裁判、落点裁判员应快速、准确地判断出标枪落地是否有效。所以应熟悉规则，认真进行场地实习，合理选择站位。

2. 铁饼落地多数会快速滑走，落点不够清晰，所以要求落点裁判员能够预判器械落点，做到饼落人到。因此应安排有经验、精力充沛、行动迅速的裁判员。

3. 标枪运动员在做出手后的缓冲动作时，易发生触及投掷弧的犯规现象。所以主裁判在运动员进行试掷时，应自始至终注视运动员的肢体，不应过早观察标枪的飞行和外场情况，以免发生错判、漏判。

4. 运动员旋转投掷的开始阶段（以右手为例），右脚摆动时易触及铁圈上沿或圈外地面。在投掷结束缓冲转动、换腿时也容易触及投掷圈上沿或抵趾板上沿。因此在进行裁判工作时，主裁判应选择合适的位置，注意力集中，当运动员按规则走出圈后再将身体转向外场，并让内场裁判员在对面形成交叉观察，注意运动员比赛时两脚的动作。

5. 内外场的协调配合，比赛中内场犯规，外场器械落地没有犯规时，落点裁判员应快速到达落点，并准确判定器械首次触地点，插上标签做好标记，当看到大屏显示下一名运动员信息时方可离开。以防止运动员对试掷失败的判罚立即作出口头抗议，确保裁判长下令测量并记录该次试掷的成绩时有点可循。

6. 每次试掷结束，外场落点裁判员一定要看到显示屏显示了本次测量的成绩及下一名运动员信息后，方能移动反光镜离开落点。

7. 当器械落点与落地区远度标志线边线有接触时，应谨慎判断首次触地点是否在线内。

8. 当运动员已合法触及圈外地面后，再次折回制造犯规时，仍须测量此次试掷成绩并记录下来。

9. 链球比赛时外场裁判员可等器械落地后迅速到达，并要时刻注意链球链的活动范围。

（二）应急预案

预案 1：投掷项目在天气突然下雨的情况应做的准备。

解决办法：大会应事先准备雨衣、毛巾，及时分发给有需要的裁判员和各裁判组；裁判员应用防雨罩保护好工作所用仪器设备，并将器械、镁粉盒罩起，尽量保持有干爽的毛巾；下雨会导致落地区松软，铅球会砸入土里，所以应事先准备撬棍一类的工具，用于取出铅球；下雨落地区草地容易打滑，所以应采用碎步跑，并牺牲自己的鞋子被湿透；长投项目比赛时需要观察器械，雨会眯眼，所以要特别注意安全，可采用戴太阳帽减少雨水的影响；当投掷圈因雨打滑时，可征求运动员同意，将圈内加满水减少打滑。

预案 2：当停电、激光测距仪或电脑终端出现故障时应做的准备。

解决办法：内场裁判员与一名落点裁判员取钢尺对运动员试掷成绩进行丈量；主裁判进行读数；记录员准确记录并复述成绩，并与运动员管理裁判员配合对运动员进行叫号试掷；检查记录兼时限员用备用秒表计时限。

预案 3：当运动员进行投诉时应做的准备。

解决办法：运动员现场对内场犯规进行投诉时，确保外场第一落点清晰、准确，然后向田赛裁判长汇报，并请内场裁判员一起说明犯规情况，若有比赛录像，田赛裁判长观看录像。田赛裁判长有权决定是否重新投掷、丈量成绩或犯规，判决后继续后续比赛；赛后运动员投诉，应到仲裁委员会，并根据规定上缴申诉费用，由仲裁们根据录像或田赛裁判长、主裁判的叙述判定投诉结果。

预案 4：当运动员打破纪录时应做的准备。

解决方法：首先记录员、电脑终端操作员要清楚每场比赛的纪录；其次在外场落地区标志线外设立纪录旗，落点裁判员要清楚纪录距离；当运动员破纪录时记录员要立即告知主裁判，电脑终端操作员不在大屏上显示成绩，外场落点裁判员应使激光反射镜保留在落点上，然后主裁判告知田赛裁判长，并安排内场裁判员与一名落点裁判员取钢尺，对纪录成绩进行丈量，田赛裁判长检查落点后到内场读数，确认后方可继续比赛。

预案 5：当出现意外伤害事件时应做的准备。

解决办法：首先每位裁判应清楚大会医疗点。当运动员和裁判员出现意外伤害后，如果能够活动可由运动员管理裁判员协助到医疗点治疗；若出现较重伤害后，主裁判要保持冷静，第一时间安排裁判员到医疗点请医护人员，并通知田赛裁判长，然后避免围观，做好伤者的保暖，并进行适当的询问，了解受伤情况，便于医护人员到来后及时处理。处理完后，裁判员各就各位继续比赛。

六、所需设备与物品

铅球、铁饼、标枪、链球每组均需准备如下器材，特殊的直接标明，桌、椅、太阳伞根据运动员和裁判员人数确定。

1. 红旗 2 面，白旗 1 面，黄旗 1 面，纪录旗 2 面。
2. 铅球 30 米钢尺，铁饼、标枪、链球 50 米皮尺和 100 米钢尺各 1 把。
3. 手套 8 副及剪刀、扫把、拖把、抹布、水桶、棕垫等各 1 个。

4. 钢钎 1 ~ 2 根。

5. 记录桌长度应能坐下 5 ~ 6 人，技术官员席位。

6. 运动员休息用长凳，太阳伞。

7. 记录用笔、纸、刀、尺、防雨罩。

8. 符合比赛要求的不同品牌的比赛器械。

9. 标枪的标志物 20 组，铁饼、标枪风标各一个。

10. 放置器械的架子 1 个，比赛用镁粉盒和镁粉。

11. 秒表 1 块（备用）。

12. 暂停标志。

13. 电脑终端、显示屏、时限钟、测距仪、激光反射镜。

14. 大会提供用水。

七、本岗位裁判工作实际案例

在 1928 年的阿姆斯特丹奥运会上，参加男子铁饼比赛的法国选手诺埃尔在第 4 次试投时，铁饼飞到 50 米开外，大有夺取金牌和打破世界纪录的希望。可就在这时，撑竿跳高场地上有人打破了世界纪录，一阵欢呼声将外场裁判员们的注意力全部吸引了过去，导致谁也没有看清诺埃尔本次试掷的落点。最后，裁判们商量决定，让诺埃尔重投一次。但这次诺埃尔只投出了 47. 74 米，位列第 4 名。铁饼裁判员的集体“旷工”，使得法国人与金牌擦肩而过。

根据《田径竞赛规则》规定，裁判长有权根据公平的原则给予运动员重新试掷判决，本案例在裁判员失误之后的处理方面没有问题，问题所在是裁判组在赛前准备上不够充分，忽视了奥运场上会精彩不断，应充分考虑其他因素的影响，强调团结协作，做好应急预案，互相配合和提醒，而且主裁判在比赛中缺乏整体掌控能力，应时刻兼顾到外场裁判员注意力的专注度，控制比赛节奏。

第四章　赛后控制中心工作

一、工作任务与要求

主要任务是引导结束比赛的运动员有序退场；运送运动员服装；归还运动员衣物、身份卡及个人物品；引导获奖运动员到发奖室；协助兴奋剂检查站、新闻中心做好运动员的管理工作。

二、岗位设置与工作位置

赛后控制中心分终点管理组、物品归还组、协调组衣物运送组和服务管理组5个小组进行工作。裁判员10人，志愿者100人。

(一) 主裁判4人

负责赛后控制中心的全面工作。赛前妥善安排各项工作、落实裁判员的分工、检查设施及所需要的有关器材和物品。负责与有关裁判组、发奖组、兴奋剂检查站、新闻中心、医务站、指挥中心等有关方面联系、协调工作。维持好工作的秩序，及时解决有关问题。

主裁判A负责全面工作；主裁判B分管物品归还组和终点管理组；主裁判C协调组和服务组；主裁判D分管衣物运送组。

(二) 终点管理组1人，4名志愿者

引导和召集比赛完毕的径赛运动员离开终点区域，进入赛后控制中心。

(三) 物品归还组裁判员1人，9名志愿者

负责接收、保管由检录处和起点送来的运动员物品、服装等。比赛后按运动员号码准确无误地归还。

(四) 协调组1人，8名志愿者

召集和控制参加发奖及需要接受兴奋剂检查的运动员，并在适当时间把他们带到发奖室，配合兴奋剂检查人员进行工作。根据新闻中心的要求，合理安排运动员接受采访。疏导无关运动员及时离开赛后控制中心退出场外。

(五) 衣物运送组　裁判员1人，68名志愿者

根据主裁判安排，负责准备器材，整理场地，维持中心秩序，提取饮料、饮水等，协助各组工作。

(六) 服务管理组，志愿者11人

根据主裁判安排，负责准备器材，整理场地，维持中心秩序，提取饮料、饮水等，协助各组工作，引导运动员上看台及外场。

三、工作细则与方法

(一) 工作流程

物品归还组接收、保管由赛前控制中心和径赛起点送来的运动员物品、服装等；

终点管理组引导和召集比赛完毕的径赛运动员离开终点区域，进入赛后控制中心；物品归还组赛后按运动员号码准确无误地归还物品；协调组召集和控制参加发奖的运动员在规定的时间把他们带到发奖室。发奖后将运动员带到新闻中心接受采访协调组要与兴奋剂检查密切配合，办理好需要兴奋剂检查运动员的交接手续。整个比赛结束后，服务管理组整理卫生。

（二）工作方法

1. 赛前工作

（1）主裁判领导全组人员学习竞赛规程、规则，了解并掌握竞程情况。根据日程及各项参赛人数，估算各项比赛结束时间能同时进入赛后控制中心的运动员人数，以便制订出疏导运的合理方案。

（2）主裁判领导各小组制订工作细则，按细则要求分组实习。物品归还组设计和练习如何使物品保管既整齐又便于准确及时归还；终点管理组研究如何有礼貌地召集到达终点的运动员离开赛场，进入赛后控制中心；协调组应事先查阅运动员的成绩水平，熟记优秀运动员的特征，以利迅速辨认等。

（3）确定全组进出场的路线，自然、整齐成一路纵队或二路纵退场。一名主裁判在前，另一名主裁判在后（主裁判）。

（4）每单元比赛前，应检查“中心”的设施、用具、饮料等是否齐是否充足和符合要求。主裁判应将本单元的情况向各组裁判通报，明确分工，指出工作重点，要有应付突发事件的思想预案（主裁判）。主裁判负责与场地器材组联系，落实赛后控制中心所需场地设施、器材用品等。

（5）“赛后控制中心”附近应张贴中英文的标记，如路标（入口、出口）、赛后中心物品归还处、男女休息室、饮水处、座位上贴名次号或道等标志（主裁判）。

（6）主裁判负责了解和熟悉其他有关裁判组及赛前控制中心、编排记录公告组、现场指挥中心、医务站、兴奋剂检查站、发奖组、新闻中心等所在位置，便于联系工作。

（7）与各有关裁判组研究相互协调、配合的方法。

①与检录、发令、田赛项目的管理裁判员、全能项目管理裁判员联系，落实运动员物品的交接方法（物品归还组）。确定运动员的退场和交接方法 。

②竞赛秘书组联系，了解各参赛队运动员的成绩水平。落实决赛后，竞赛秘书组传送发奖公告单的方法（协调组）。利用局域网传递，终端打印。

③与发奖组联系，确定交接参加发奖仪式运动员的方法（协调组）。

④与兴奋剂检查站联系，落实需接受兴奋剂检查的运动员交接（协调组）。

⑤与医务站联系，商定在赛后控制中心运动员出现伤病时的处理方法（协调组）。

⑥与大会有关部门联系，解决饮料或饮水供应及提取办法（服务组）。

2. 赛中工作

（1）衣物运送组按出场计划，提前20分到达起点，准备接受运动员衣物。一次出发两组，以免起点人员太多。衣物接受完后，按规定路线，返回赛后控制中心。

衣物运送组注意事项：①接收助理发令员交给的运动员参赛卡时，注意核对；②注意观察运动员的衣服是否放错筐，长距离比赛和4×400接力时尤为注意；③进场或返回途中，留意赛场情况，以免影响比赛。

（2）比赛开始后，物品归还组在“中心”接受由检录裁判员和起点裁判员（或服务员）送来的个人物品或运动服、鞋等，按道次顺序摆好，并与当日秩序册核对如发现问题及时处理，并办理物品或服装交接手续。对于检录处送来的个人物品，要严格履行签收手续，以免出错（物品归还组）。

注意事项：①衣物筐按道次号或顺序号依次摆放好；②分道跑和部分分道跑的项目横向摆放，不分道项目纵向摆放；③交接服装参赛卡时要核对人数，检录处送来物品交接时履行交接手续。

（3）终点管理组应位于终点前外侧，当运动员到达终点后，有礼貌地召集运动员进入赛后控制中心。如果是长距离比赛，可让运动员在控制中心外的场地外侧一带休息，待运动员基本调整呼吸后再引导其进入控制中心。

注意事项：①长距离比赛，不要急于督促运动员入赛后控制中心，让其少调整呼吸后，再有礼貌地引导其进入赛后控制中心；②4×100米接力比赛，三个接力区分别派1名裁判员前去引导运动员，自然成一路纵队，带至赛后控制中心。（终点管理组）；③如遇获胜运动员，绕场慢跑庆祝胜利，一名裁判在合适位置和距离跟随，适当时机，引导其返回赛后控制中心；④运动员通过混合区，不要急于督促其返回，要留一定的记者采访时间。

（4）运动员比赛后，凭道次号或顺序号码布（长距离项目），领取个人物品、衣物、鞋等。对决赛以外赛次的运动员，由裁判员核对运动员物品、衣服、鞋等后，引导他们离开赛后控制中心即可（物品归还组）。在此过程中，会有以下几种情况：

①引领发奖。每个项目决赛运动员回来后，注意控制前3名运动员。待公成绩后，依据成绩公告表（此表由终点终端机输出），由协调员获奖运动员到颁奖处，

并办理交接手续。如遇每单元最后一项决赛，颁奖安排下一单元时，应根据大会的时间，通知相关运动员返回赛后控制中心的时间，到时由赛后裁判引导其去颁奖处。

②兴奋剂检查。如有运动员需要兴奋药剂检查，协调员应与兴奋剂检查人员配合，按其要求进行工作，待运动员签字后，把参赛卡交给兴奋剂检查人员，由其把运动员带走（如何通知陪检人员。做法：通知信息中心，由其通知参赛国）。

③新闻发布会。由协调员按时间要求，引领相关员去新闻发布会。

④颁奖与兴奋剂检查同时（常见），先办理兴奋剂检查签字手续，协调员与兴奋剂检查人员一同带领运动员到颁奖处，颁奖完，由兴奋剂检查带领相关运动员到兴奋剂检测中心。

⑤颁奖、兴奋剂检查、新闻发布会三者同时。先办理兴奋剂签字手续，再根据时间安排，协调员与兴奋剂检查人带领，或先去颁奖，或先开新闻发布会。

（5）田赛项目比赛结束后，由田赛有关项目管理裁判员将运动员赛后控制中心，处理方法同径赛（终点管理组）。

注意事项：①高度项目，如 12 人决赛，几个高度以后淘汰 6 人，带到赛后，而兴奋剂检查又要在前 8 名运动员中，随机抽取运动员进行检查。这就意味着这 6 名运动员要等到剩下的 6 名运动员比赛完之后，才能离开赛后，往往时间很长，运动员容易急躁。可以先派一名裁判员，去比赛现场去问哪两名运动员在前 8 名之内。然后，可以放走其他 4 名运动员，以减少工作压力。建议高度管理裁判带淘汰下来运动员到赛后的同时，要说明某某号、某某号是在前 8 名之内，并附有文字的确认材料，确保工作更严谨。

（6）全能项目比赛注意事项：①径赛项目工作方法同单项径赛；②田赛项目比赛完后，由全能裁判员带领运动员回全能裁判运动员休息室；③最后一项比赛完后，所有运动员要带赛会后控制中心。

（7）凡参加完发奖仪式，或兴奋剂检查采集完尿样，或被采访运动员，均要及时疏散出赛后控制中心或场地（协调组）。

（8）比赛中，如发现问题应及时解决。

3. 赛后工作

（1）每单元结束后，应认真小结，并研究落实下一单元的工作裁判。

（2）清点整理中心内的设施、用具等，关好门窗，对饮料、饮水加保管，不得出现任何漏洞，以防意外（服务管理组）。

（3）全部比赛结束后，主裁判写出工作总结呈交副总裁判长。

（4）清点归还所借用物品及器材（服务管理组）。

第五章　全能项目裁判工作

一、工作任务与要求

在全能裁判长的带领下，以高度的责任感，根据《田径竞赛规则》和运动会比赛竞赛规程的有关条款之规定，严肃认真、准确无误、井然有序地完成全能项目的裁判工作。

二、岗位设置及工作位置

（一）岗位设置

（1）全能裁判长：2 人。

（2）管理裁判员：2 人。

（3）成绩统计裁判员：1 人。

（4）服务员：1 人。

（5）志愿者：2 人。

（二）工作位置

径赛在赛后控制中心附近，田赛在该项目比赛的记录台附近和运动员休息处附近。

三、岗位职责

（一）全能裁判长

1. 领导全能裁判组工作，与各有关裁判组密切配合。

2. 根据竞赛日程所规定的各项比赛时间，与各裁判组联系准时开始比赛，并提请注意按照全能比赛的有关规定进行。在可能情况下，应保证运动员在各单项之间的休息不少于 30 分钟。

3. 如有运动员因故临场弃权，应及时通知有关裁判组。单项之间休息时间不足 30 分钟时，应及时与编排记录组联系，进行必要的调整。

（二）管理裁判员

1. 协助赛前控制中心进行全能比赛每天第一个项目的检录工作，后继项目在比赛前直接负责检录。带领运动员到比赛场地，并将运动员交给有关裁判组的主裁判。

2. 在各项比赛的间歇时间，带领运动员到休息室休息，并始终伴随运动员进行管理。休息期间经裁判长同意，运动员可以暂时离开休息室，但必须在下一项检录前返回。

3. 所有全能项目比赛结束后，负责将运动员带到赛后控制中心。

（三）成绩统计裁判员

1. 每一单项比赛结束后，及时收取经有关项目主裁判签字的成绩记录表，迅速查出每名运动员的单项得分，并统计其累积分，交裁判长审核后，及时向运动员宣布。

2. 在全能倒数第二个项目比赛完后，应及时统计出前几项所有运动员累积分的排名顺序，并及时与技术代表和编排记录公告处联系，以确定组次、抽签排定道次，交管理员裁判员进行最后一项的检录工作。

3. 全能所有项目比赛结束后，认真核对所有成绩排列名次，填写成绩报告表，交全能裁判长审核签字，然后送编排记录公告组和宣告员。

四、工作细则与方法

（一）赛前工作

1. 全能裁判长宣布分工与职责，组织学习有关文件、竞赛规程和规则有关部分。了解全能比赛的竞赛日程，熟悉并掌握全能比赛的有关规定，裁判方法和全能运动评分表的用法及评定名次的办法等。

2. 提交比赛用品清单。落实和检查全能运动员休息室及有关设施。了解赛前、赛后控制中心的位置。

3. 与编排、赛前控制中心、径赛、田赛各有关裁判组商定联系与配合的具体方法。如确定需用表格的格式，填写方法等；与赛前控制中心配合如何做好每天第一项的检录工作；在了解并掌握运动员实际水平的前提下，与跳部高度组裁判员共同拟定全能跳高与撑竿跳高的起跳高度方案等。

4. 明确检录的时间、地点、比赛场地出入场路线及场内工作位置等。制订全能比赛各单项检录时间表并在赛前控制中心和全能运动员休息处张贴。（表3－9、表3－10）

表 3－9　女子七项全能比赛检录时间表

日期	第一天（　月　日）				第二天（　月　日）		
单元	上午		下午		上午		下午
项目	100 米栏	跳高	铅球	200 米	跳远	标枪	800 米
检录时间							
比赛时间							

表 3－10　男子十项全能比赛检录时间表

日期	第一天（　月　日）					第二天（　月　日）				
单元	上午			下午		上午			下午	
项目	100 米栏	跳远	铅球	跳高	400 米	110 米栏	铁饼	撑竿跳高	标枪	1500 米
检录时间										
比赛时间										

（二）赛中工作

1. 全组人员应于每天全能比赛检录之前 30 分钟到达赛前控制中心，由一名管理裁判员协助进行检录。除了进行常规检录检查工作外，还应向运动员通告全能项目比赛秩序，比赛中应注意的事项。通常包括比赛中的安全、比赛中不能随意离开比赛场地，上厕所请假有一名管理裁判员陪同，下一项比赛检录时间与地点，以及有关全能项目比赛的规则等，后继项目由全能裁判组管理裁判员检录。

2. 径赛项目检录表应一式 6 份（起点、终点、检查、宣告、发奖、存查各一份），应核对卡片与检录表上的组别、道次是否相符。

3. 根据不同项目时间要求，由管理裁判员带领运动员（全能裁判员亦列队入场）到比赛场地后，将运动员和成绩记录表、检录表交有关裁判组主裁判准备进行比赛（径赛须把检录表同时送起点、终点、检查、宣告各有关主裁判一份）。比赛后领取有关项目主裁判签字的成绩记录表、全能成绩记录表。有风速要求的项目，还须取回风速记录表，附在成绩登记表上。待根据全能运动评分表查分和计算出各单项得分及累积分后，在下一项比赛检录前向运动员宣布，同时将全能成绩记录表送往编排记录公告处进行登记核实后取回，待下一项比赛再用。

4. 第一项比赛后，由管理裁判员将运动员带到休息室休息。如果下一项检录时间已到，则可把运动员直接带到该项目比赛场地，就地进行检录。

5. 掌握好每个单项比赛之间的休息时间。

6. 全能比赛最后一项的分组编排（女子七项800米、男子十项1500米）应将倒数第二项比赛后累积分领先的运动员分在一组。由技术代表和编排记录公告组抽签排定组次或顺序后，及时填写检录表并进行公告。

7. 全能项目比赛结束后，要认真核对所有成绩、得分、累积分，并排出名次，经与编排记录公告组核对无误后，填写好成绩报告表，再经全能裁判长签字后，送编排记录公告组和宣告员、赛后控制中心各一份（注：全能各单项成绩技术官员已签字，故总成绩技术官员不再签字）。

8. 管理裁判员将运动员带至赛后控制中心交主裁判。

9. 男子十项中的撑竿跳高比赛，往往持续时间比较长，特别是在烈日下和雨天中进行比赛时，更要协助撑竿跳高裁判组做好组织工作。

（三）赛后工作

1. 每单元比赛完后应进行小结。全部比赛完后应进行全组工作总结，并写出书面材料交副总裁判长。

2. 归还所有裁判用具。清理各种手续。

五、工作重点、难点及应急预案

1. 全能项目在比赛中既是独立的单项，又是与各个裁判组有着不可分割紧密相连的项目，包含有男子全能4个径赛项目、3个跳跃项目、3个投掷项目。女子全能3个径赛项目、2个跳跃项目、2个投掷项目，比赛中均由上述三大项目裁判组直接执裁，与各个裁判组保持协调顺畅有序的工作程序是至关重要的，每一项比赛结束及与下一项比赛的连接均应有时间表，连接方式，联系人等。要主动联系制订行动预案。赛前检录时间、地点、程序内场等。

2. 与赛后联系发奖（兴奋剂检测）时间表、程序、通道等。

3. 与电视转播、新闻记者联系如何配合转播、采访时间、地点等。

4. 如果参赛运动员人数较多，午饭应有运动员所在奥运村准备，考虑来自世界各地的运动员生活习惯，要赛前了解清楚有哪些关部门准备，确定送饭车时间、停靠地点，领取人或送饭人。做到有序、不乱，不影响比赛且让运动员吃好，吃饱。

5. 送饭时间，吃饭时间、地点要根据运动员比赛项目进行的情况及时、灵活地做出决定，让参赛运动员吃好。饭后垃圾的处理方式、落实方式、人员等。

6. 下雨天比赛进程，大雷电风雨防范措施。

7. 男子十项中的撑竿跳高比赛，往往持续时间比较长，特别是在烈日下和雨天中进行比赛时，更要协助撑竿跳高裁判组做好组织工作。

8. 比赛中受伤运动员的处置，怎样与大会医务人员或部门联系，联系渠道，运送运动员通道等要有预案。

9. 应在赛前大会报名截止后了解参赛运动员的运动水平，各单项水平，以便在各单项比赛中掌握比赛进度和时间，对号入座，及时与下一个比赛项目裁判组取得联系，做好比赛准备。

10. 场内如发生意外时间有变，比赛、发奖升国旗等需加快或拖后比赛时间、进度等应用应急预案。

11. 了解运动会全能项目的详细情况，评分方法。

12. 检查通讯设备，是否保持与各个裁判组的联系畅通。

六、所需设备与物品（表3－11）

表3－11　所需设备与物品表

序号	名　称	数量	序号	名　称	数量
1	运动员休息室桌子	2张	10	鞋钉检查器	1个
2	按摩床	2张	11	针线包	1个
3	垫子和椅子	若干	12	笔	10支
4	饮料、饮水和用具	若干	13	全能成绩记录表	若干
5	裁判员用折叠椅	4把	14	检录表	若干
6	计算器	1个	15	复写纸	若干
7	记录夹板	2块	16	回形针	若干
8	全能运动评分表	1本	17	铅笔	若干
9	卡尺	1把	18	橡皮	若干

第六章　外场裁判工作

第一节　外场裁判长工作

一、工作任务与要求

领导主裁判和全体外场裁判员。组织和实施外场比赛项目的全部业务活动。要求外场裁判长直接对总裁判长（赛事主管）或分工负责外场的副总裁判长（赛事主管助理）负责，协调各方面的工作关系。

二、岗位设置及工作位置

（一）岗位设置

外场裁判长可设 1～2 人，裁判员由总裁判长根据需要从内场裁判员中调配。

（二）工作位置

外场裁判长要进行合理分工，选好路线上的工作范围，既便于观察全局，又在可能出现问题的地方如 5 公里、10 公里分段计时站、转折点或道路狭窄、有坡度等工作难度较大的地方，及时发现问题和解决问题。

三、岗位职责

1．保证比赛完全符合国际田联规则和竞赛规程提出的要求。组织主裁判和全体裁判员的学习。

2．处理主裁判提出的需要解决的问题。遇有重大事项与疑难问题，因向总裁判长报告。

3．组织主裁判和有关裁判员检查线路上的各项设施。

4．审核成绩单，并在成绩单上签字。

5．协调好场内、外各环节的裁判工作。

6．做好赛后总结工作。

四、工作细则与方法

（一）赛前工作

1．参加总裁判长召开的裁判长会，熟悉比赛规程、项目设置、组别、参赛人数、运动成绩、场地器材情况、裁判人数和水平等。

2．组织外场裁判员学习《田径竞赛规则》、技术手册和裁判工作手册，确定各项目裁判组的工作方法。

3．领导各项目裁判组检查各自的路线、器材和设备，准备好所需用具和物品。

4．向总裁判长提供需要在技术会议上宣布的事项的书面报告，并随总裁判长参加技术会议。

5．做好应急处置的准备，尤其在车辆和救护方面不能疏忽。

6．做好运动员饮料检查和供应工作。

（二）赛中工作

1. 领导各裁判组做好临赛前的准备工作。

2. 保证各项比赛按日程规定时间开始，掌握比赛进程，保持和主裁判的联络。

3. 发现运动员犯规时，应根据主裁判的报告迅速核实犯规情况并作出处理决定。若不能解决，应签署意见及时报请总裁判长解决。

4. 当收到运动员本人或其代表的口头抗议时，应立即向总裁判长报告。

5. 审核成绩单，并签字。

（三）赛后工作

1. 检查各裁判组返回和交还器材的情况。

2. 进行裁判组工作总结，并写出书面报告交总裁判长。

五、协调与配合

1. 与场地器材裁判组协调；按规则要求落实比赛器材设施、场地布置和路线丈量等工作。

2. 与车辆管理部门配合；统一指挥调动车辆，了解车辆分配计划，保证赛事顺利进行。

3. 与大会安全保卫部门协调；了解比赛当日交通管制计划和比赛路线上的保卫措施，并给予积极配合。

4. 掌握比赛当日气象情况，如气温、风向、风速、湿度、气压等，在大会进行中每小时公布一次。

5. 与内场检录、赛后控制中心裁判组、发令组、计时裁判组、终点裁判组、终点摄影计时裁判组以及竞赛秘书组做好协调配合工作。

6. 与通讯联络组协调；赛前共同制订比赛中的通讯联络计划并实习。当日比赛前再次复查通讯联络系统是否通畅，保证比赛时联络畅通无阻。

第二节　马拉松赛裁判工作

一、工作任务与要求

保证比赛距离、路线符合《田径竞赛规则》，每位跑完全程的参赛者都有准确的全程成绩和分段成绩，并按要求排列名次。

马拉松赛跑起点、终点一般多设在田径场内，其他赛程主要在公路上进行。因此裁判工作也可划分为内场与外场两大部分。由于内场的检录、发令、终点、计时、检查等有关裁判工作与其他径赛项目雷同，工作要求与方法可参阅有关章节。外场裁判工作大体可分为检查、计时和饮、用水供应三部分。

二、岗位设置及工作位置

马拉松比赛裁判岗位的设置应视比赛规模大小和赛道具体情况而定。为了确保马拉松赛的顺利进行，各岗位裁判人员除一部分需要专职以外，其他人员如果与其他项目不发生冲突，则可以从其他项目裁判中抽调。但是，赛前必须经过培训，并清楚各自的工作岗位和熟悉本岗位的业务。（图3－37）。

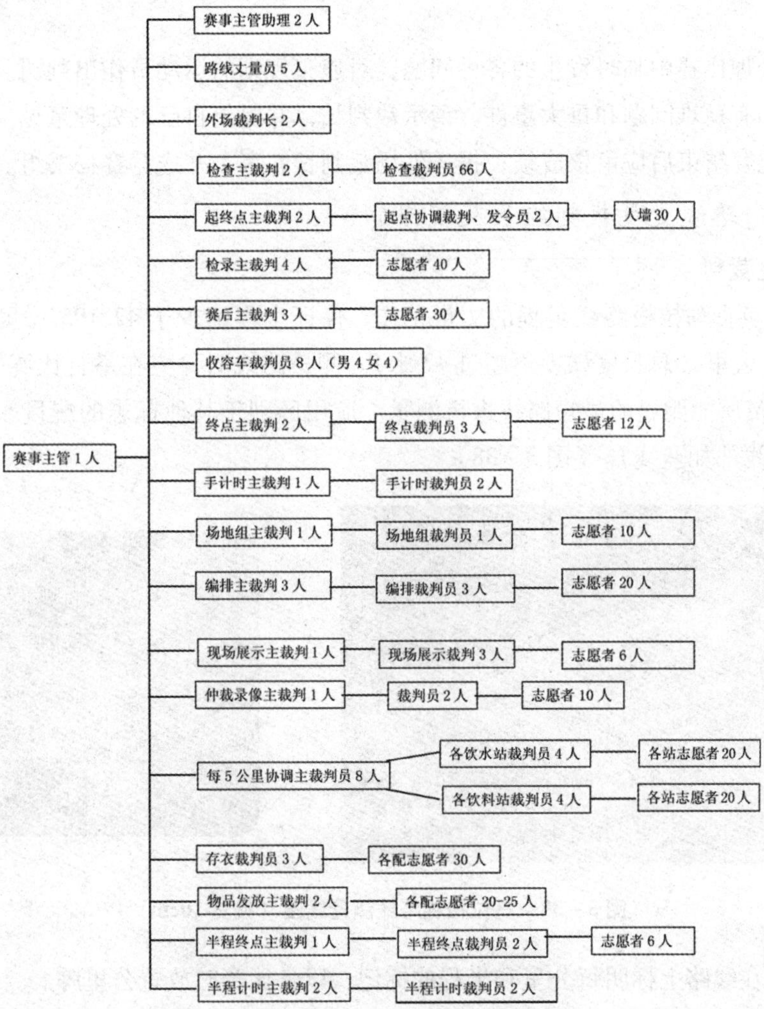

图3－37　马拉松赛裁判组人员配置图

注：若单项马拉松比赛则裁判岗位设置及人数适度增加。

三、岗位职责

（一）主裁判

1. 负责马拉松赛全部工作，保证比赛符合国际田联手册的规定。

2. 赛前领导全体马拉松裁判员的学习和分配裁判员的工作。

3. 监督路线裁判组的丈量工作，配合国际路线丈量员进行路线的复核。

4. 检查、督促马拉松比赛的器材运送，以及饮料、用水等方面的管理工作。与通讯、医务、气象、交通管制等方面取得联系，协调各方面工作，保证比赛顺利进行。

5. 处理比赛中临时发生的各种问题，对违犯规则的运动员作出判罚。

6. 如有疑难问题和重大事件，请示裁判长，并提出自己的处理意见。

7. 比赛结束后应审核成绩，报送外场裁判长签字，并送竞赛秘书组。

（二）路线丈量裁判组长及裁判员

1. 主裁判

（1）负责马拉松路线全程的丈量工作，保证全程不少于42.195公里，也不多于42.337公里（总长度误差不超过42米）。测量路线时，应在举行比赛的公路上，沿着运动员所能跑过的最短路线进行测量。应用区别于其他标志的醒目颜色沿跑道标出测量线（如蓝线）。（图3－38）

图3－38　马拉松跑路线测量线图（线宽10cm）

（2）在线路上标明每公里和半程的标记，以备比赛时放置公里牌。

（3）向马拉松主裁判报告全程丈量情况，并配合国际丈量员和马拉松主裁判对路线进行复核。

（4）向马拉松各分段计时站、饮料站、饮水站人员介绍工作地点，赛前向马拉松运动员介绍路线并带队察看路线。

2．裁判员

（1）比赛当天协助器材组运送马拉松器材，将计时显示器、各种标记、桌椅、公里牌等准确地放到指定地点。

（三）检查裁判组长及裁判员

1．主裁判

（1）组织裁判员学习，对裁判员的工作进行分工，组织全程路线的观察，确定每位裁判员的工作位置和任务，制订全组工作细则，领取并归还有关物品。

（2）领导并分配定点检查员到指定的马拉松路线的各交通路口及转弯处，指引运动员按赛会规定路线跑进。

（3）负责男、女马拉松领先运动员的比赛中途检查。

（4）接到运动员犯规情况报告时，应立即问明情况及时向上级主管汇报，等待指示进行处理。

（5）协调与其他组的工作配合方式。

2．裁判员

（1）明确自己的岗位、职责，为运动员指明跑进的方向。

（2）检查运动员是否有犯规情况，途中检查运动员的犯规情况并按规定的程序及时报告。检查中退或被罚下的运动员是否取下号码布迅速离开赛道。

（3）协助场地器材组，按规定路线摆放起、终点的隔离墩，赛后协助收回。

（4）协助有关公里点报告领先运动员通过的情况。

（5）负责终点前运动员的分流。

（四）饮料站裁判组主裁判及裁判员

根据规则自5公里处开始每隔5公里和起点、终点设有饮料站。饮料站分为自备饮料区、大会饮料区和大会饮水区。饮料站前100米设有提示标牌，各区之间间距30米。

1．主裁判

（1）组织学习有关的规程规则，组织制订赛事饮料饮水方案，对裁判员进行分工，协调和管理整个赛事饮水饮料事宜。

（2）裁判组长根据各饮料站的不同需要，配置足够不同数量的饮料。明确各站负责的各国（或地区）运动员的自备饮料。

2. 饮料站裁判员

（1）在主裁判的领导下，制订饮料组工作方案，对饮料组志愿者进行培训，与有关裁判组联系，明确合作方式和交接程序，确保赛事饮料站工作顺利进行。

（2）负责接受各点所需物品和器材，按计划布置饮料桌，正确放置本站标记。

（3）对饮料实施严格管理，保持发放区的整洁、秩序与安全。

3. 自备饮料站裁判

（1）在主裁判的领导下，制订自备饮料组工作方案，对小组裁判员进行培训，并准确无误地收发自备饮料，保证自备饮料工作顺利进行。（图 3－39～图 3－42）

（2）负责与器材组联系，领取和归还所需器材和用品。

（3）做好自备饮料详细准确的记录和编号，及时准确地在各饮料点摆放自备饮料。

（4）若自备饮料拿取有误，及时与组长联系，并按规定的程序上报。

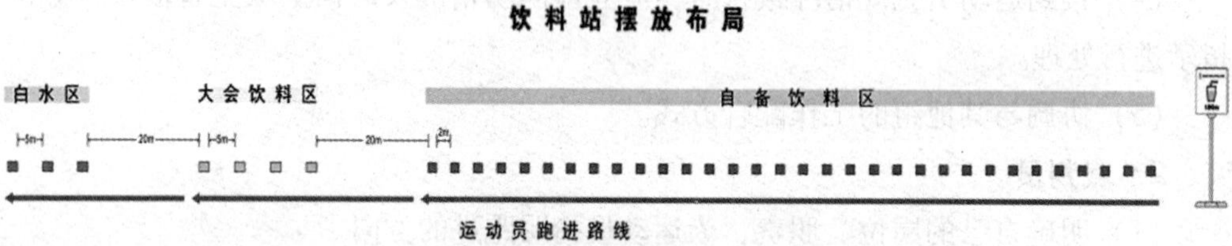

图 3－39　运动员自备饮料桌布置图

注：自备饮料桌桌布通常为红色，位于饮料站标志牌后 100 米处。

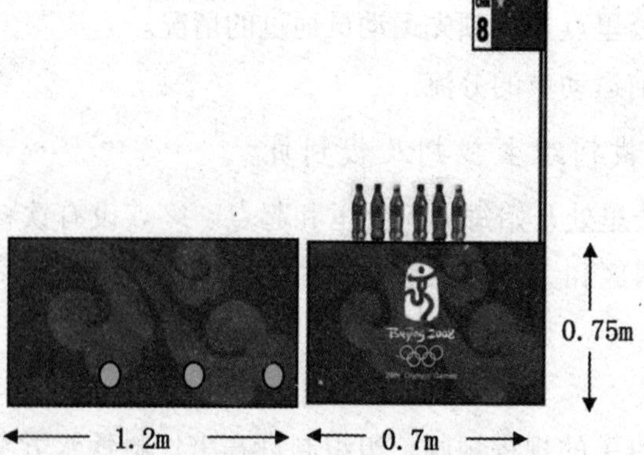

图 3－40　马拉松饮料站布局图

注：饮料桌尺寸 120 厘米 ×70 厘米 ×75 厘米，每张桌子间隔 3～5 米，各个区之间间隔 30 米。

运动员自备饮料相关要求：（1）自备饮料须提前一天交到组委会；瓶装饮料将储存在保温箱并由组委会负责送到饮料站；运动员也可以使用自备瓶子，但不能为金属或坚硬质地，并且要符合国际田联的广告章程；根据参赛国家和单位来决定桌子的数量，每个国家或单位一张桌子，根据大会的规定桌子上固定相应国家的国旗；桌子按照大会的顺序摆放，桌与桌之间相隔 3～5 米；运动员自备饮料可以由各队指定官员交给运动员。（2）自备饮料须清楚地显示出下列信息：运动员姓名；运动员号码；其代表的国家或地区联合会全名；饮料要存放的公里点。

图 3－41　大会饮料桌布置图

注：大会饮料站位于自备饮料区后 30 米处。根据赛会提供的桌子数量进行布置；大会饮料桌桌布为黄色或蓝色（以大会提供为准），桌与桌之间的间隔为 3～5 米，并在桌上铺设大会竞赛标志；每张桌子饮料杯的摆放按照图 4 所示摆放（各饮料杯之间间距 30 厘米，行与行之间间距 20 厘米。）。

图 3－42　大会饮水桌布置图

注：大会饮用水区位于大会饮料站的饮料区30米处，摆放为运动员提供矿泉水的桌子。大会饮用水桌桌布为蓝色或白色（以大会提供为准），桌与桌之间的间隔为3~5米，并在桌上铺设大会竞赛标志；每张桌子饮水杯的摆放按照图5所示摆放（各饮水杯之间间距30厘米，行与行之间间距20厘米。）。

（五）饮水用水裁判组主裁判及裁判员

按规则规定，两个饮料站中间，设饮水/用水站，从第一个7.5公里处开始每5公里设一站。每站包括两部分：饮水站和用水站。每个饮水/用水站前100米处设有提示标牌，饮水与用水区间隔30米。

1. 主裁判

（1）组织学习有关的规程规则，组织制订赛事饮水用水方案，对裁判员进行分工，协调和管理整个赛事饮水用水事宜。

（2）裁判组长根据各饮水用水站的不同需要，配置足够不同数量的饮水用水。随时观察用量情况，确保每张桌子都有充足的饮水用水供应。

2. 饮水用水站裁判员

（1）在主裁判的领导下，制订饮料组工作方案，对饮料组志愿者进行培训，与有关裁判组联系，明确合作方式和交接程序，确保赛事饮水用水站工作顺利进行。

（2）负责接受各点所需物品和器材，按计划布置饮水用水桌，正确放置本站标记。（图3-43、图3-44）

（3）对饮水用水实施严格管理，保持发放区的整洁、秩序与安全。

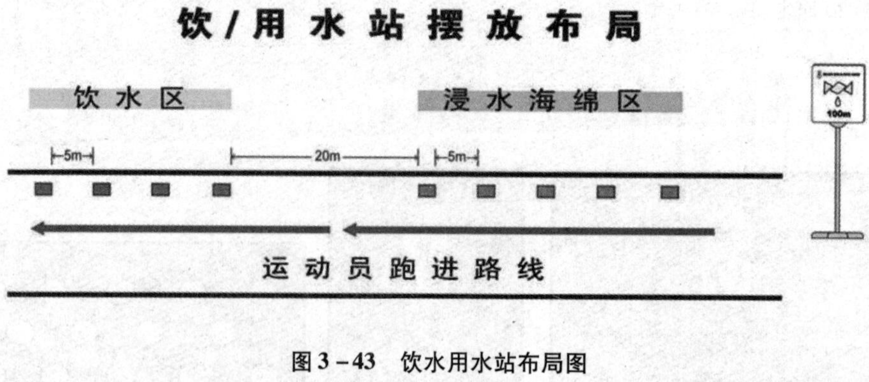

图3-43　饮水用水站布局图

注：饮水桌尺寸120厘米×70厘米×75厘米，每张桌子间隔3~5米，各区之间间隔30米。

图3－44　用水桌布置图

（六）分段计时裁判组长及裁判员

1. 裁判组长负责本组全面工作，确保标记与计时显示器等器材安放正确。分配本组裁判员的任务，保证准确记录每位运动员的分段计时成绩。

2. 按规则规定每隔5公里设置一个分段计时站，共设5公里、10公里、15公里、20公里、25公里、30公里、35公里、40公里等8个计时站。

3. 计时员负责迅速、准确、清楚地报告运动员的号码用时间，以便记录员将此时间记录清楚。

4. 记录员应与计时员密切配合，迅速准确地记下通过本站的每个运动员的号码和成绩、排列名次。

5. 35公里和40公里裁判组还应该负责关门工作。

（七）器材管理裁判组长及裁判员

1. 裁判组长分配裁判员的任务，赛前检查比赛用的全部器材的品种及数量，制订装车运达计划，熟悉沿途各站、各处所用器材的品种和数量。

2. 比赛前两天，将马拉松赛各裁判组随身携带的轻便器材、工具发给各裁判组，以便熟悉其性能和操作方法。

3. 比赛的前一天，按照计划分头将所用器材装车待命，赛前30分钟将器材送到各指定地点并完成布置。

4. 转折点流出记者区、避免转折点离道沿太近，移动厕所及时开放。

5. 比赛结束后，负责将沿途各站、处的器材装车运回器材处。

（八）车辆指挥员及驾驶员

1. 比赛使用车辆需统一编号，由指挥员统一指挥和分配任务。

2. 驾驶员在赛前应严格、仔细地检修车辆，保证车辆能随时开动。比赛当天，按指挥员指令准时出车，按照事先规定路线和顺序行驶。比赛结束后，按照计划返回体育场。

（九）前导计时员

1．赛前熟悉计时显示器的性能和操作方法，并装车待命。

2．运动员出发前，将前导计时车开到比赛场地运动员出发点附近，根据发令信号启动计时显示器。

3．比赛中始终行驶在领先运动员的左前方，与领先运动员保持20～30米的距离，引导运动员按指定路线跑进。要经常核对、检查计时器显示成绩正确与否。

（十）收容车裁判组

1．赛前领取毛巾被、饮料、口杯、污物桶等物品，装车待命。

2．比赛中收容中途退出比赛的运动员，收取上车运动员的号码，并在事先准备好的表格上登记。返回场地后签字并向主裁判报告，然后交竞赛秘书。

（十一）医务救护组

1．勘查和联系马拉松赛沿线的医院，以便赛中出现紧急情况时能迅速处理。

2．赛前复查马拉松运动员的身体健康状况，对不宜比赛的运动员提出不予比赛的建议。

3．比赛中，根据赛前掌握的复查材料，观察运动员在路线上跑进的情况，若发现某运动员如继续跑进将损害其健康，则有权命令该运动员退出比赛。

4．运动员跑回体育场时，终点必须有一定数量的医务人员，并配备必要的急救药品与车辆，以防出现意外情况。

四、工作细则与方法

（一）赛前工作

1．由外场裁判长负责主持召集各主裁判或全体裁判员会议。介绍马拉松比赛规模、大会规程、比赛项目、组别、参赛人数、裁判队伍状况，以及场地器材等各项准备情况，并提出要求。

2．制订马拉松赛裁判工作实施细则及裁判学习计划。组织裁判员学习，熟悉各自裁判工作任务，掌握各自使用的器材性能、方法，密切各裁判组之间的工作衔接与协调。

3．裁判长分别深入重点组，检查裁判工作实施细则落实情况，特别是前15公里分段计时组的工作准备、外场饮料、用/饮水站场地布置、物品准备，以及成绩最后确认等项事宜。

4. 落实各裁判组必备器材用具。核实比赛路线距离和各站、点固定位置及周围环境。

5. 与医务、车辆、交通、宣传、气象及通讯联络等有关部门，做好协调、配合工作。

（二）赛中工作

1. 场地器材裁判组，应于赛前 30 分钟，将各公里标志牌、各分段计时站、饮料站、用/饮水站、转折点等需用器材用品运送到位，并布置妥善。

（1）饮料站设在运动员跑进方向的右侧。每 5 公里设一站，每站一般用 6 ~ 8 张长桌一字排开。每张桌子间隔 10 米。铺设白桌布的桌子摆放大会规定的饮料。铺设蓝桌布的桌子摆放矿泉水或白开水。铺设红桌布的桌子摆放运动员自备饮料。每张桌子后面有一名裁判员，志愿者负责管理和服务。

（2）用/饮水站设置方位和排列方式与饮料站相同。第一站设于 7.5 公里处，以后每隔 5 公里一站。事先将浸过水的海绵块放在托盘内，由运动员自己取用。志愿者不得递送，当志愿者清理丢弃的海绵块时，注意不要影响运动员跑进。

（3）各站标志牌、公里里程标志牌与计时显示牌，均应安放在明显而不妨碍运动员跑进的位置处，并注意妥善保管，不得任意移动。

（4）交义路口与转弯处，以及限制跑进的区域段落，应设置方向指示牌或路段隔离标志。

2. 全体裁判员提前 2 小时集合，由外场裁判长负责对表，统一时间，然后在主裁判领导下，按要求做好赛前准备工作。

3. 各分段计时组完成准备工作任务后，要及时与起、终点取得联系，保证通讯设施完好，联络畅通无阻。外场裁判长应于赛前 20 分钟，将沿线各站准备工作检查完毕报告总裁判长。

4. 检录组于赛前 30 分钟进行检录。将临场参赛运动员带往起点处，按预定计划列队等候出发。

5. 计时裁判与记录裁判分成两组，同时记录运动员号码、分段成绩、跑进名次。并利用录音机报告运动员跑进顺序号码，避免遗漏和差错。最后经主裁判核对无误后，首先将前 10 名运动员名次、成绩，报告终点径赛裁判长，最后将全部运动员成绩汇总报竞赛秘书处。

6. 气象测量员应于比赛当日晨每隔一小时报告一次气象，并经大会宣告员，向参赛运动员、观众介绍情况讲解注意事项。

7. 检查裁判人员，按定点与流动检查分别准时到位，并与交通治安、通讯联络及医务组密切配合。

8. 当运动员通过终点时，终点主裁判站在跑道内侧，以手势裁定运动员到达终点的顺序，终点记录员依次记下到达终点的运动员名次与号码，经终点主裁判核定签字后，先将前 10 名运动员名次与号码交径赛裁判长审核。运动员全部通过终点后，整理好参赛运动员名次与号码将报告表签名后交径赛裁判长。

9. 运动员通过终点后，由志愿者帮助其披上毛巾被，由赛后控制中心裁判组将运动员引至赛后控制中心处整理着装，前 3 名则由颁奖员带领去颁奖。兴奋剂检测组将检测单交赛后控制中心主裁判，然后请被检测运动员填表签字待检。其余运动员由赛后控制中心带队退场。

10. 救护车与收容车裁判组将被救护、收容或被“关门”的运动员带回运动场后，将号码布与报告表交径赛裁判长，并说明运动员已跑完全程，比赛全部结束。

（三）赛后工作

1. 车辆裁判组将路线上的裁判员、志愿者与工作人员接回内场，场地器材组再将路线上所用器材用具拉回。

2. 各裁判组按所借器材用具，交还场地器材组。

3. 在各裁判组小结基础上，外场裁判长召集各主裁判进行总结，然后写出书面总结交总裁判长。

五、工作重点、难点及应急预案

（一）工作重点与难点

1. 在马拉松赛 5 公里、10 公里、15 公里，前几个分段处，运动员易出现集团式跑进，对于判断名次顺序有一定的难度。可在每站适当增加裁判人员，专门负责录号工作。

2. 主裁判明确乘车的时间、工作地点、与志愿者对接及本组裁判员与所需物品。

3. 保持通信的联络畅通。

4. 与内场各裁判组联系落实裁判工作的配合，运动员跑出、跑进场的裁判分工界面是否清楚。

5. 在运动员人数众多的情况下应在起跑前 5 分钟、3 分钟、1 分钟时给予倒计时，向运动员通报时间，避免运动员在没有发令前向前冲击发生冲撞等情况的发生。

（二）应急预案

1．医疗救护

沿马拉松跑路线每隔5公里设置一个固定的医疗点，医疗点前50米处设有醒目的标示牌。沿参赛者跑进路线，有救护车跟随。在参赛者跑进路线上，每隔100米配有一名志愿者，协助医疗救护和维护赛场秩序，参赛者有问题可以向其求助。

2．雨天预案

如遇雨天，在赛场内和赛场外主要的陡坡、拐角等区域设置醒目的提示牌。如果情况比较严重，则需要铺设防滑设施，并配有专人巡视。对官员、贵宾、记者、安保及裁判员、志愿者配备充足的雨衣，对各类仪器设备提前备好雨具，做好防雨措施。对饮料站、饮水站要提供充足的雨棚，避免雨水进入饮水或饮料杯。同时，饮料站、饮水站裁判员指挥志愿者掌握提供饮料或饮用水时机。

六、所需设备与物品

（一）赛前布置器材

1．起点时钟、起点倒数计时装置。（各1套）

2．小公里牌（1、2、3、4、6、7、8、9、11、12、13、14、16、17、18、19、21、22、23、24、26、27、28、29、31、32、33、34、36、37、38、39、41、42公里）：共34块。

3．大公里牌（5、10、15、20、25、30、35、40公里）：共8块。

4．半程标志牌：1块。

5．转折点：1块。

6．方向指示牌：根据需要而定。

7．饮料站指示牌：8块。

8．用/饮水站标志牌：7块。

9．先导车计时显示牌：2块。

10．计时显示装置：8块。

11．饮料站条桌：48张。

12．用/饮水站条桌：14张。

13．用饮水站托盘（50×50）：28张。

14．收集废弃物塑料袋：若干。

15. 隔离墩：400 ~600 只。

（二）自带

1. 记录板：42 块。
2. 笔：人手一支。
3. 扩音话筒：1 ~2 套。
4. 对讲机：164 ~180 部。
5. 起点带：2 条。
6. 终点带：2 条。
7. 红旗：70 面。
8. 秒表：40 块。
9. 打印计时器：2 台。
10. 警告黄牌：3 ~5 块。
11. 罚下红牌：3 ~5 块。
12. 红、白、蓝塑料桌布：14 块。
13. 白色桌布：14 块。
14. 饮料：若干。
15. 纸杯：若干。
16. 无毒海绵块：700 块。
17. 毛巾：300 条。
18. 饮用水桶（50 公斤）：7 支。
19. 毛巾被（收容车、救护车、终点用）：100 条。
20. 检查黄旗：70 面。
21. 检查绿旗：4 面。

第三节　竞走裁判工作

一、工作任务与要求

（一）工作任务

国际竞走比赛须由经国际田联批准的国际竞走裁判员担任裁判工作。其任务是：严格贯彻、执行国际田联手册第 191 条关于竞走的各项规定，保证参赛者在符合国际田联手册规定的条件下比赛。

（二）工作要求

1. 竞走路线必须经由国际田联和国际路跑协会批准的 A 级或 B 级丈量员丈量。

2. 起点、终点之间的下坡坡度不得超过千分之一，即每公里 1 米。

3. 一名丈量此路线的丈量员或另一名拥有完整测量数据和地图的 A 级或 B 级丈量员，必须证实比赛运动员跑进的路线就是丈量的路线。

4. 路线必须现场验证，最后由不是原来丈量路线的 A 级或 B 级丈量员进行。

5. 当来自 3 张不同裁判员的红卡送交到主裁判之后，将取消该运动员的比赛资格，并由主裁判或主裁判助理向该运动员出示红牌通知该运动员。如未能通知，也不得恢复已被取消的运动员的比赛资格。

6. 经竞走主裁判确认红卡信息后，发送至严重警告显示牌。

二、岗位设置及工作位置

岗位设置大小应视比赛具体情况而定。编制人员除一部分（6～9 人）需要专职，为竞走比赛做好各种准备，其他人员如果和其他项目不发生冲突，则可以从其他裁判中抽调，但赛前必须经过培训，并清楚各自的工作岗位和熟悉本岗位的业务。

（一）岗位配置

竞走主裁判 1 人；竞走裁判员 7 人；记录员 4 人；联络员 8 人；红卡显示记录员 3 人；终点记圈员 16 人；分段计时员 12 人；饮料站 4 人；用/饮水站 4 人；服务员 15 人。

（二）工作位置（图 3－45）

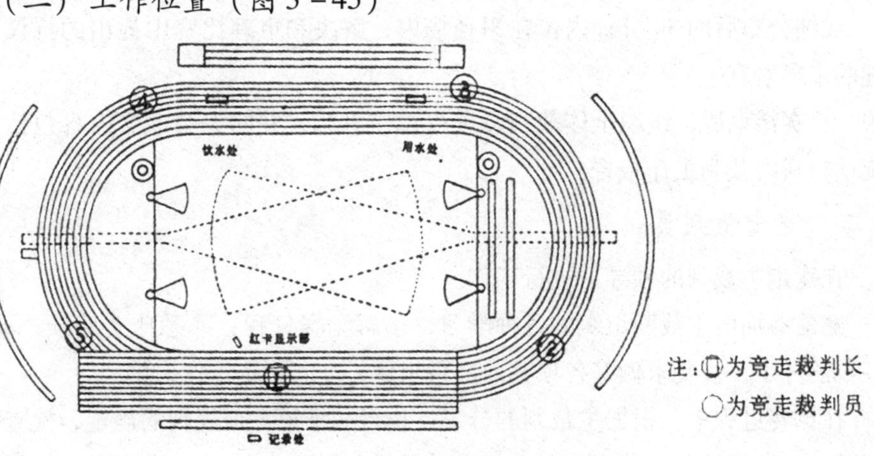

图 3－45　场地竞走裁判位置图

三、岗位职责

（一）竞走主裁判

1．组织竞走裁判组按国际田联手册的规定执行竞走裁判工作。赛前组织全组学习竞赛规程、规则及各项有关规定，研究裁判方法，明确各裁判员、记录员、联络员及志愿者的分工。

2．赛前检查比赛场地、路线、用水、饮料站的准备情况，并及时提出改进意见。

3．参加技术会议，说明用水、饮料站的使用规定，提出竞赛中的有关要求，听取意见，回答问题。

4．检查全组裁判员、记录员、联络员各志愿者所需用品的落实情况。

5．比赛中负责检查和判定运动员有无犯规情况。有权对犯规运动员提出警告和执行取消比赛资格的判罚。了解和检查本组工作情况，及时解决出现的问题。

6．每项比赛结束后，召集竞走裁判员及时进行小结，并核对该项比赛成绩单中有无被判罚的运动员，核对无误后，在成绩单上签字，如遇到破纪录，应在破纪录成绩单上签字。

7．整理比赛成绩表、警告和取消比赛资格记录、统计警告、判罚人数等。

8．会同竞委会竞赛处、内场裁判长研究运动员出发离开田径场和运动员由外场进入田径场终点时的裁判队伍调动所需用车辆计划，以及在50公里比赛时给裁判员、志愿者发放饮食的有关事宜。

9．成绩公布后的30分钟内留在田径场内，解决和审理比赛中提出的抗议及需要处理的未尽事宜。

10．比赛结束后，组织全体裁判员进行工作总结，并向大会递交内容包括技术判罚统计材料的裁判工作报告。

（二）竞走裁判员

1．在竞走主裁判的领导下进行工作。

2．赛前参加由主裁判组织的各种学习，了解竞赛日程，熟悉比赛路线、场地，明确各自的分工，按要求做好各项赛前准备工作，准时到达工作岗位。

3．在比赛过程中，根据主裁判的分工，执行和维护竞走规则的规定，检查和判定运动员有无犯规情况，并有权对犯规运动员进行警告和给予取消比赛资格的红卡判罚。对运动员警告时及时通知该运动员，填写红卡后应通过联络员及时报告主裁判。

4．比赛中，在没有检查员的情况下，除注意运动员有技术犯规外，还应按主裁判的要求，负责检查运动员是否在比赛中有违反《田径竞赛通则》的行为，并按田径竞赛规则中有关规定执行。

5．比赛结束后，在主裁判的领导下进行小结，协助主裁判做好各项结束工作。

（三）记录员

1．赛前参加裁判组的有关学习，熟悉裁判规则和记录方法，做好赛前各项准备工作。红卡显示牌记录员在赛前应熟悉显示牌的性能各使用方法。

2．比赛中与主裁判、联络员协调配合，负责收集、整理、统计和保管由联络员送交的红卡，并将犯规性质、时间准确无误地填入判罚总记录表，及时将运动员得到的红卡情况通知红卡显示牌记录员。

3．红卡显示牌记录员应将运动员得到的红卡数及时显示在红卡显示牌上，以便通知运动员。

4．当运动员得到3张来自3名不同裁判的红卡后，记录员应及时报告主裁判，在裁判长判罚后，及时记录下判罚时间，并在显示牌上显示出3张红卡数量（主裁判未判罚之前，红卡显示记录员不得显示出3张红卡数）。

5．比赛结束后，将裁判员的白卡警告判罚表及时收齐，并记录在判罚总记录中，总记录表经过统计整理后，将裁判员判罚记录表和红卡一起交主裁判最后审核、签字。

（四）联络员

1．参加裁判组的有关会议，了解竞赛日程，明确分工，做好赛前各项准备工作。

2．比赛中，跟随各自负责的裁判员，并将裁判员填写的红卡迅速交至记录处记录员。

3．负责主裁判与裁判员之间的联系。

（五）用/饮水站和饮料站裁判员（同马拉松）

1．根据规则，设置用/饮水站和饮料站，做好赛前各项准备工作。

2．按要求接收、保管、放置运动员的自备饮料。

3．维持用水、饮料站的秩序和做好用/饮水和饮料的清洁工作。

四、工作细则与方法

（一）赛前工作

1. 赛前，裁判长召集竞走裁判员开准备会议。宣布各技术裁判员的职责、裁判任务和换位方法，熟悉比赛场地、路线，做好裁判器材、用品的检查和准备工作。按预定路线乘车在比赛前一个半小时到达工作岗位，熟悉负责地段的情况。

2. 记录员、联络员应参加赛前准备会议，记录员协助裁判长向裁判员发放裁判用品，联络员应与所跟随的裁判员联系，应比裁判员提前到达工作岗位。

3. 记录台、红卡显示器、用水站和饮料站、折返塔、分段计时器、计时器、记圈跑等处裁判员和志愿者均应提前一小时到场，布置好比赛用的桌椅、器材用品，饮料应提前布置好。全部准备工作应在赛前30分钟完成。

（二）赛中工作

1. 比赛进行中裁判组与志愿者应密切配合，各负其责。裁判员对犯规运动员及时提出警告或作出取消资格的判罚。对取消比赛资格的运动员要清楚地填写红卡，并及时通过联络员递送到记录员或主裁判手中。

2. 联络员拿到裁判员的判罚红卡后，应及时将红卡送到记录处。在整个比赛中，联络员应始终跟随所服务的裁判员直至比赛结束。

3. 记录员应将收集到的红卡及时地填写到判罚总记录表中，并通过红卡显示牌记录员在红卡显示牌上显示出犯规运动员的号码和所得红牌数。

4. 主裁判根据记录员的报告，对得到来自3个不同裁判的3张红卡的运动员取消比赛资格。摘掉其所佩戴的号码，并令其退出比赛路线。记录员记录下判罚的时间并通知红卡显示记录员在该运动员号码后显示出3张红卡的记录。比赛结束后，主裁判应将被取消比赛资格的运动员号码通知及时报告主裁判，并在成绩单和破纪录单上签字。在抗议的有效时间内（30分钟）不要离开。

5. 用水站和饮料站的裁判员及志愿者应按规则规定，在比赛进行5公里后，允许运动员第一次用水或摄取饮料，以后每隔5公里或2500米（公路一圈）允许使用一次。自备饮料赛前一天由各队送交大会，并由饮料站管理人员负责管理放置各队指定地点，并在技术会议上向各队负责官员宣布饮料、用水使用办法。

6. 计时、分段计时、终点、记圈、折返点记录、医务救护、宣传、治安管理等裁判员和工作人员提前到达岗位，做好准备工作。

（三）赛后工作

1. 比赛结束后进行工作小结。

2. 向大会组委会提交包括技术犯规判罚等相关材料及报告。

3. 整个比赛结束向赛事主管提交书面总结。归还相关器材用品，做好善后工作。

五、工作重点、难点及应急预案

（一）工作重点与难点

1. 赛前参加技术会议、准备会，了解确认最后参赛运动员的名单、号码，从竞赛秘书处领取每项比赛的检录单。

2. 与大会行政组联系，确定比赛用车的数量、发车时间和车辆编号。

3. 与大会医务急救站联系，对在比赛中出现异常情况的运动员及时进行处理。

（二）应急预案

预案：下雨。

解决办法：启动雨天预案，保障雨天的观众服务、设施设备运行、志愿者工作、媒体服务等多个方面做好周密的安排。为观众提供一次性雨衣，为设施设备提供专用雨披，为志愿者和媒体服务人员提供帐篷或一次性雨衣等。在饮料站或饮水站设置雨棚，防止雨水进入饮料杯或饮水杯。

六、所需设备与物品

（一）竞走赛道上的重要标识及赛道布置（图3-46、图3-47）

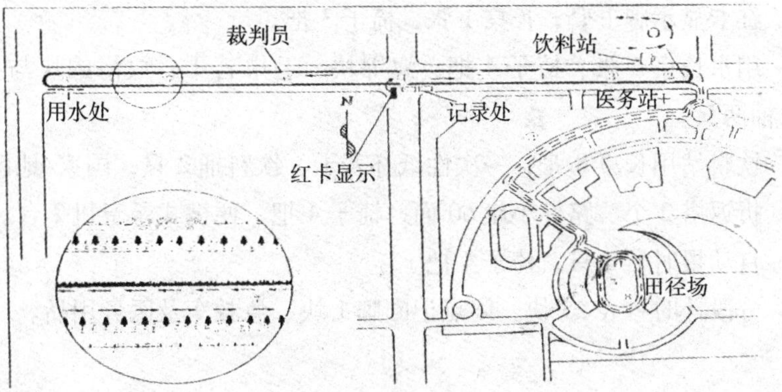

图3-46　竞走赛道重要标识图

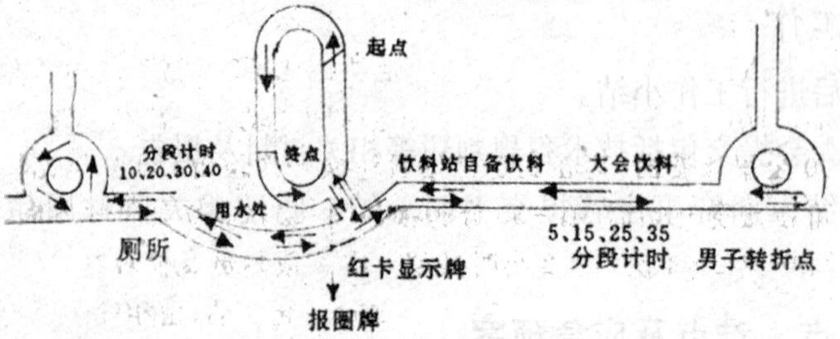

男子20、50公里竞走路线

1、环行路线，每圈2000米

2、起点：位于200米起点后22.15米处 。

3、出发后在场内绕行3圈，经终点直道、1500米起点，出东南门向西进入环行道。

4、终点：20公里竞走在环行道走9圈后，50公里竞走在环行道走24圈后，从原路进场，走300米至终点。

图3－47 竞走赛道布置图

（二）裁判员自带

1．夹板、圆珠笔、记录卡。

2．警告记录卡、红卡、裁判员站位图表（场地路线图）。

3．判罚标志牌。

（三）其他物品

1．自行车或小型机动车2～3辆。

2．记录用长桌2张、椅子4－6把、记录表格、小铁夹50只、红蓝两色圆珠笔等。

3．红卡显示牌1套，长桌1张，椅子3把。

4．用水长桌6张、椅子4把、海绵块、毛巾若干、放海绵块与毛巾的托盘若干、水桶两只。

5．饮料站用长桌8张，一次性纸杯若干、饮料桶2只，国家/地区标志牌若干。

6．折返塔2个、路标小旗60面、椅子4把、便携式录音机2台。

7．自动报时器3只、椅子4把。

8．分段计时秒表25块、终点记圈牌1块、急救车及医务用品。

第七章　场地指挥裁判工作

一、工作任务与要求

比赛场地管理裁判对比赛场地拥有管辖权，除有关工作人员和已被招集参赛的运动员外，不允许其他任何人员进入或停留在比赛场内。

二、岗位设置与工作职责

（一）岗位设置

按照比赛场地出入口数量，每个出入口各设比赛场地管理员 1 名；赛场内终点“无人区”附近设管理员 1 名；负责管理结束比赛任务的裁判员、运动员以及其他无关人员的管理员 2 名，另外加上主裁判 2 名的人员编制。

（二）工作职责

比赛场地管理裁判员对比赛场地有管辖权。允许进入田径场内的人员包括：与比赛有关的官员、当值的裁判员、正在比赛的运动员、按规定可以进入内场的摄影记者、必要的志愿者、器材保障人员等工作人员。不允许其他任何人员进入或停留在比赛场地内。

1. 主裁判

（1）负责赛场秩序。对比赛场地有管辖权，除有关工作人员和已被召集参赛的运动员外，不允许其他任何人员进入或停留在比赛场地。

（2）熟悉比赛场地的布局，以及出入口的情况等。

（3）根据每单元的竞赛日程，合理调配场地管理员。

（4）组织裁判组学习有关场地管理的规定和细则及相关的竞赛规则。

（5）熟悉每单元比赛的热点人物或明星，对比赛中可能出现的情况做好应急预案。

（6）分配场地管理员的工作。

（7）每单元比赛结束后进行总结。

2. 裁判员

（1）在主裁判的带领下，认真学习有关竞赛规则和工作细则。

（2）服从主裁判的分工，熟悉所分配的工作和管理的区域。

(3) 与赛后控制中心裁判组协调配合，合理地进行管理。

(4) 在管理中讲究工作艺术，用语文明，举止大方，态度和蔼，服务热情，执法坚决。

(5) 每单元比赛结束后进行总结。

三、裁判工作细则与方法

(一) 赛前工作

1. 主裁判带领全体裁判员认真学习《田径竞赛规则》、竞赛规程和工作细则。

2. 熟悉田径比赛场地的环境和设施。

3. 熟悉田径比赛各类人员发放的证件及证件的通行区域，明确允许进入场地的各类人员。

4. 分配每单元比赛场地管理员的工作任务，明确工作区域。

5. 对每单元比赛的重点项目和重点运动员进行分析，预计可能出现的场地情况，并制订疏散预案，保持赛场的秩序。

6. 做好与相关裁判组的协调和联系工作。

7. 统一裁判员之间的联络方式。

(二) 赛中工作

1. 全体裁判员提前 90 分钟进入场地，对田径比赛场地的所有无关人员进行清场。

2. 根据竞赛日程，严格、准确核对进入场地的各类人员的证件、服装、号码布和广告标志等，督促无比赛任务的裁判员和其他人员、无内场证件的记者离开场地或到指定的区域观看比赛。

3. 比赛结束后引导和督促运动员有序地接受记者采访，维持赛场的秩序。

4. 出现突发情况应及时与主裁判联系，主裁判仍无法解决时应及时与有关官员进行沟通，迅速处理事件，避免事态的扩大。

5. 严密注意赛场的情况，特别要提醒有关人员在比赛场地的安全。

(三) 赛后工作

1. 监督结束比赛的各裁判组场地、器材是否整洁、有序。

2. 总结本单元工作情况，及时调整方案。

3. 根据比赛的任务，布置下一单元工作的重点和人员分配。

四、协调与配合

1. 与赛事主管或技术代表联系，了解本单元比赛的重点运动员或重点区域，合理分配人员做好充分的准备工作。

2. 与有关主管单位联系，做好对新闻工作人员的指挥和合理流动。

3. 与赛后控制中心裁判组联系，配合赛后控制中心裁判员对比赛结束的运动员进行疏导和离开比赛场地。

4. 与场地器材组联系，对使用的通讯器材进行检查和落实。

五、工作重点、难点

发现结束比赛的裁判员、结束比赛的运动员、无关的工作人员和官员、新闻媒体等无关人员在场内时，应立即要求他们离开场地。

1. 根据裁判工作条例有关“没有工作任务的裁判员和结束比赛的运动员不得滞留比赛场地”的有关规定，说服裁判员和运动员迅速离开比赛场地。

2. 坚决杜绝任何无证、无关人员进入比赛场地，如果在场地内发现此类人员要坚决予以清退，如说服无效，则联系其相关工作部门，如仍然无效，则及时通知安保部门，给予强行清退。

3. 对于不听从管理的或离开自己工作区进入非允许的区域的记者和其他工作人员，要及时制止，令其回到其各自的区域，如说服无效，通知安保部门，强行清退，并记下事件经过上报组委会。

4. 当颁奖时，要疏导新闻媒体人员，维持好颁奖区域的秩序。

5. 运动员即将到达终点时，要注意是否有媒体以及任何人员进入“无人区域”。

六、所需物品和器材

对讲机、椅子。

第八章　仲裁录像裁判工作

一、工作任务与要求

（一）工作任务

真实记录各项目比赛过程，为仲裁裁决提供事实材料。

（二）工作要求

在每单元每项比赛开始前，首先要摄入比赛的项目、赛次、组别、组次、比赛开始时间等信息，然后，根据各项目主裁判的安排和要求，以及项目特征和运动员易引起技术犯规的环节，裁判员易引起误判、漏判的环节进行重点拍摄，填写场景记录单。

1. 径赛拍摄要求

（1）各项目起跑时的全过程，运动员发令员全景。

（2）接力赛运动员进出接力区时，起动的地点、完成交接棒的位置、交接棒完成后离开跑道时的信息需要定点拍摄。

（3）110 米栏、100 米栏运动员全程录像技术，400 米栏运动员跨越第1、2、6、7 栏时，在弯道上跑进的路线和过栏时的身体空间位置。

（4）3000 米障碍跑运动员跨越水池和栏架时的跑进路线，及技术动作，尤其要重点摄入第 5 栏运动员成团跨越障碍时的情况。

（5）800 米和 4×400 米比赛第二棒运动员跑过抢道线前后的跑进路线。

（6）200 米、400 米、800 米、4×100 米、4×400 米运动员在弯道分道跑时的跑进路线，要特别注意在 200 米比赛时，对运动员下弯道时的跑进路线，可采用 3 台摄像机进行摄像。

（7）中长跑比赛，运动员跑进中的成团现象，成团时运动员相互间的挤、撞、推、踏等现象，在下弯道和终点冲刺时相互超越时的情景需要重点拍摄。

（8）录像现场场记登记表（表 3－12），场记单一般是记录每一个完成的镜头的讯息。

表 3－12　径赛录像现场场记登记表

第 1 单元　　比赛开始时间：11 月 11 日　09：30　　磁带号码：8

项　目	赛次	组数	磁码	备　注
女甲七项之一 100 米栏	决赛	2	3：57	第二组起跑两次犯规
女甲 100 米栏	预赛	2		

2. 田赛拍摄要求

（1）跳远、三级跳远从运动员助跑开始，起跳时的起跳点，落地后出沙坑的完整信息。

（2）撑竿跳高运动员助跑开始，包括时限显示器的信息，及插穴起跳和腾空过杆全过程。

（3）跳高运动员起跳、过杆过程。

（4）铅球、铁饼、链球运动员在投掷圈内旋转（滑步）至离开投掷圈时的全过程，特别是运动员器械出手后维持身体平衡时下肢脚的动作信息要清晰。

（5）标枪运动员最后用力前后的过程。

（6）标枪、铅球、铁饼、链球器械落地的地点、角度。

（7）填报录像现场场记登记表。（表 3－13）

表 3－13　田赛录像现场场记登记表

项目名称：男子甲组跳高决赛　　第 1 单元　　比赛开始时间：11 月 10 日 09：30　　磁带（盘）号码：15

轮次、高度	磁码	内容
1.70 米	3：57	第 4 号运动员由于技术问题起跳两次
1.75 米	4：40	1.75 米高度第一次试跳
1.75 米	15：52	1.75 米高度第二次试跳

3. 人机编号

为了有利于管理和摄像工作，要对全组摄像人员进行编号。

人机分工方案：

径赛：6 台（1 号～6 号）。

高跳：2 台（7 号、8 号）。如有及格赛各一台。

长投：2 台（9 号、10 号）。

铅球：2 台（11 号、12 号）。如有及格赛各一台。

远跳：2 台（13 号、14 号）。如有及格赛各一台。

根据大会《秩序册》，每个单元均设计一份比赛拍摄方案，作为工作、管理的依据。

二、岗位设置与工作职责

（一）岗位设置

主裁判 1 人、录像及资料管理 1 人、摄像员 14 人。

（二）工作职责

1. 不外泄摄像信息，本组摄像信息仅对仲裁组负责。

2. 临场工作，不影响运动员的比赛和裁判员的工作，及观众的观看。

3. 准点到场、快速到位、认真记录、妥善保管。

三、工作细则与方法

（一）赛前工作

1. 组织裁判员学习规则，裁判法和进行实习，明确分工。

2. 带领本组裁判员检查器材，列出器材清单。

3. 与仲裁委员等联系研究有关机位及工作配合问题。

4. 在赛事主管的领导下，与径赛长、田赛长以及各主裁判等研究有关工作配合问题。

（二）赛中工作

1. 全组人员按规定时间到指定地点集合，主裁判报告裁判员的出席情况。

2. 赛前40～50分钟，在主裁判的带领下整队进入场地，对场地器材、仪器设备进行检查和调试。分派摄像员工作及位置。

3. 赛前35～40分钟，摄像员准备就绪。

4. 比赛结束时，整理好设备及记录表送交仲裁组。

（三）赛后工作

1. 每天比赛结束后进行小结，总结经验教训，提出次日工作要点。

2. 全部比赛结束后，收齐比赛用品上交。

3. 写出书面总结材料，报送赛事主管。

四、所需人员及器械配置

（一）摄像人员（14人）

1. 摄像机14台（附带电源线、充电器、视频线等）。

2. 摄像机摄录光盘或录像带（最好一次性刻录），每单元每台摄像机2盘。

3. 摄像机的电池2副（4小时）和电源插板（20米）。

4. 摄像机的三脚架14副。

5. A4夹板15个，铅字笔、油性笔各30只，封口胶带15卷。

6. 折叠椅15个、联络对讲机15部。

7. 摄像机背袋15个。

（二）仲裁放映室（2～3人）

1. 录像裁判长1人、赛场电视直播节目录制员1人、录像带资料管理员1人。

2. 大屏幕电视机2台（一台录制赛场电视直播节目，一台编辑仲裁录像）。

3. DVD录放机2台（一台录制赛场电视直播节目，一台编辑仲裁录像）。

4. 闭路电视天线1副、电源插板5个。

5. 桌子4张，椅子20人。

6. A4纸4包，铅字笔、油性笔各30支。

7. 联网电脑及打印机1套（仲裁委员可以联网查看比赛进程和成绩）；办公用具（订书机1个，订1盒；切纸刀1把，回形针1盒，签字笔、油性笔各10只，胶带2卷）。

第九章　风速测量裁判工作

一、工作任务与要求

（一）工作任务

按照规则规定，及时、准确地记录相关项目的风向和风速并填写风速记录表，为有关部门审核运动成绩或创造新纪录提供参考材料和信息。

（二）工作要求

1. 风速测量员要熟悉田径竞赛规程、规则的有关规定和具体要求。全面了解比赛进程，尤其是需要测定风速的有关项目的比赛进程。

2. 熟悉需要测量风速项目的比赛方法和规则要求。

3. 熟悉风速仪的性能，能够熟练地操作风速仪。

4. 记录及时、准确，填写清楚，工作认真。

二、岗位设置与工作职责

（一）岗位设置

风速测量工作一般由2～4人来负责。大型赛事，通常设置一名组长，分成2组。一组负责径赛相关项目，一组负责跳远、三级跳远项目。小型赛事一般设置2人担任风速测量工作。

（二）工作职责

装置风速仪和风向标，及时、准确地记录200米及200米以下（包括全能）和100米栏、110米栏等直道栏项目（注：少年比赛为60米和80米栏），跳远、三级跳远项目的风向和风速，及时地填写测量的结果，并上传测量的相关信息。

三、裁判工作细则与方法

（一）赛前工作

1. 学习竞赛规程、规则，了解比赛进程，进行分工。熟悉比赛场地，制订工作计划。

2. 领取风速仪（图3－48）、风速记录表、风速显示屏等器材和用品。

3. 熟悉和掌握风速仪的性能和使用方法，与终点记录员和跳远、三级跳远主记录员商定风速信息的显示方法，进行现场实习。

4. 布置风速仪、风标的位置。

（1）测量径赛项目时，风速仪位于第一分道内侧，距离终点线50米处。

（2）测量跳远、三级跳远项目，风速仪则方直在距离起跳板20米处。

（3）风速仪高1.22米，距离跑道或助跑道不超过2米。

（4）普通风速仪正面朝向终点，电动风速仪的风筒则顺着跑道方向放置。

（5）在跳远、三级跳远项目的起跳区附近，放置一个风向袋，向运动员显示风向和风力情况。

（6）为准确记录风速，在跳远、三级跳远的助跑道旁40米、35米处各放置一个标记，以利于风速测量员清楚地观察运动员所跑的距离，并以此来确定开表计时或开动风速仪的时机。

图3－48　数字式风速仪

（二）赛中工作

1. 比赛前30分钟到达比赛场地，领取所用器材和用品。

2. 按照规程和规则规定，安装和调试风速仪、风标和风速显示屏，做好测量准备工作。

3. 检查和核对径赛分组表和风速记录表。比赛开始后，按照规程、规则规定，测量风速。

4. 直道径赛项目测量风速时，从看到发令枪的枪烟或闪光开始启动风速仪或开动秒表。60米跑计时7秒、100米跑计时10秒、100米和110米跨栏跑计时13秒，200米跑从运动员进入直道开始记10秒。

5. 跳远和级跳远比赛中，应从运动员经过助跑道旁的标记时开始测量风速，测定时间为5秒钟。测量跳远和三级跳远风速的标记应分别放置在距离起跳板40米和35米的地方。如果运动员的助跑距离不足40米或35米时，则应从其开始助跑时测量风速。

6. 需要测定风速的径赛项目，每组比赛应立即计算风速并及时在风速显示屏上显示出来，并将所测的风速填入径赛风速测量表（表3-14）。如果顺风的风速超过规则的规定，则应计时填写超风速报告表（表3-15），并及时上传或送交终点记录员。

表3-14　径赛风速测量表

第　　场　　　　　　月　　日　　午

序号	项目	赛次	组次	测量结果（m/s）	测定时间	备注

风速测量员：　　　年　　月　　日

表3-15　超风速报告表

组别		项目		赛场		组次	
午　时　分						风向	
平均风速　　　米/秒							

风速测量员：　　　年　　月　　日

7. 跳远、三级跳远比赛时，必须将每人每次试跳时的风速记录下来并填写田赛风速测量表（表3-16），如果运动员试跳时风速超过了规则的规定，则应立即在风速测量表上做出明显标志。待比赛结束后将“田赛风速测量表”送交有关项目成绩记录员。

表 3－16　田赛风速测量表

组别　　项目　　　　　　　　　　　　　　　　　　月　　日　　第　　场

顺序	号码	姓名	单位	各轮次测量结果（m/s）						备注
				一	二	三	四	五	六	

风速测量员：　　　　　　　　　　　　　　　　年　　月　　日

（三）赛后工作

1. 向场地器材组，归还器材、用具。

2. 每单元结束，进行工作小结。

3. 全部比赛结束，对整个风速测量工作进行总结，写出书面报告交有关裁判长。

四、协调与配合

1. 与场地器材组联系，检查风速仪、风速显示屏、风标等器材。

2. 与终点记录员、跳远、三级跳远记录员联系，商定风速信息和显示方法。

五、工作重点、难点

1. 严格按照竞赛规则规定进行风速测量工作。记录符号：顺风“＋”，逆风“－”，超风速“>”，风速“W”，单位“m/s”。

2. 风速的判读单位为米/秒，进位到跑进方向较差的 0.1 米/秒（即＋2.03 米/秒记录为＋2.1 米/秒，－2.03 米/秒记录为－2.0 米/秒）。

3. 单项比赛：如果在跑进方向上测定的顺风风速超过 2 米/秒，所创的纪录不予承认。全能项目：需要测量风速的任何单项的顺风风速超过 4 米/秒，或平均风速超过 2 米/秒，否则所创的全能纪录不予承认。

六、所需物品和器材

1. 风速仪：3～5 台。

2. 风速测定台：3 ~5 个。
3. 椅子：3 ~5 把。
4. 标志旗：2 ~4 个。
5. 风标：2 ~4 个。
6. 风速显示屏：3 ~5 个。
7. 秒表：3 ~5 块
8. 板夹：3 ~5 个。
9. 铅笔：3 ~5 支。
10. 签字笔：3 ~5 支。
11. 风速记录表：若干。
12. 档案袋：3 ~5 个。
13. 太阳伞：3 ~5 个。

第四篇　田径竞赛场地与器材

场地器材是田径竞赛的重要组成部分，规范、清晰、准确的场地标记，标准的器材、设备，合理的场地布局设置，是运动员取得优异成绩和裁判员准确判罚的有力保障。对田径竞赛场地、器材的管理与检查工作的学习，有助于提升裁判员的理论与实践水平，对于田径裁判工作具有重要的指导作用和实际意义。

第一章　田径场地器材的管理与检查工作

第一节　场地器材的管理工作

一、工作任务与要求

1. 根据《田径竞赛规则》的规定，赛前对各径赛场地、器材和设备进行检查。主要包括各径赛项目的起点、终点、接力区、栏位、抢道标志线、障碍赛跑场地，以及相对应的起点器材设备、终点器材设备等。同时，按照规则规定丈量、检查铅球、链球、铁饼和标枪以及检查跳高、撑竿跳高、跳远、三级跳远的场地、器材和设备。

2. 负责落实体育器材和辅助器材的运输、景观设计和数量的确定，对运动会所需的器材进行统一的管理。对于运动员自备器材，按照《田径竞赛规则》的规定进行检查并对合格的器材进行登记。制订器材借还办法，保证器材借还的有序性。

3. 按照《田径竞赛规则》的要求和裁判工作的需要，准备和检查竞赛所需的各种器材。并将场地检查和器材准备情况和发现的问题向副总裁判长汇报，同时提供标准场地和器材合格的证明书。确保所有训练、比赛器材的使用完全符合国际田联相关规定。监督运动员和技术官员执行奥林匹克宪章所规定内容。

4. 赛前，根据各项比赛要求科学地布置场地，使场地布置合理，器材摆放整齐。赛中，按照比赛要求及时、准确地调整场地器材（跨栏项目），对部分场地器材进行及时的修整、调换。赛后，保证器材及时收回、清理和保养，以便后续比赛使用。

5. 大型运动会还要负责协助测量，布置外场路线和保管相关器材。安排赛前训练和赛期准备活动的场地和器材，为比赛和训练时场地和器材设备的使用提供服务。赛前做好风雨天气的应急措施。

6. 管理器材库房，负责田径器材的登记、入库、出借、运送和安装、布置、分发、回收，确保所有器材的维护和安全。同时，场地器材裁判员协调指挥场地器材组专业志愿者做好运动员自备器材的接收、运输、归还及使用情况工作。

二、岗位设置与职责

（一）岗位设置

在副总裁判长的领导下，选择经验丰富、熟悉场地器材和设备性能的裁判人员担任场地器材组组长。根据赛事规模、比赛项目和竞赛日程及赛次、参赛人数等确定裁判组人数。

1. 大型赛事场地器材组人数一般在 23 ~ 25 人。人员配置如下：

——主裁判 2 人。

——田赛组 7 人：组长 1 人，场地布置 4 人，器材保管 2 人。

——径赛组 7 人：组长 1 人，场地布置 4 人，器材保管 2 人。

——外场组 6 人：组长 1 人，场地布置 4 人，器材保管 1 人。

——财产登记验收员 1 人。

——测量员 1 人。

2. 基层赛事场地器材组人数一般在 15 ~ 18 人。人员配置如下：

——主裁判 1 人。

——场地组长 1 人，测量员 1 人，裁判员 3 人，服务员 2 – 5 人。

——器材组长 1 人，裁判员 4 人，服务员 2 人。

（二）工作职责

1. 主裁判

（1）根据赛事要求，确定工作目标，制订总体工作计划。领导场地器材组的全部工作，对赛事可能出现的各种场地器材问题提出预案。

（2）在赛事的整体进程中，与径赛、田赛和全能裁判长协同配合，做好各裁判组的协调工作。合理安排场地器材组的人员分工和具体职责，实行岗位责任制，确保整个工作环节紧密、协调、有序。

（3）带领裁判组成员检查场地的各种标记、比赛器材的规则是否符合《田径竞赛规则》要求，为各组裁判提供所需的裁判器材和用具。

（4）组织裁判员进行现场实习和联调，确定最佳的裁判工作实施与管理方案。

（5）对比赛期间出现的各类问题进行处理，如问题没有得到有效处理，请示总裁判长或组委会解决。

（6）检查裁判组的整体工作开展情况和工作计划的执行情况，及时总结工作中的有效方法和存在的不足。调动裁判组成员的积极性和主动性，有效地完成裁判组的工作任务。

2. 田赛组长

（1）指挥和领导田赛小组工作，在总裁判长的领导下，掌握每一单元田赛项目的比赛时间，场地布置以及各项目之间的衔接情况等。

（2）与高跳、远跳、长投和短投项目的场地布置裁判员，器材保管裁判员或工作人员，研究每一单元的场地布置及器材保管和回收方案。

（3）协调组内工作，与其他组协同配合，对临场可能出现的各类问题做出充分而全面的预案和解决措施。

3. 田赛场地布置裁判员

（1）在田赛组长的领导下，按照竞赛规程和规则的相关规定对高跳、远跳，长投、短投项目的场地进行布置，做好相关器材安放、管理及回收工作。

（2）根据竞赛日程，做好跳跃项目、投掷项目比赛场地器材布置与管理细则。

（3）领导和分配志愿者，密切配合组内外的工作。

4. 径赛组长

（1）指挥和领导径赛小组工作，在总裁判长的领导下，掌握每一单元径赛项目的时间安排、径赛分组和每项比赛之间的衔接情况。

（2）与径赛各小组的场地布置裁判员、器材管理裁判员共同研究每一单元比赛场地布置和器材保管、回收方案。

（3）协调组内工作，与其他组协同配合，对临场可能出现的各类问题做出充分而全面的预案和解决措施。

5. 径赛场地布置裁判

（1）在径赛组长的领导下，负责跨栏架的运送、摆放、调整及收回工作。做好径赛项目起点、终点及接力跑、中长跑、障碍跑等项目的场地布置、器材安放及回收等工作。

（2）在径赛组长的带领下，根据竞赛日程，做好径赛各项目场地器材布置工作细则。

（3）领导和分配志愿者，密切配合组内外的工作。

6. 外场组长

（1）在主裁判的领导下，掌握竞走、马拉松等外场比赛的路线，制订起点、终点好水站、饮料站等处所需器材的数量和车辆路线计划等工作。

（2）与组委会各部门及交通部门沟通联系，保证外场布置工作的顺利进行。

（3）协调组内工作，与其他组协同配合，对临场可能出现的各类问题做出充分而全面的预案和解决措施。

7. 外场场地布置裁判

（1）在外场组长的领导下，负责竞走、马拉松等外场比赛的场地布置及器材安放、回收等工作。

（2）在外场组长的带领下，根据竞赛日程，制订竞走、马拉松等外场比赛的场地器材布置和器材装、卸与车辆路线及器材回收的方案。

（3）领导和分配志愿者，密切配合组内外的工作。

8. 田赛、径赛和外场器材保管裁判

（1）赛前，根据田赛、径赛及各组主裁判提供的器材清单对所需要的器材进行检查、分类和保管，确保能够提供充足、合格的各类器材。

（2）赛中，器材室配置一名保管裁判员保证按时提供各组裁判所需的器材。另配置一名器材保管裁判在比赛现场值班，协助场地器材组主裁判及时处理比赛过程中出现的各类场地和器材问题。

（3）负责训练场地器材的使用、回收和保管等工作，为运动员提供赛前热身练习所使用的器材。

（4）赛后及时回收器材并进行检查，清理和维修，对比赛场地进行整理和维护。

（5）领导和分配志愿者，密切配合组内外的工作。

9. 财产登记验收员

（1）对比赛所有器材、设备和用具进行逐一的验收、分类、登记，对分配到各裁判组的器材进行分类登记。

（2）对各组裁判所需器材进行统计并及时报告，对已损坏的器材进行登记。

（3）在规定的时间，对撑竿跳高和全能项目的撑竿跳高比赛的撑竿进行检查和确认。

10. 测量员

（1）在主裁判的领导下，根据规则规定，赛前完成对比赛的跑道、各项目的距离、投掷圈、投掷弧、器械落地区以及田赛相关的丈量、测量工作。

（2）比赛中，负责跨栏跑（障碍跑）、中长跑、接力跑及田赛各项目场地器材的布置和检查、测量等工作。

（3）绘制比赛场地平面图，提供场地合格证书。

第二节　场地器材的检查工作

场地器材的检查包括：比赛场地整体外观的检查，径赛项目比赛场地器材的检查，田赛项目比赛场地器材的检查，相关裁判设备、用具的检查及复核等工作。

一、比赛场地整体外观的检查

首先，检查场地设计规格和布局是否符合田径比赛要求，径赛跑道表面是否平整，有无破损，各类标志线是否规范、清晰。其次，检查田赛项目远跳、高跳、长投、短投项目的场地情况。包括跳跃项目的助跑道和起跳区是否平整并具有弹性，投掷项目的投掷区和落地区是否符合规则规定，标志线、角度线是否清晰、准确。

二、径赛项目场地器材的检查

1. 检查跑道的周长，直道、弯道的长度，直曲段分界线的位置及跑道的倾斜度。（《田径竞赛规则》规定：标准跑道全长应为400米，由两个平行的直道和两个半径相等的弯道组成，分道宽为1.22米（±0.01米），分道线宽5厘米，所有分道宽应相等。）

2. 检查和复核各径赛项目的起点线、终点线、栏架栏位和接力区位置。（国际田联对起跑线和栏架标志的颜色都有严格的规定，起终点都是5厘米宽的白线，有2个项目的起跑线例外，它们分别是800米和4×400米接力跑，800米起跑线是白绿白，4×400米起跑线是白蓝白，抢道线是绿色弧线，4×100米接力区的标志是黄色、4×400米接力区是蓝色。另外，栏架的标志亦用颜色来区分，100米栏标志是黄色，110米栏是蓝色，400米栏是绿色。）

3. 检查弯道分道跑和部分分道跑项目梯形起跑线和抢道线的位置（弯道的起跑线

是半径的延长线。800 米和 4 × 400 米接力都要通过抢道线后才能进行切入，抢道线处要放置标志旗或锥形物，锥形物的高度不能超过 15 厘米，颜色与抢道线相同）。

4. 检查 3000 米障碍跑的水池及栏架位置。（障碍跑，从起点至第一圈开始处之间不放置栏架，待运动员进入第一圈后再在这段距离内放置。男女子栏架的高度不同，要根据项目要求调整高度。男子栏架高度 0.914 米，女子栏架高度 0.762 米。此外，由于田径场地半径不同，障碍跑的起点所在位置也不同，36 米和 36.50 米半径的起点在东直道。

5. 检查起跑器、跨栏架、发令枪、发令弹、发令台、接力棒、秒表、红黄旗、红黑牌、黄黑牌、绿牌、抢道标志物（标志旗）等裁判器材。

三、田赛项目场地器材的检查

1. 远跳项目的沙池、起跳板、橡皮泥显示板、平沙器、钢尺、红白黄旗、钢钎、助跑标志物、起跳标志物、远度标志、风标、秒表等。跳远与三级跳远场地相同，只是起跳板至落地区的距离的要求不同。通常跳远比赛的起跳板至落地区的近端 1 ~ 3 米，三级跳远男子的起跳板至落地区的近端不少于 13 米，女子不少于 11 米。落地区宽度最少 2.75 米，最大 3 米。起跳板长 1.21 ~ 1.22 米，宽 20 厘米（ ± 2 毫米），厚 10 厘米，涂成白色，埋于地下并与地面平齐。橡皮泥显示板应用木料或其他适宜的材料制成，长 1.21 ~ 1.22 米，宽 10 厘米（ ± 2 毫米），其超出起跳板的高度为 7 毫米（ ± 1 毫米），显示板边沿向助跑道方向倾斜 45°，在倾斜面上覆盖 1 毫米厚的橡皮泥。

2. 高跳项目的起跳区、落地区、起跳限制线、横杆、红白黄旗、量高尺、秒表、高度显示牌、风标、撑竿跳高的撑杆及架距显示牌等。跳高通常在扇形的区域进行助跑，为有助于裁判员执行规则，应沿着两个立柱前沿垂直面的地面画一条 5 厘米宽的白线，该白线前沿与立柱前沿垂直面相交，并延伸至立柱以外 3 米处。撑竿跳高则在 1.22 米宽的助跑道上进行助跑。画一条 1 厘米宽的白线，与助跑道的中轴线垂直，与插斗前壁顶端的内沿齐平。此线应尽量延伸到两侧立柱的外端。

3. 投掷项目的场地投掷区规格、落地区角度、远度显示牌、风标、钢尺、钢钎、红白黄旗、秒表、投掷器材的重量及尺寸等。标枪以助跑道与落地区组成比赛场地，标枪场地与众不同，标枪落地区的角度约 29°，助跑道宽 4 米，长 36.5 米，助跑道前端是半径为 8 米的一条弧线，弧线的宽 7 厘米。铅球和链球的场地要求基本相同，铅球和链球的落地区角度是 34.92°，投掷圈直径同样是 2.135 米（ ± 5 毫米）。铁饼场地的规格与链球大同小异，落地区角度相同，只是铁饼投掷圈的直径比链球大，铁饼投掷圈的直径为2.50米（±5毫米）。

四、外场比赛场地器材的检查

1. 根据规则规定，检查比赛路线。

2. 测量和复核比赛路线的距离。

3. 检查各项目裁判所需的器材和设备。

第三节　场地器材组工作细则及方法

一、场地器材组工作细则

1. 凡是借用器材一律填写“器材使用申报表”，经库房管理员办理登记手续后，由管理员递交借用。未经允许不得擅自取用器材。

2. 使用完毕应立即归还，办理“器材使用申报表”注销手续，不得携带器材离开体育场。

3. 裁判因竞赛工作需要使用器材，应按各裁判组为单位借用器材。

4. 各裁判组必须在大会正式比赛开始前两天（48小时）各裁判组主裁判负责提出申请，填写“器材使用申报表”，一次填写多次有效。

5. 在项目比赛开始前一天（24小时）各裁判组主裁判到器材室进行器材使用确认。

6. 比赛开始前2小时各裁判组派裁判员到器材室清点所需器材数量，办理手续签名领取器材。

7. 当项比赛结束退场时裁判组应将器材带出赛场，交还器材室办理注销手续。

8. 如有器材缺损，领用人必须填写“器材缺损报告”，由各相应对口部门负责人签字确认后上报器材室备案。

二、场地器材组工作方法

（一）赛前工作

1. 组织学习竞赛规程、规则和大会相关文件。了解赛会的规模、单元数、运动员人数、项目设置、分组情况和运动员水平，场地器材有无特殊规定和要求等，以便做好相应的准备工作。

2. 制订工作计划和相关预案，宣布人员分工和具体要求，与田赛、径赛和全能裁判长协调，确定自备器材的检查时间。按照要求做好自备器材的检测、封存、接收工作。

3. 根据竞赛规程、《田径竞赛规则》和裁判法的相关要求检查场地、器材和各类裁判所需用品，列出需要购置的器材、设备、用品的规格和数量清单。

4. 按照竞赛规程、规则要求，检查、测量和画出煤渣场地各个项目的标志线和标志点。复合塑胶场地的各径赛项目的起点线、标志线、标志点和田赛比赛场地的投掷区、落地区。

5. 检查各裁判组所需的器材、用具，安装和检修各组设备，制作场地平面图，并提供场地合格证明书。

6. 根据竞赛日程，拟定器材、用具的借还办法和工作流程。根据项目设置和场地布局准备防雨、遮阳器材。

7. 与相关管理部门协调，了解裁判员数量，准备和发放裁判员服装、裁判员证件和主裁判、裁判长的臂章等。

8. 按照要求布置好相关健身器材、田赛、径赛的场地和器材，并把所有有关热身场地、比赛场地的器材与热身场地、比赛场地裁判组做好交接工作。

（二）赛中工作

1. 在裁判员到达场地前 1～1.5 小时，布置好场地、设备，准备好所有器材和裁判用具。根据各单元赛程和工作计划，做好器材、用具的借还工作。

2. 根据赛程安排，调整好跨栏架的配重调节器，做好栏架的摆放准备工作。在每个跨栏项目比赛后，做好下一赛次的栏架高度和配重调节器的调试工作。跨栏比赛结束后及时收拾和整理栏架。竞走项目和马拉松项目要做好饮用水站布置工作。

3. 与各组裁判长或主裁判建立联系，做好单元比赛后或比赛间隙的场地维护工作。对比赛已用过的器材、设备或用具进行检查、维护，补齐因损坏而无法使用的器材、用具。

4. 场地器材主裁判在比赛期间要深入比赛场地进行检查、巡视和督促裁判组的工作，发现问题及时解决。

5. 单元工作小结，总结工作经验和存在不足，提出下一步工作要求。

（三）赛后工作

1. 回收和清点各裁判组归还的器材和用具，做好回收器材、用具的清洁、保养和维修，对有损坏和遗失的器材和用具进行登记。做好自备器材运输、归还工作。

2. 召开裁判组工作会议，对各项工作进行总结，评选体育道德风尚先进个人，做好各项工作的善后工作。向总裁判长进行工作汇报，向总裁判长或竞赛组委会提交书面工作总结。

三、工作重点、难点及应急预案

（一）工作重点与难点

径赛：（1）各个不同组别栏架的高度、配重、栏间距摆放及转换。（2）长距离项目第二起跑线分道旗的摆放及饮水站的设置。

田赛：（1）各个不同投掷项目场地落地区的画法及远度线的设置。（2）各个不同投掷项目器材的重量。

（二）应急预案

预案1：出现突降大雨的情况。

解决办法：事先准备一次性雨衣、帐篷、太阳伞等，由场地器材各组裁判员及志愿者送至相应裁判组。

预案2：比赛过程中出现栏架损坏的情况。

解决办法：在场地四角放置若干备用栏架，出现类似情况有相应的裁判员及志愿者第一时间进行替换。

预案3：出现标枪、跳高等项目和径赛出现场地交叉的情况。

解决办法：安排工作人员拆除相应的内道沿，配合项目裁判员做好场地的管理工作。

第二章　田径比赛的场地器材规格与标准

第一节　标准田径场地规格

一、标准的田径场地

（一）田径比赛场地的规定与要求

《田径竞赛规则》规定，所有坚固、表面平整一致，符合《IAAF田径场地设施标准手册》中有关规定的地面均可用于田径比赛。

1. 世界田径系列赛所包含的比赛（国际田联世界田径锦标赛、国际田联世界青年田径锦标赛、国际田联田径世界杯、国际田联钻石联赛、国际田联世界田径总决赛等）、奥林匹克运动会中的室外田径比赛，可以仅限在获得IAAF批准并获得

IAAF 一级场地证书的场地上举行。

2. IAAF 不具独辖权的地区、区域性、或集团性运动会中的田径比赛；不限于单个地区参赛的区域性或集团性锦标赛中的田径比赛；来自不同地区的不同会员协会、地区或联合代表队之间举行的对抗赛；经过 IAAF 理事会批准的，并被列为 IAAF 全球赛事体系的国际邀请赛和比赛；地区锦标赛和由地区联合会组织的地区内的比赛；地区、区域性、或集团性运动会中的田径比赛，以及只限于来自一个单独地区参赛的区域性或集团性的田径锦标赛；同一地区的两个或两个以上的不同会员协会，或联合代表队之间举行的对抗赛（不含青年和少年组）；除经过 IAAF 理事会批准的，并被列为 IAAF 全球赛事体系的国际邀请赛和比赛之外，出场费、奖金/或非现金奖励价值总额超过 50000 美元，或任何单项数额超过 8000 美元的国际邀请赛和比赛；经过 IAAF 理事会批准的，并被列为 IAAF 全球赛事体系的地区性比赛计划的国际邀请赛和比赛等室外田径赛事均应在获得 IAAF 二级证书的场地上举行。

3. 凡举办国内正式田径比赛的场地，均应符合国际田联的有关规定，并获得中国田径协会批准的有效证书。

（二）标准田径场地的规格

根据《田径竞赛规则》和国际田联 2008 年版的《田径场地设施标准手册》的相关规定。400 米的田径场地弯道半径通常有 36 米、36.5 米和 37.898 米三种。而国际田联建议，新建的标准 400 米田径场地应采用 36.5 米的半径，包括一个标准的 400 米周长的跑道和一个标准的足球场（68 米×105 米）。标准 400 米田径场的尺寸要求如表 4－1、表 4－2、图 4－1 所示。

表 4－1　标准 400 米椭圆形跑道内部尺寸规格表

	Type of 400m Oval Track			
	Standard Track	Double Bend Track		
R = Radius	R = 36.50	R1 = 51.543 R2 = 34.000	R1 = 48.00 R2 = 24.00	R1 = 40.022 R2 = 27.082
G = Straights	G = 84.39	G = 79.996	G = 98.52	G = 97.256
F = Figure	F = 1.2.3a	F = 1.2.3b	F = 1.2.3c	F = 1.2.3d
Rectangular Interior Width Length	 73.00 84.39	 80.000 79.996	 72.00 98.52	 69.740 97.256
Dimension of Segment Width Length	 73.00 36.50	 80.000 35.058	 72.00 27.22	 69.740 29.689

Table 1.2.3a - Dimension of interior of 400m Oval Track (in m)

表 4－2　标准 400 米椭圆形跑道运动场用于其他运动项目尺寸规格表

Sport	Pitch Size				Safety Zone		Total Standard Size	
	Under Competition Rules		Standard Size		Long Sides	Short Sides		
	Width	Length	Width	Length			Width	Length
Football (Soccer)	45-90	90-120	68	105	1	2	70	109
FIFA Matches	64-75	100-110	68	105	5	5	78	115
American Football[1]	48.80	109.75	48.80	109.75	1	2	50.80	113.75
Rugby[2]	68-70	97-100	70	100	3.50-5	10-22	77-80	120-144

[1] In this case, athletics use may be hampered in the segment areas
[2] A slight rounding of the corners of the "touch down" areas by bending the segment arcs will be necessary

Table 1.2.3b - Field dimension of interior of 400m Oval Track when used for other sports (in m)

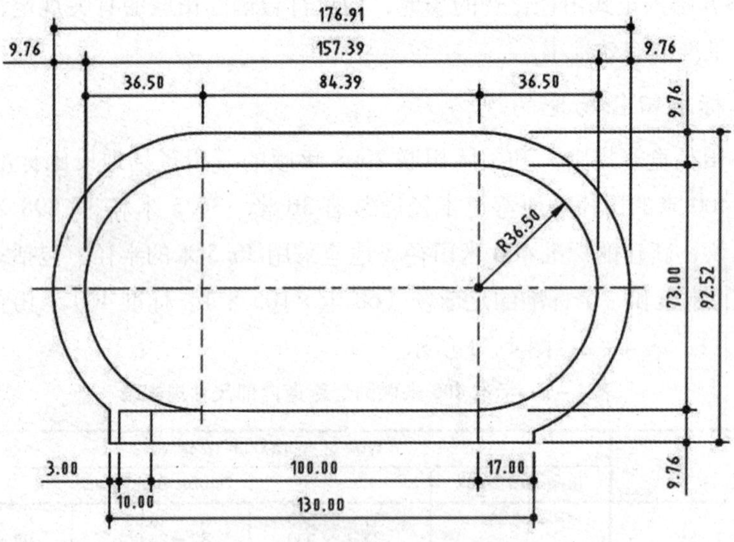

图 4－1　半径 36.5 米的标准 400 米跑道示意图

（三）标准田径场地的设计和布局

由于各个场地所承担的比赛类型不同，各场地的布局和设计也不尽相同。通常情况下，标准的400 米田径场应该能够满足所有的田赛项目比赛所需场地。但是，由于近年来各地区广泛采用人工草皮场地，难以满足标枪、铁饼、链球等项目的练习和比赛。因此，中国田径协会规定，如果 400 米田径场不能满足所有田赛项目比赛的场地，通常划为二类田径场地。

由于标准 400 米田径场的径赛项目的各起、终点标志线和其他标志线在跑道上已经固定，并用相应的颜色进行标示。所以，田径场地的布局主要是指田赛项目场地在田径场地内的位置。承担不同类型比赛的田径场地，场地布局也各有差异。不同类型比赛场地的场地布局要求如表 4 - 3 所示。

表 4 - 3　不同类型田径场地布局设施数量配置表

	场地设施类别	一类	二类	三类
1	每侧设置跳远、三级跳远设施	2	2	1
2	跳高设施	2	2	1
3	每侧设置撑竿跳高设施	2	2	1
4	掷铁饼和掷链球合用设施	1	1	1
5	掷铁饼设施	1	1	–
6	掷标枪设施	2	2	2
7	铅球设施	2	2	2

国际标准的 400 米田径场的布局如图 4 - 2 所示。

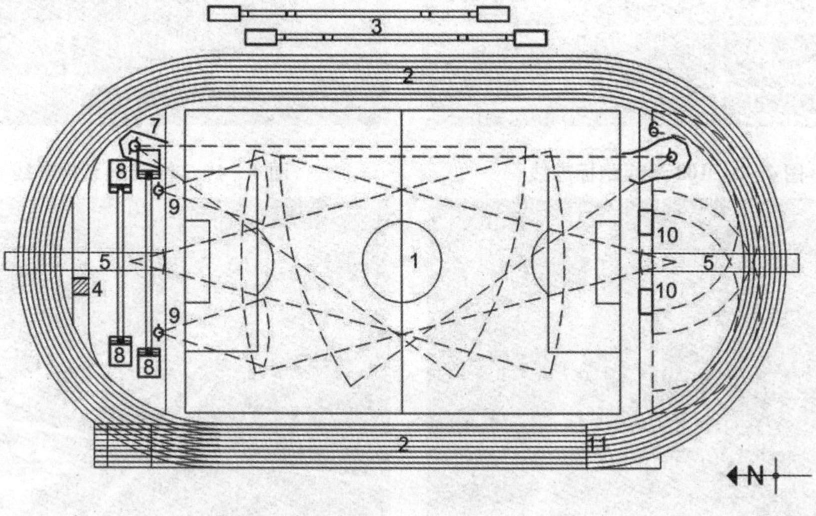

图 4 - 2　标准 400 米场地布局图

备注：1 足球场；2 径赛跑道；3 跳远、三级跳远设施；4 障碍跑水池；5 掷标枪助跑道；6 掷铁饼、链球设施；7 掷铁饼设施；8 撑竿跳高设施；9 推铅球设施；10 跳高设施；11 终点线。

第二节　径赛场地上的标志与场地布置

径赛项目分为短距离跑项目（100 米、200 米、400 米）、中距离跑项目（800 米、1500 米、3000 米）、长距离跑项目（5000 米、10000 米）、接力跑项目（4×100 米、4×400 米）、跨栏跑项目和 3000 米障碍跑项目。通常情况下，径赛项目的规格起点、终点标志线和其他标志线都是固定的，并事先用相应的颜色专门画出或标示。

（一）短距离跑项目的起终点标志及场地布置方法

短距离跑项目主要包括 100 米、200 米和 400 米项目。

1. 起终点标志线（图 4－3～图 4－6）

图 4－3　100 米起跑标志线

图 4－4　200 米起点标志线

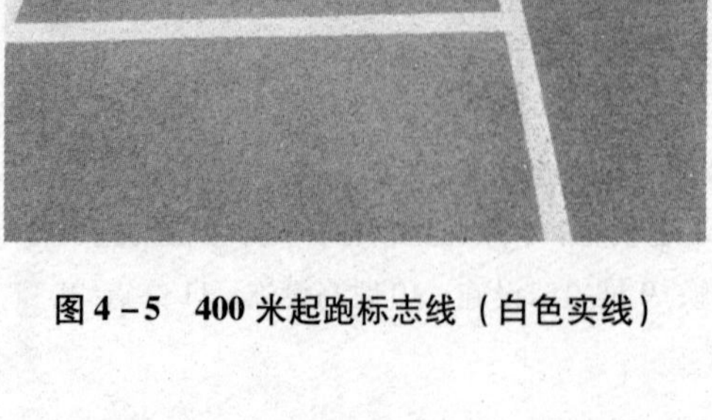

图 4－5　400 米起跑标志线（白色实线）

图 4－6　终点标志线

2. 场地布置及方法

（1）100 米、200 米场地布置图（图 4 -7 ~ 图 4 -10）

图 4 -7　100 米跑起点布置图

图 4 -8　200 米跑起点布置图

图 4 -9　终点布置图

图 4 -10　终点布置图

（2）100 米、200 米、400 米跑场地布置方法（表 4 -4、表 4 -5）

表 4 -4　100、200 米跑场地布置方法

场地器材组负责布置	发令台，风标，道次墩 9 个，终点裁判椅子 3 把
相关业务口负责布置	风速仪，显示器，终点摄影设备，分段时间显示屏，终点计时显示器，起跑器电子系统。
裁判员领用	发令枪 3 把，子弹 50 发，手套 5 副，红黑、黄黑卡 1 副，夹板 2 块，橡皮头铅笔 2 支

表 4 – 5　400 米跑场地布置方法

场地器材组负责布置	发令台，道次墩 9 个，终点裁判椅子 3 把
相关业务口负责布置	终点摄影设备，分段时间显示屏，终点计时显示器，起跑器电子系统
裁判员领用	发令枪 3 把，子弹 50 发，手套 5 副，红黑、黄黑牌 1 副，夹板 2 块，橡皮头铅笔 2 支

（二）中距离跑项目的起点标志及场地布置方法

中距离跑项目主要包括 800 米、1500 米、3000 米。

1. 跑起点标志线（图 4 – 11 ~ 图 4 – 14）

图 4 – 11　800 米起跑标志线（白绿相间）

图 4 – 12　1500 米跑起跑标志线

图 4 – 13　3000 米跑起跑标志线

图 4 – 14　800 米跑及 4 × 400 米接力跑抢道线

2. **场地布置方法**（表4－6～表4－8）

表4－6　800米跑场地布置方法

场地器材组负责布置	发令台，终点裁判椅子4把，内场1把。检查裁判抢道标志物8个
相关业务口负责布置	终点摄影设备，分段时间显示屏，终点计时显示器，终点报圈器
裁判员领用	发令枪3把，子弹50发，手套5副，红黑、黄黑卡1副，夹板2块，橡皮头铅笔2支

表4－7　1500米跑场地布置方法

场地器材组负责布置	发令台，终点裁判椅子4把，内场1把
相关业务口负责布置	终点摄影设备，分段时间显示屏，终点计时显示器，终点报圈器
裁判员领用	发令枪3把，子弹50发，手套5副，红黑、黄黑卡1副，夹板2块，橡皮头铅笔2支

表4－8　3000米跑场地布置方法

场地器材组负责布置	发令台，终点裁判椅子7把，内场2把，饮用水站，分组起跑分道隔离墩及标志旗
相关业务口负责布置	终点摄影设备，分段时间显示屏，终点计时显示器，终点报圈器，自动记圈仪电子系统
裁判员领用	发令枪3把，子弹50发，手套5副，红黑、黄黑卡1副，终点脱圈报圈牌1－10＋1－5，夹板2块，橡皮头铅笔2支

（三）长距离跑项目的起点标志及场地布置

长距离跑项目主要包括5000米、10000米。

1. **起跑标志线**（图4－15、图4－16）

图4－15　5000米跑起跑标志线

图4－16　10000米跑起跑标志线

2. 场地布置方法（表4-9、表4-10）

表4-9 5000米跑场地布置方法

场地器材组负责布置	发令台，终点裁判桌子3张，椅子10把，内场2把，饮用水站，分组起跑分道隔离墩及标志旗
相关业务口负责布置	终点摄影设备，分段时间显示屏，终点计时显示器，终点报圈器，自动记圈仪电子系统
裁判员领用	发令枪3把，子弹50发，手套5副，终点脱圈报圈牌（1～5）3套，夹板2块，橡皮头铅笔2支

表4-10 10000米跑场地布置方法

场地器材组负责布置	发令台，终点裁判桌子3张，椅子10把，内场2把，饮用水站，分组起跑分道隔离墩及标志旗
相关业务口负责布置	终点摄影设备，分段时间显示屏，终点计时显示器，终点报圈器，自动记圈仪电子系统
裁判员领用	发令枪3把，子弹50发，手套5副，终点脱圈报圈牌（1～5）3套，夹板2块，橡皮头铅笔2支

（四）接力跑跑项目的起点标志线及场地布置方法

接力跑项目主要包括4×100米、4×400米。

1. 起点标志线（图4-17～图4-20）

图4-17 4×100米接力跑起跑线

图4-18 4×400米接力跑起跑线白蓝相间

图 4－19　4×100 米接力区标志线为黄色箭头

图 4－20　4×400 米接力区标志线为蓝色箭头

2. 场地布置方法（表 4－11）

表 4－11　4×100 米、4×400 米接力跑场地布置方法

场地器材组负责布置	发令台，道次墩 9 个，终点裁判椅子 3 把
相关业务口负责布置	终点摄影设备，分段时间显示屏，终点计时显示器，起跑器电子系统
裁判员领用	发令枪 3 把，子弹 50 发，手套 5 副，红黑、黄黑牌 1 副，夹板 2 块，橡皮头铅笔 2 支，接力棒 10 支

（五）跨栏跑项目的起点标志线、栏架标志及场地布置方法

跨栏跑项目主要包括男子 110 米栏、女子 100 米栏，男女 400 米栏项目。

1. 跨栏跑起跑线（图 4－21、图 4－22）

图 4－21　110 米栏起跑标志线

图 4－22　100 米栏起跑标志线同 100 米

女子100米栏起跑标志线同100米跑起跑标志线。男女400米栏起点标志线同400米跑起点标志线。

2. 跨栏跑标志点（图4-23～图4-25）

图4-23　110米栏栏架标志点为蓝色

图4-24　100米栏栏架标志点为黄色

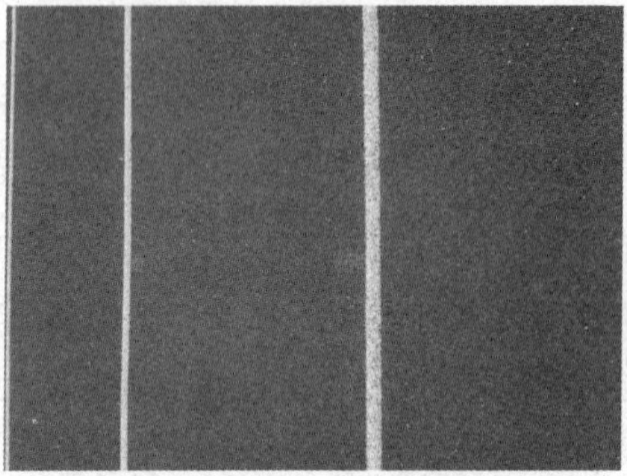

图4-25　400米栏栏架标志点为绿色

3. 场地布置方法（表4-12～表4-14）

表4-12　男子110米栏场地布置方法

场地器材组负责布置	发令台，风标，道次墩9个，终点裁判椅子3把，跨栏架100个（栏高1.067米）
相关业务口负责布置	风速仪，显示器，终点摄影设备，分段时间显示屏，终点计时显示器，起跑器电子系统
裁判员领用	发令枪3把，子弹50发，手套5副，红黑、黄黑牌1副，夹板2块，橡皮头铅笔2支

表 4－13　女子 100 米栏场地布置方法

场地器材组负责布置	发令台，风标，道次墩 9 个，终点裁判椅子 3 把，跨栏架 100 个（栏高 0.84 米）
相关业务口负责布置	风速仪，显示器，终点摄影设备，分段时间显示屏，终点计时显示器，起跑器电子系统
裁判员领用	发令枪 3 把，子弹 50 发，手套 5 副，红黑、黄黑牌 1 副，夹板 2 块，橡皮头铅笔 2 支

表 4－14　400 米栏场地布置方法

场地器材组负责布置	发令台，道次墩 9 个，终点裁判椅子 3 把，跨栏架 100 个（男子栏高 0.914 米；女子栏高 0.762 米）
相关业务口负责布置	终点摄影设备，分段时间显示屏，终点计时显示器，起跑器电子系统
裁判员领用	发令枪 3 把，子弹 50 发，手套 5 副，红黑、黄黑牌 1 副，夹板 2 块，橡皮头铅笔 2 支

（六）3000 米障碍跑项目的起点标志及场地布置

1. 起跑标志线及栏架标志点（图 4－26 ~ 图 4－29）

图 4－26　水池在弯道内起跑标志线

图 4－27　水池在跑道外起跑标志线

图 4－28　水池在跑道外位置图

图 4－29　3000 米障碍跑栏架标志点为蓝色方形

2. 场地布置方法（表 4－15）

表 4－15　3000 米障碍跑场地布置方法

场地器材组负责布置	发令台，终点裁判椅子 6 把、内场 2 把，障碍跑道分道旗，障碍栏架 5 个（栏高 0.914 米），千米点标志旗
相关业务口负责布置	终点摄影设备，分段时间显示屏，终点计时显示器，起跑器电子系统，自动记圈仪电子系统
裁判员领用	发令枪 3 把，子弹 50 发，手套 5 副，红黑、黄黑牌 1 副，夹板 2 块，橡皮头铅笔 2 支

（七）竞走项目的起点标志及场地布置

竞走比赛分为场地竞走和公路竞走两种。场地竞走比赛在体育场内进行，主要包括男子 20000 米和女子 5000 米、10000 米项目。公路竞走比赛是在公路上进行，主要包括男子 20 公里、50 公里和女子 20 公里项目。

1. 竞走起点标志线

场地竞走的起终点与场地长距离跑起终点相同。（图 4－30）

公路竞走起点与马拉松跑起点类似，通常用拱门来设置起点。公路竞走的终点可以设置在公路上也可以设置在体育场内。（图 4－31）

图 4－30　公路竞走比赛起点

图 4－31　公路竞走比赛终点

2. 场地布置方法（表 4－16）

表 4－16　20 公里竞走场地布置方法

场地器材组负责布置	记圈员（赛道入口处）2 张桌子，17 张椅子；检查员（赛道两侧）11 张椅子；记录台 2 张桌子，6 张椅子；ITO（赛道）8 张椅子；大会饮料 8 张桌子，8 张椅子；自备饮料站（参赛国家数＋1）张桌子；大会用水站 9 张桌子，9 张椅子；喷淋站 3 张桌子；仲裁 5 张桌子；隔离墩 560 个；花盆若干；转折点标志；各类标志；电瓶车 2 辆
相关业务口负责布置	终点摄影设备，分段时间显示屏，终点计时显示器，自动记圈仪电子系统，犯规显示屏
裁判员领用	发令枪 3 把，子弹 50 发，手套 5 副，红黄卡 1 副，夹板 2 块，橡皮头铅笔 2 支

（八）马拉松项目的起点标志及场地布置

国内马拉松比赛通常设置迷你马拉松、半程马拉松和全程马拉松等项目。

1. 起终点标志线

由于马拉松参赛人数多，很难设置统一的起跑标志线。因此，在起点处通常会搭建拱门来作为起点线。马拉松的终点可以设置在体育场内，也可以在公路上，或者将起终点设置在同一位置。（图 4－32 ~ 图 4－35）

图 4－32　半程马拉松跑起点

图 4－33　全程马拉松跑起点

图 4－34　半程马拉松跑终点

图 4－35　全程马拉松终点

2. 场地布置方法（表 4－17）

表 4－17　马拉松项目场地布置方法

场地器材组负责布置	终点裁判椅子 2 把；隔离墩 400 个；41、42 公里牌；转返指示牌；分道标志旗 40 个；发令台；召回发令枪 2 把；终点带
相关业务口负责布置	终点摄影设备，分段时间显示屏，终点计时显示器
裁判员领用	终点带，红黑、黄黑卡 1 副，夹板 2 块，橡皮头铅笔 2 支

第三节　田赛各项目的场地布置与要求

一、跳高场地器材布置图及布置方法

1. 跳高场地器材规格及裁判员位置图（图 4－36、图 4－37）

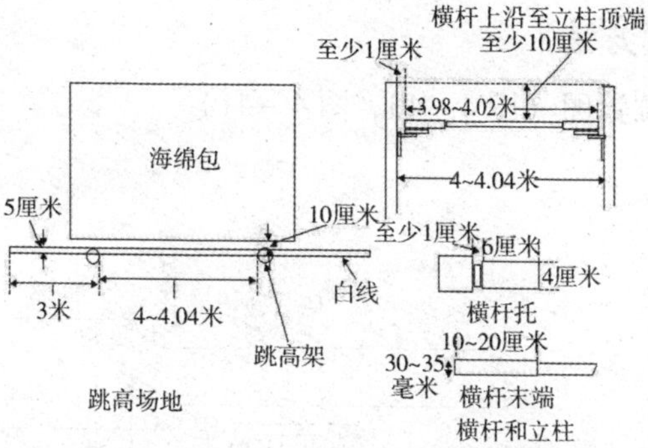

图 4－36　跳高场地器材规格

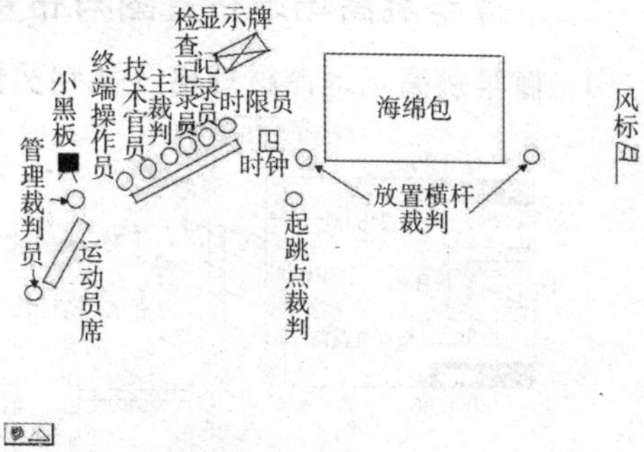

图 4－37　跳高裁判员位置图

2. 场地布置效果图（图 4－38、图 4－39）

图 4－38　跳高场地布置效果图

图 4－39　跳高场地布置效果图

3. 场地布置方法（表 4－18）

表 4－18　跳高场地布置方法

场地器材组负责布置	裁判桌 2 张，椅子 11（＋1 全能）把，运动员休息椅 16 座，风标，清扫工具，停用显示标记（STOP）1 个，海绵包 1 套，跳高架 1 副，横杆（4m）4 根，跳高丈量尺 1 个，跳高架基准线（5cm × 12m）1 根
相关业务口负责布置	终端设备，激光测距仪，田赛成绩显示屏，时限显示屏，候赛运动员号码显示屏
裁判员领用	红旗、白旗、黄旗各 1 面，钢尺（30m）1 把，皮尺（50m）1 把，粘胶带（各色）各 8 卷，锤子 1 把，小钉 10 枚，手套 2 副，擦布 2 块，扫帚（软）1 把，橡皮头铅笔 2 支，夹板 3 块，签字笔 1 支，电子秒表 1 块，白板笔 3 支，红黑、黄黑卡 1 副

二、撑竿跳高场地布置图与布置方法

1. 撑竿跳高场地器材规格及裁判员位置图（图 4－40、图 4－41）

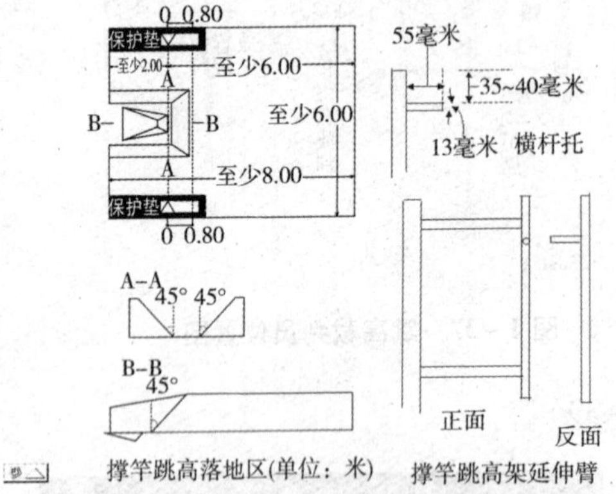

图 4－40 撑竿跳高场地器材规格

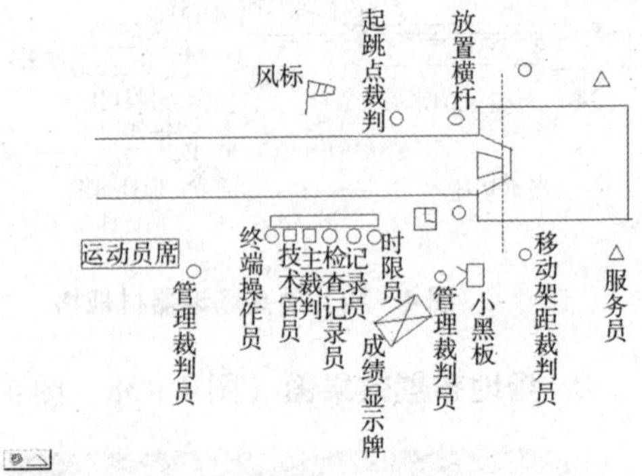

图 4－41 撑竿跳裁判员位置图

2. 场地布置效果图（图 4－42、图 4－43）

图 4－42 撑竿跳高场地布置效果图

图 4－43 撑竿跳高场地布置效果图

3. 场地布置方法（表 4－19）

表 4－19 撑竿跳高场地布置方法

场地器材组负责布置	裁判桌 2 张，椅子 13 把，运动员休息椅 16 座，风标，清扫工具，停用显示标记（STOP）1 个，镁粉盒 1 个，海绵包 1 套，撑竿跳高架 1 付，横杆（4.5m）4 根，撑竿跳高丈量尺 1 个，撑杆搁架 1 个，横杆叉 1 副

续表

相关业务口负责布置	终端设备，激光测距仪，田赛成绩显示屏，时限显示屏，候赛运动员号码显示屏，电动立柱控制台，架距显示屏
裁判员领用	红旗、白旗、黄旗各 1 面，钢尺（100m）1 把，皮尺（50m）1 把，助跑标志物 20 副，手套 2 副，擦布 2 块，扫帚（软）1 把，橡皮头铅笔 2 支，夹板 3 块，签字笔 1 支，电子秒表 1 块，白板笔 3 支，红黑、黄黑卡 1 副，运动员比赛用撑杆

三、跳远场地布置图与布置方法

1. 跳远场地器材布局及裁判员位置图（图 4 – 44）

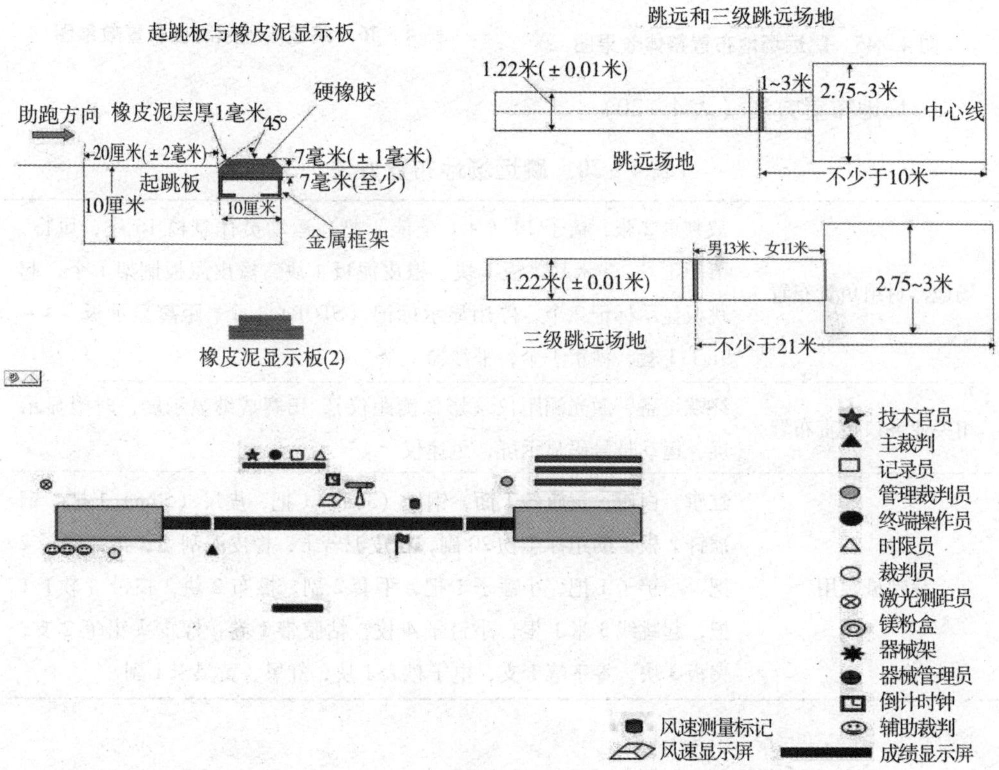

图 4 – 44　跳远、三级跳远场地器材布局及裁判员位置

2. 场地布置效果图（图 4 – 45、图 4 – 46）

图 4 – 45　跳远场地布置整体效果图

图 4 – 46　跳远场地起跳板布置效果图

3. 场地布置方法（表 4 – 20）

表 4 – 20　跳远场地布置方法

场地器材组负责布置	裁判桌 2 张，椅子 14（ +1 全能）把，运动员休息椅 16 座，风标，清扫工具，3 米起跳板 1 块，橡皮泥板 4 块，橡皮泥板搁架 1 个，起跳板显示标记 2 个，停用显示标记（STOP）1 个，距离显示板（4 – 9m）1 套，沙铲 1 个，平沙器 1 个
相关业务口负责布置	终端设备，激光测距仪（影像测距仪），田赛成绩显示屏，时限显示屏，运动员号码显示屏，风速仪
裁判员领用	红旗、白旗、黄旗各 1 面，钢尺（30m）1 把，皮尺（50m）1 把，钢插钎 2 根，助跑标志物 20 副，橡皮泥若干，橡皮泥刮刀 2 把，刷子 2 把，小铲子 1 把，小锤子 1 把，手套 2 副，擦布 2 块，扫帚（软）1 把，起跳线 3 米 1 根，小钉子 4 枚，粘胶带 1 卷，橡皮头铅笔 2 支，夹板 3 块，签字笔 1 支，电子秒表 1 块，红黑、黄黑卡 1 副

四、三级跳远场地布置图与布置方法

1. 三级跳远场地器材布局及裁判员位置图

参见图 4 – 44。

2. 场地布置效果图（图4－47、图4－48）

图4－47　三级跳远场地布置图

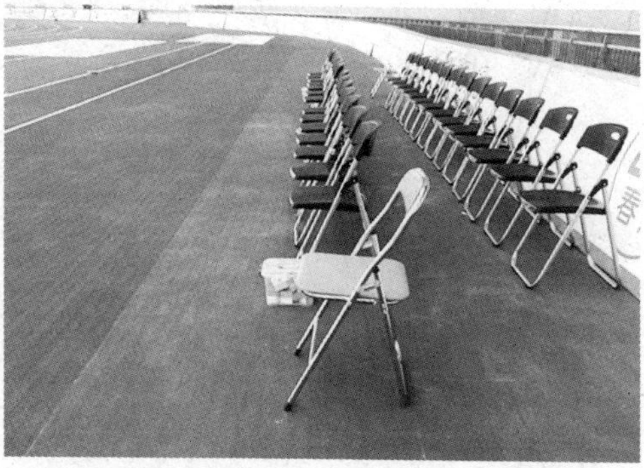

图4－48　跳远比赛运动员席布置图

3. 场地布置方法（表4－21）

表4－21　三级跳远场地布置方法

场地器材组负责布置	裁判桌2张，椅子14把，运动员休息椅16座，风标，清扫工具，3米起跳板1块，橡皮泥板4块，橡皮泥板搁架1个，起跳板显示标记2个，停用显示标记（STOP）1个，距离显示板（13～18m）1套，沙铲1个，平沙器1个
相关业务口负责布置	终端设备，激光测距仪（影像测距仪），田赛成绩显示屏，时限显示屏，运动员号码显示屏，风速仪
裁判员领用	红旗、白旗、黄旗各1面，钢尺（30m）1把，皮尺（50m）1把，钢插钎2根，助跑标志物20副，橡皮泥若干，橡皮泥刮刀2把，刷子2把，小铲子1把，小锤子1把，手套2副，擦布2块，扫帚（软）1把，起跳线3米1根，小钉子4枚，粘胶带1卷，橡皮头铅笔2支，夹板3块，签字笔1支，电子秒表1块，红黑、黄黑卡1副

五、铅球场地布置图与布置方法

1. 铅球场地器材布局及裁判员位置图（图4－49、图4－50）

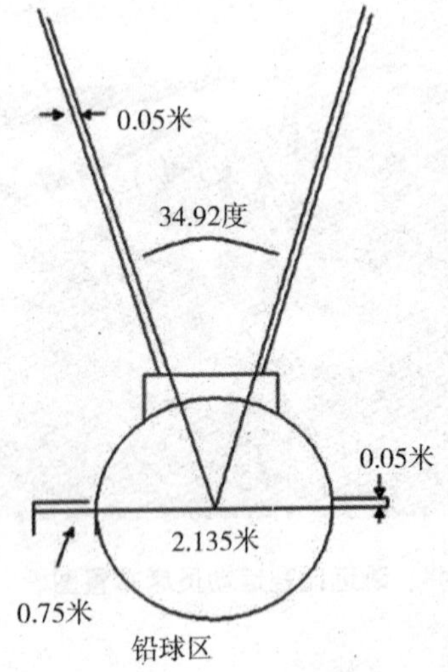

图 4－49　铅球场地器材布局

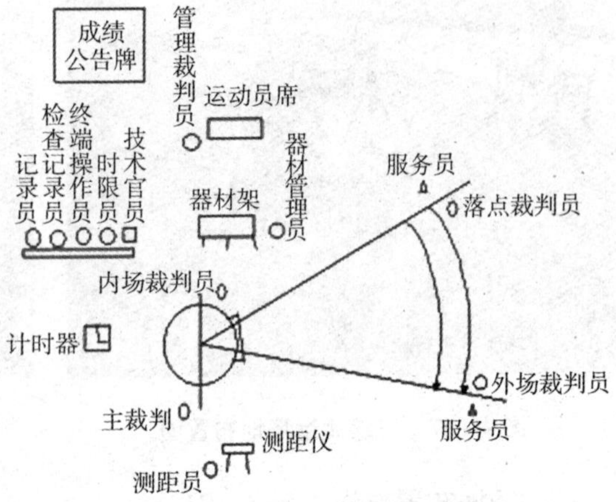

图 4－50　推铅球裁判位置示意图

2. 场地布置效果图（图 4－51、图 4－52）

图 4－51　铅球场地布置远景图

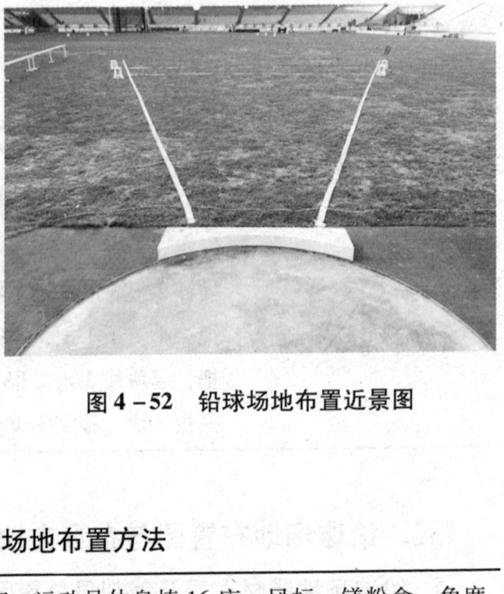

图 4－52　铅球场地布置近景图

3. 场地布置方法（表 4－22）

表 4－22　铅球场地布置方法

场地器材组负责布置	裁判桌 2 张，椅子 11 把，运动员休息椅 16 座，风标，镁粉盒，角度线，纪录旗，距离标志线，远度标志墩，清扫工具，停用显示标记（STOP）1 个，脚垫，铅球回收架，比赛铅球 10 个，投掷器材架 1 个
相关业务口负责布置	终端设备，激光测距仪，田赛成绩显示屏，时限显示屏，运动员号码显示屏

续表

裁判员领用	红旗、白旗、黄旗各1面，钢尺（100m）1把，皮尺（50m）1把，钢插钎2根，成绩标志牌3块，手套2副，擦布2块，扫帚（软）1把，橡皮头铅笔2支，夹板3块，签字笔1支，电子秒表1块，红黑、黄黑卡1副

五、铁饼场地布置图与布置方法（图4－53、图4－54）

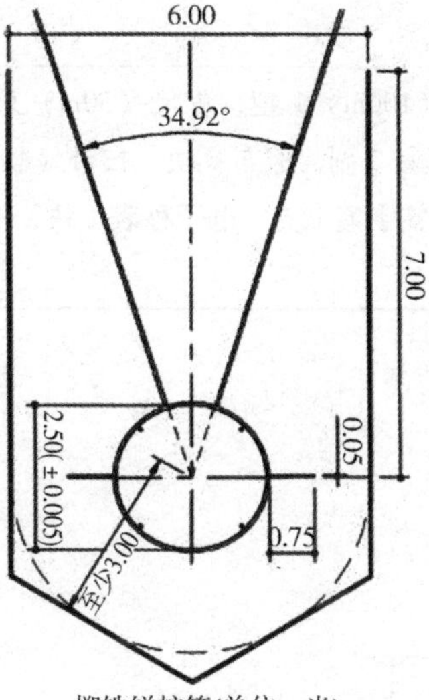

图4－53　铁饼场地器材布局

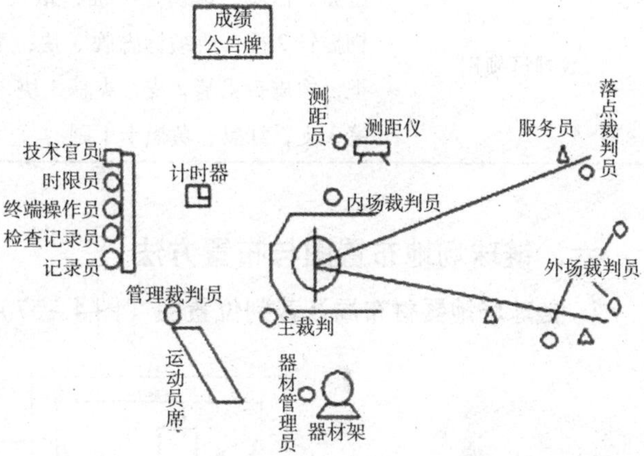

图4－54　掷铁饼、链球裁判员位置示意图

1. 铁饼场地器材布局及裁判位置图

2. 场地布置效果图（图4－55、图4－56）

图4－55　铁饼场地内部布置效果图

图4－56　铁饼场地外部布置效果图

3. 场地布置方法（表 4－23）

表 4－23　铁饼场地布置方法

场地器材组负责布置	裁判桌 2 张，椅子 13 把，运动员休息椅 16 座，风标，镁粉盒，角度线，纪录旗，距离标志线，远度标志墩，清扫工具，停用显示标记（STOP）1 个，脚垫，落地挡网，U 型钉 100 个，铁饼回收车 2 辆，比赛铁饼 20 个，投掷器材架 1 个
相关业务口负责布置	终端设备，激光测距仪，田赛成绩显示屏，时限显示屏，运动员号码显示屏
裁判员领用	红旗、白旗、黄旗各 1 面，钢尺（100m）1 把，皮尺（50m）1 把，钢插钎 2 根，成绩标志牌 3 块，手套 2 副，擦布 2 块，扫帚（软）1 把，橡皮头铅笔 2 支，夹板 3 块，签字笔 1 支，电子秒表 1 块，白板笔 3 支，红黑、黄黑卡 1 副

六、链球场地布置图与布置方法

1. 链球场地器材布局及裁判位置图（图 4－57）

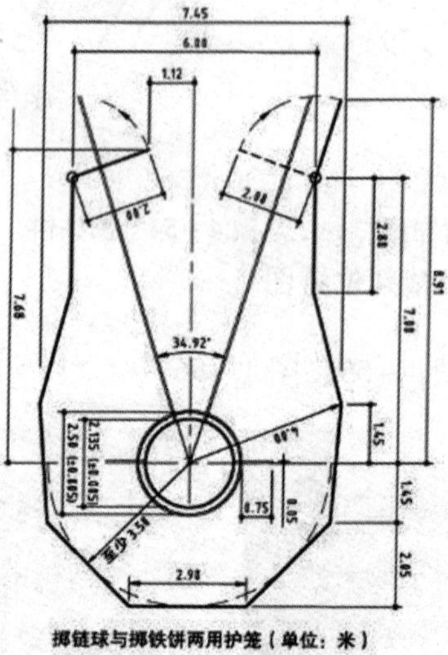

掷链球与掷铁饼两用护笼（单位：米）

图 4－57　链球场地器材布局

2. **场地布置方法**（表 4－24）

表 4－24　链球项目场地布置方法

场地器材组负责布置	裁判桌 2 张，椅子 13 把，运动员休息椅 16 座，风标，镁粉盒，角度线，纪录旗，距离标志线，远度标志墩，清扫工具，停用显示标记（STOP）1 个，脚垫，落地挡网，U 型钉 100 个，铁饼回收车 2 辆，比赛链球 14 个，投掷器材架 1 个
相关业务口负责布置	终端设备，激光测距仪，田赛成绩显示屏，时限显示屏，运动员号码显示屏
裁判员领用	红旗、白旗、黄旗各 1 面，钢尺（100m）1 把，皮尺（50m）1 把，钢插钎 2 根，成绩标志牌 3 块，手套 2 副，擦布 2 块，扫帚（软）1 把，橡皮头铅笔 2 支，夹板 3 块，签字笔 1 支，电子秒表 1 块，白板笔 3 支，红黑、黄黑卡 1 副

七、标枪场地布置图与布置方法

1. **标枪场地器材布局及裁判位置图**（图 4－58、图 4－59）

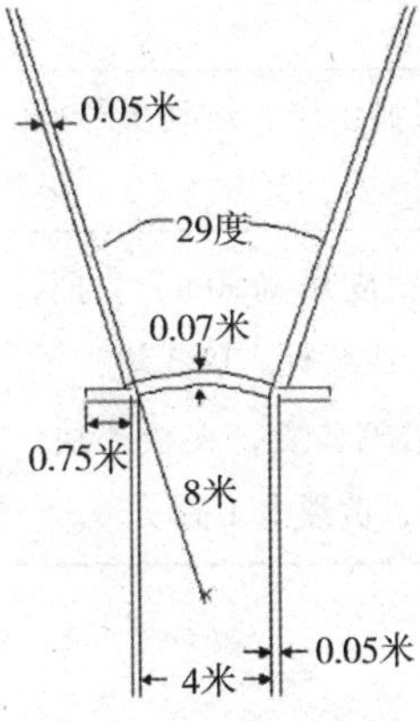

图 4－58　标枪场地器材布局

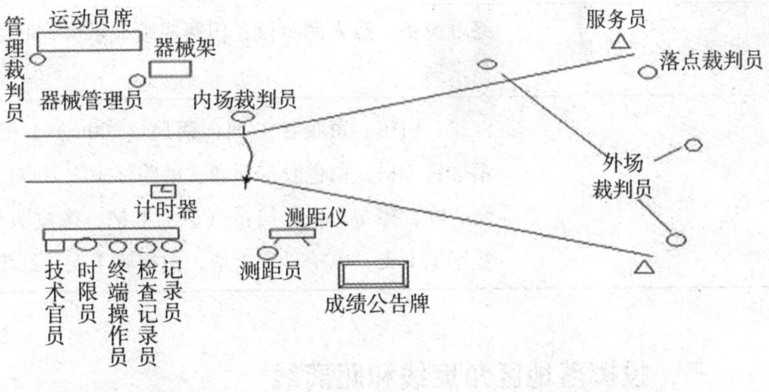

图 4－59　掷枪裁判员位置示意图

2. **场地布置效果图**（图 4－60、图 4－61）

图 4－60　标枪场地布置效果图

图 4－61　标枪场地成绩线布置效果图

3. **场地布置方法**（表 4－25）

表 4－25　标枪场地布置方法

场地器材组负责布置	裁判桌 2 张，椅子 12 把，运动员休息椅 16 座，风标，镁粉盒，角度线，纪录旗，距离标志线，远度标志墩，清扫工具，停用显示标记（STOP）1 个，脚垫，落地挡网，U 型钉 100 个，标枪回收车 2 辆，比赛用枪 24 支，投掷器材架 1 个
相关业务口负责布置	终端设备，激光测距仪，田赛成绩显示屏，时限显示屏，运动员号码显示屏
裁判员领用	红旗、白旗、黄旗各 1 面，钢尺（100m）1 把，皮尺（50m）1 把，钢插钎 2 根，白色胶带 1 卷，助跑标志物 20 对，成绩标志牌 3 块，手套 2 副，擦布 2 块，扫帚（软）1 把，橡皮头铅笔 2 支，夹板 3 块，签字笔 1 支，电子秒表 1 块，白板笔 3 支，红黑、黄黑卡 1 副

三、投掷落地区角度线和距离线

1. 根据比赛场地布置位置投掷项目角度线，铅球、链球/铁饼为 34. 92°，标枪约为 29°。

2. 为了裁判员能更快、更准确地在角度线处标设前 3 名运动员的成绩标志牌，在一侧角度线上放置 5 米间隔距离的彩色线带。

3. 若是及格赛，距离线只设一条黄色的及格线。（表 4－26）

表 4－26　深圳大学生运动会及格赛标准表

项目	男子	女子
铅球	19.00	17.00
铁饼	60.00	55.00
链球	75.00	65.00
标枪	75.00	55.00

4. 若是决赛或全能的单项比赛，距离线设置一条红色世界纪录线、一条白色条赛会纪录线和一条白色基本成绩线。并在角度线上用醒目的标志牌显示世界纪录和赛会纪录，以及基本成绩线距离标志牌。（表 4－27）

表 4－27　深圳大学生运动会成绩线一览表

项目	男子				女子			
	WR	AR	BL	DecBL	WR	AR	BL	HepBL
铅球	23.12	22.47	19/21	13/15	22.63	22.41	18/20	13/15
铁饼	74.08	69.89	55/65	40/50	76.80	72.30	60/70	
链球	86.74	84.80	70/80		77.80	75.02	60/70	
标枪	98.48	90.17	70/80	55/65	71.70	71.53	55/65	40/50

备注：WR 世界纪录；AR 亚洲纪录；BL 基本成绩线；DecBL 十项全能基本成绩线；HepBL 七项全能基本成绩线

5. 国际田联推荐：决赛投掷区画 2 条线，约 20% 的参赛运动员投在第一条线之前；20% 的参赛运动员投在第二条线之后；60% 的参赛运动员投在两条线之间。其中，长投项目（标枪、铁饼、链球）两条线间的距离为 10 米，铅球两条线间距离为 2 米。如果是及格赛，远端的线就画成黄色的及格线。

第四节　田径比赛器材规格与标准

对铅球、链球、标枪、铁饼等器材的重量进行检测，需使用电子称进行称重。称重得到的数字，必须是比赛器材重量大 5 克、而不超过 25 克。

一、铅球的规格与检测

（一）铅球的结构

铅球应用铁、铜或其他硬度不低于铜的固体金属制成，或由此类金属制成外壳，中心灌以铅或其他固体材料。铅球的外形必须为球型，表面不得粗糙，结点处应光滑。为使表面光滑，球体表层平均厚度必须小于1.6μm（微米），粗糙度为N7（国标1.6μm）或更小。

（二）铅球重量的检测

国际田联承认纪录的铅球比赛组别及重量规格：成年男子7.26kg，成年女子4.00kg，少年男子甲组（16，17岁）6.00kg，少年男子乙组（15岁）4.00kg，少年女子甲组（16，17岁）4.00kg，少年女子乙组（15岁）3.00kg。（表4-28、图4-62、图4-63）

表4-28　比赛用和承认纪录的铅球重量及制造商提供比赛用球范围表

比赛用和承认纪录的铅球最小重量				
3.000kg	4.000kg	5.000kg	6.000kg	7.260kg
要求制造商提供比赛用球的重量范围				
3.005kg	4.005kg	5.005kg	6.005kg	7.265kg
3.025kg	4.025kg	5.025kg	6.025kg	7.285kg

图4-62　铅球称重前调试图

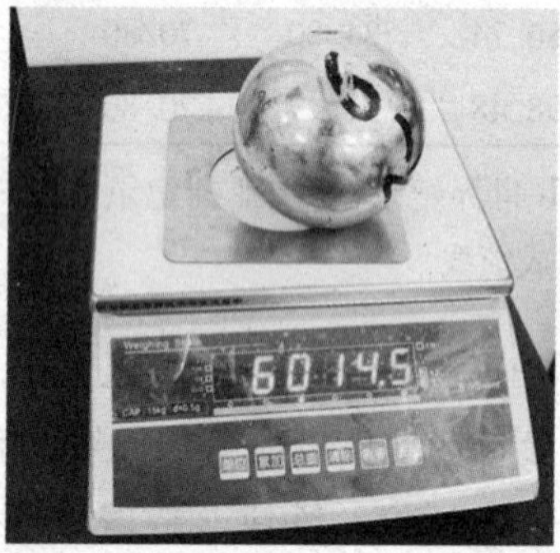

图4-63　6.000kg铅球称重图

（三）铅球直径的检测

铅球直径的检测主要是用相应的套圈来检测。（表4-29、图4-64、图4-65）

表4-29　比赛用和承认纪录的铅球直径规格表

重量	3.000kg	4.000kg	5.000kg	6.000kg	7.260kg
最小	85mm	95mm	100mm	105mm	110mm
最大	110mm	110mm	120mm	125mm	130mm

例如：对成年男女组比赛铅球的直径进行检测，用检测套圈测定铅球的直径：男子铅球不得通过 110 mm 套圈，必须穿过 130 mm 套圈；女子铅球不得通过 95 mm 套圈，必须穿过 110 mm 套圈。

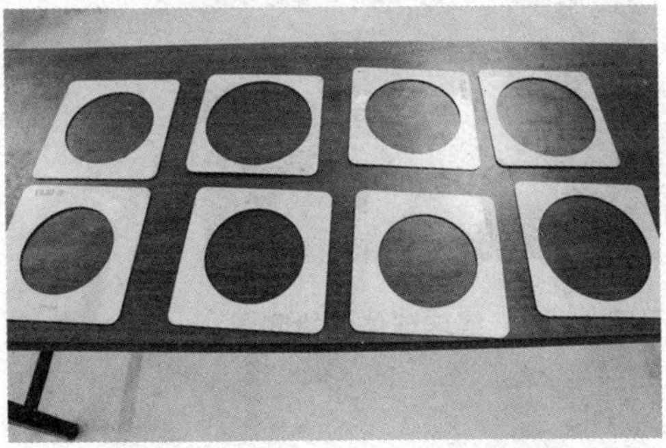

图 4－64　不同重量铅球直径测量套圈

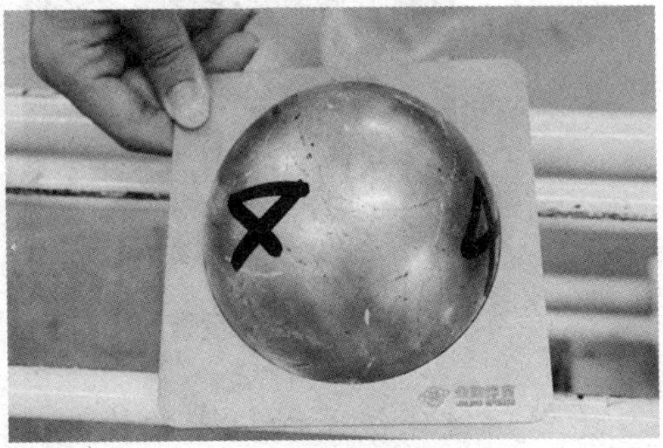

图 4－65　铅球直径检测图

二、链球的直径检测同铅球标准

（一）链球的结构

链球由 3 部分组成，即金属球体、一条链子和一个把手。

1. 链球球体用固体的铁、铜或硬度不低于铜的其他金属制成，或用此类金属制成外壳，中心灌以铅或其他固体材料。球体重心的中心至球体中心距离不得大于 6 毫米，将去掉把手和链子的球体放在一个水平的、直径为 12 毫米的圆形口刃上，球体必须保持平衡。如果使用填充物，则应使其不能移动，球体重心至中心的距离不大于 6 毫米。

2. 链子用直而有弹性、不易折断的单根钢丝制成。

3. 把手必须质地坚硬，没有任何种类的铰链连接。

（二）链球重量和直径的检测（同铅球）

国际田联承认纪录的链球比赛组别及重量规格：成年男子 7. 26kg，成年女子 4. 00kg，少年男子甲组（16，17 岁）6. 00kg，少年男子乙组（15 岁）5. 00kg。（图 4－66、图 4－67）

图 4－66　链球重量的检测图

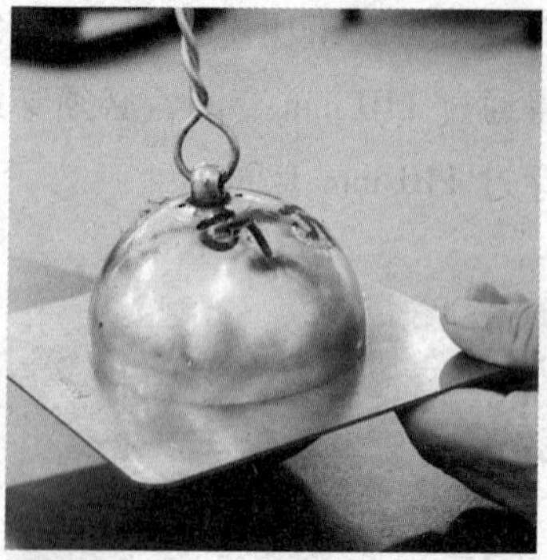

图 4－67　链球球体的检测图

（三）链球链子和把手的检测

1. 链子检查

单根钢丝直径不小于 3 毫米；投掷时链子无明显延长，钢丝的一端或两端可弯成环状以便于连接。链子应借助于转动轴承与球体连接，转动轴承可分滑动轴承和滚珠轴承。

2. 把手检测

当受到 3.8 千牛顿拉伸负荷时，把手的形变程度不超过 3 毫米。把手与链子的连接必须做到把手在链环中转动时，链球的总长度不得增加。把手与链子的连接应为环状连接，不得使用转动轴承。把手应为对称设计，抓握处可为圆弧形或直线，内沿长不超过 11 厘米，抗拉强度不小于 8 千牛顿。（图 4－68）

3. 链球全长进行检测

男子为 1.175～1.215 米，女子为 1.160～1.195 米。（图 4－69）

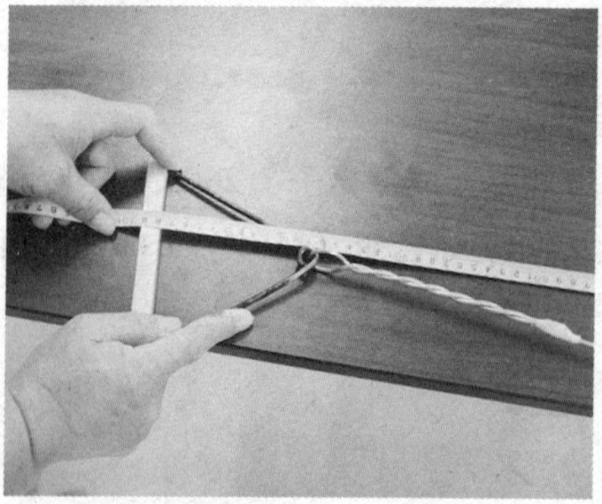

图 4－68　把手的检测图

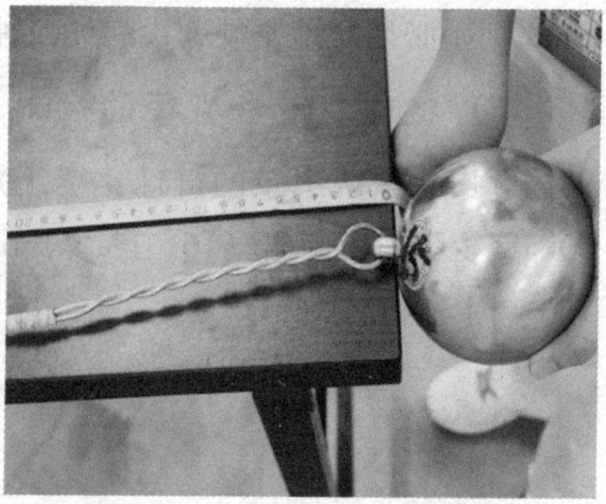

图 4－69　链球全长的检测

三、铁饼的检测

（一）铁饼的结构

铁饼的饼体可为实心或空心结构，应用木料或其他适宜的材料制成，周围镶以金属圈，金属圈边缘应呈圆形。外缘横断面应为标准圆形，半径约为6毫米。铁饼两面的饼心可镶有与饼体齐平的金属圆片，也可以不使用金属圈边，但相应部位应呈平面。铁饼的几何尺寸和总重量应符合规定。

铁饼的两面必须相同，制造时不得带有凹陷、凸起或尖缘。从金属圈边缘弯曲处至饼心边沿，铁饼表面应呈直线倾斜，饼心半径为25.0～28.5毫米。从铁圈弯曲处开始至铁饼最大厚度处，铁饼的厚度应均匀增加，在距铁饼中轴轴心点25.0～28.5毫米处达到铁饼的最大厚度。铁饼在绕轴心点旋转时必须对称。铁饼及其整个铁圈不得粗糙，接点处应光滑，铁饼各处应均匀一致。

（二）铁饼重量的检测

国际田联承认纪录的铁饼比赛组别及重量规格：成年男子2.00kg，成年女子1.00kg，少年男子甲组（16，17岁）1.50kg，少年男子乙组（15岁）1.00kg，少年女子甲组（16，17岁）1.00kg，少年女子乙组（15岁）1.00kg。（表4－30、图4－70、图4－71）

表4－30　比赛用和承认纪录的铁饼重量及制造商提供比赛用铁饼重量表

比赛用和承认纪录的铁饼最小重量			
1.000kg	1.500kg	1.750kg	2.000kg
要求制造商提供比赛用铁饼的重量范围			
1.005kg 1.025kg	1.505kg 1.525kg	1.755kg 1.775kg	2.005kg 2.025kg

图4－70　2.0kg铁饼重量检测图

图4－71　1.75kg铁饼重量检测图

(三) 铁饼直径和厚度的检测

1. 对成年男女铁饼的直径进行检测，用检测模板测定铁饼的直径：男子铁饼不得小于 219 毫米，不得大于 221 毫米；女子铁饼不得小于 180 毫米，不得大于 182 毫米。(表 4 - 31)

表 4 - 31 比赛用和承认纪录的铁饼直径规格表

重量	1.000kg	1.500kg	1.750kg	2.000kg
最小	180mm	200mm	210mm	219mm
最大	182mm	202mm	212mm	221mm

2. 饼心直径的检测：用直尺测量饼心直径，不得大于 57 毫米，不得小于 50 毫米。

3. 成年男女饼心厚度的检测：用检测模板测量饼心厚度。男子铁饼能通过 46 毫米卡口，不能通过 44 毫米卡口；女子铁饼能通过 39 毫米卡口，不能通过 37 毫米卡口。(表 4 - 32)

表 4 - 32 比赛用和承认纪录的铁饼厚度规格表

重量	1.000kg	1.500kg	1.750kg	2.000kg
最小	37mm	38mm	41mm	44mm
最大	39mm	40mm	43mm	46mm

4. 金属圈距边缘 6 毫米处厚度的检测，用检测模板侧面的两个小卡口测定，能通过 13 毫米卡口靠到 6 毫米深的底，不能通过 12 毫米卡口靠到 6 毫米深的底。(图 4 - 72 ~ 图 4 - 75)

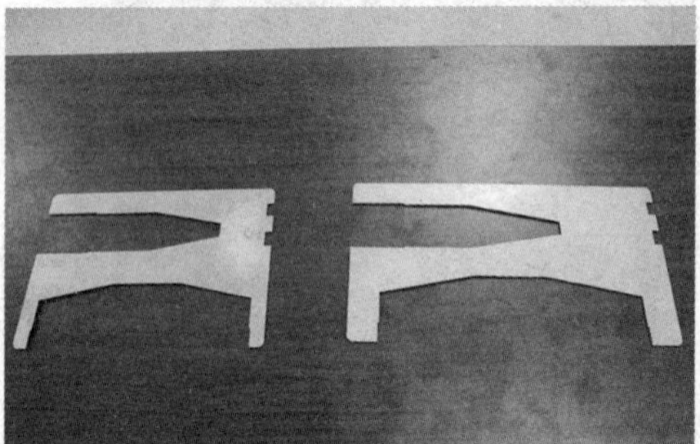

图 4 - 72 铁饼直径和厚度检测模板

图 4 - 73 铁饼直径检测

图 4－74　铁饼厚度检测

图 4－75　铁饼边缘厚度检测

四、标枪的检测

（一）标枪的结构

标枪由 3 个主要部分组成，即枪头、枪身和缠绳把手。枪身可以实心或空心，由金属或其他事宜的类似材料制成，并装有尖形金属枪头。枪身表面不得有凹窝、凸起、沟槽、凸脊、空洞、粗糙，枪尾必须自始至终平滑和均匀一致。

枪头应完全用金属制成。可以在枪头前端焊接一个其他合金的加固枪尖，但整个枪头表面必须平滑和均匀一致。枪尖张角不得大于 40°。

把手须包绕标枪重心，其直径不得超过枪身直径 8 毫米。把手表面应为规则的不光滑型，但不得有任何种类的绳头、结节或呈锯齿形。把手的厚度应均匀。

标枪的所有部位横断面应为规则的圆形。枪身最大直径应在靠近把手前端的地方。枪身中央部位，包括把手后面的部分，应为圆柱形或向枪尾方向稍微变细。但把手前后两端枪身直径减少不得超过 0. 25 毫米。从把手处起，标枪应有规则地向两端逐渐变细。从把手至标枪前后两端点的纵剖面应为直线或略有凸起，除了在枪头与枪身的结合部位和把手前后两端以外，枪身在任何部位的直径不得有突然改变。在枪头后端与枪身的结合部位，枪身直径的减少不得超过 2. 5 毫米，在枪头后面 300 毫米以内，枪身纵剖面的变化也不得大于这个数字。

（二）标枪重量的检测

国际赛事中标枪重量规格：成年男子 800kg，成年女子 600kg，少年男子甲组（16，17 岁）700kg，少年男子乙组（15 岁）500kg，少年女子甲组（16，17 岁）

600kg，少年女子乙组（15 岁）500kg。（表 4 – 33、图 4 – 76）

表 4 – 33　比赛用和承认纪录的标枪重量及制造商提供比赛用标枪重量表

比赛用和承认纪录的标枪最小重量				
	500g	600kg	700kg	800kg
要求制造商提供比赛用标枪的重量范围				
最小	505g	605g	705g	805g
最大	525g	625g	725g	825g

图 4 – 76　成年男子标枪重量检测图

（三）标枪长度的检测

标枪的长度检测主要用专用的检测仪进行测量。（图 4 – 77、图 4 – 78）

图 4 – 77　标枪长度的检测

图 4 – 78　标枪长度的检测

1. 成年男女标枪长度的检测：用标枪专用检测仪测量，男子枪全长不小于 2.60 米，不大于 2.70 米；女子枪全长不小于 2.20 米，不大于 2.30 米。

2. 标枪重心的检测：将标枪专用检测仪上的重心检测脊放置在距离枪尖子，男子为 106 厘米、女子为 92 厘米处，标枪尾部应该向上；重心检测脊放置在距离枪尖，男子为 90 厘米、女子为 80 厘米处，标枪尾部应向下。（图 4－79、图 4－80）

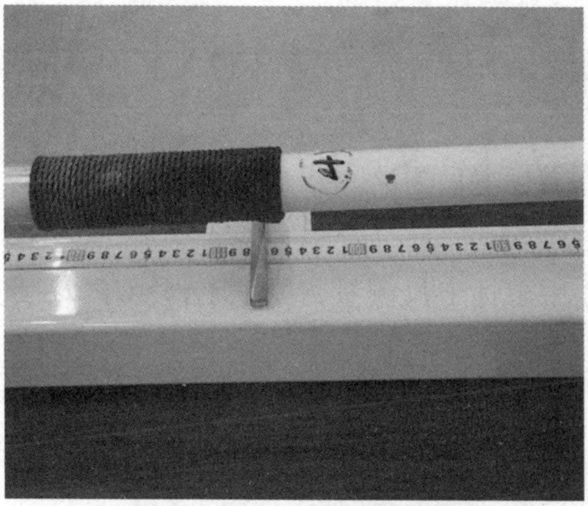

图 4－79　标枪重心的检测

图 4－80　标枪重心的检测

3. 金属枪头长度的检测：用标枪专用检测仪的刻度标尺测量，不小于 25 厘米，不大于 33 米。（图 4－81、图 4－82）

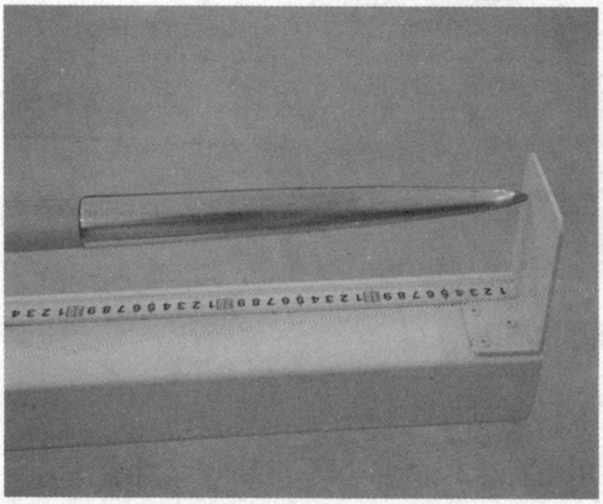

图 4－81　金属枪头长度检测

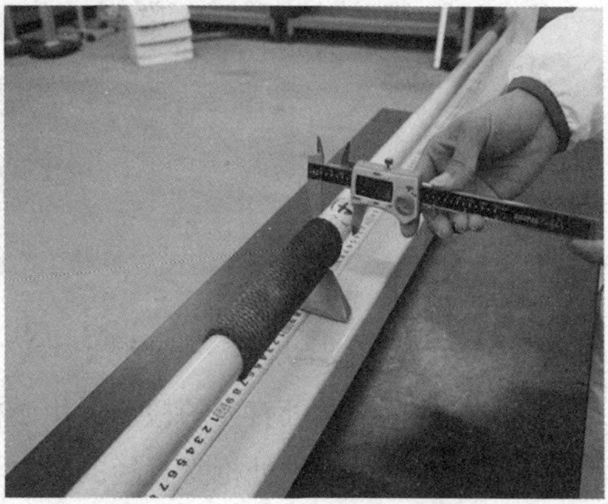

图 4－82　把手前端枪身直径检测

4. 把手宽度的检测：用标枪专用检测仪的刻度标尺测量，男子不小于 15 厘米，不大于 16 厘米；女子不小于 14 厘米，不大于 15 厘米。

5. 把手前端枪身直径的检测：用游标卡尺测量，男子不小于 25 毫米，不大于 30 毫米；女子不小于 20 毫米，不大于 25 毫米。

6. 把手后端枪身直径的检测：用游标卡尺测量，男子不小于 22.5 毫米，女子不小于 17.5 毫米。

7. 把手处直径的检测：用游标卡尺测量，男子不得大于 38 毫米，女子不得大于 33 毫米。

8. 距离枪尖 15 厘米处直径的检测：用游标卡尺测量，男子不得大于 24 毫米，女子不得大于 20 毫米。

9. 枪尖至重心的中点处直径的检测：用游标卡尺测量，男子不得大于 27 毫米，女子不得大于 22.5 毫米。

10. 枪尾至重心的中点处直径的检测：用游标卡尺测量，男子不得小于 27 毫米，女子不得于 22.5 毫米。

11. 距离枪尾 15 厘米处直径的检测：用游标卡尺测量，男子不得小于 10 毫米，女子不得于 8 毫米。(图 4－83)

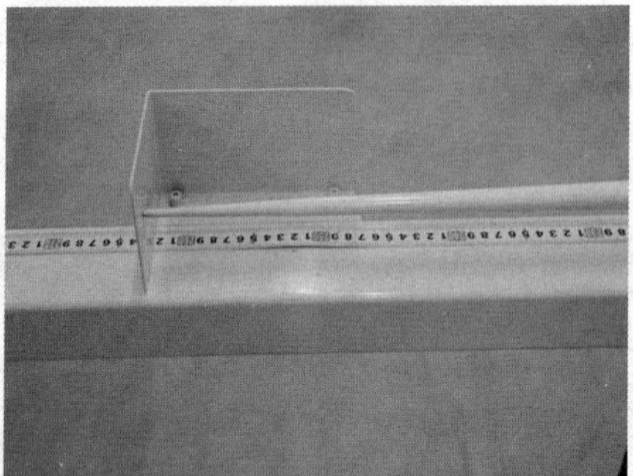

图 4－83　枪尾检测图

12. 标枪尾末端处直径的检测：用游标卡尺测量，不得小于 3.5 毫米。

13. 紧接枪头后端处枪身直径的减少，用游标卡尺测量，不得超过 2.5 毫米。

14. 枪身纵剖面形状的检测：用长度不小于 50 厘米的金属直尺紧靠枪身稍有凸起的直线部分，不能塞进 0.20 毫米的塞尺；在紧靠枪头与枪身结合处后面的部位，不能塞进 1.25 毫米的塞尺。

第五篇　田径裁判实用英语

第一章　官员

一、International Officials　国际官员

1. Organizational Delegates　组织代表（OD）

2. Technical Delegates　技术代表（TD）

3. Medical Delegates　医务代表（MD）

4. Doping Control Delegates　兴奋剂检查代表（DCD）

5. International Technical Officials　国际技术官员（ITO）

6. International Cross Country，Road Running and Mountain Running Officials　国际越野跑，路跑和山地跑官员（ICRO）

7. Area Technical Officials　地区技术官员（ATO）

8. International Race Walking Judges /Area Race Walking Judges　国际竞走裁判员（IRWJ）/地区竞走裁判员（ARWJ）

9. International Road Course Measurer　国际公路赛道丈量员

10. International Starter　国际发令员

11. International Photo Finish Judge　国际终点摄像裁判员

12. Jury of Appeal　仲裁委员会（JA）

13. Jury Member　仲裁委员

二、Officials of the Competition　赛事官员

1. Management Officials　管理官员

Competition Director/Manager 竞赛主任（CD/CM）

Meeting Manager　赛事主管（MM）*（总裁判长）*

Meeting Manager's Assistant　赛事主管助理*（副总裁判长）*

Technical Manager　技术主管（TM）

Event Presentation Manager　市场展示主管（PM）

2. Competition Officials　竞赛官员*（裁判员）*

Referee for The Call Room　检录裁判长

Referee for Track Events　径赛裁判长

Referee for Field Events　田赛裁判长

Referee for Combined Events　全能裁判长

Referee for Events Outside The Stadium　外场裁判长

Chief Judge for Track Events　径赛主裁判

Chief Judge for Field Events　田赛主裁判

Chief Judge for Track/Road Race Walking Event 场地/公路竞走主裁判

Recorder　记录员

Posting Board Operator　犯规显示牌操作员

Chief Umpire　检查主裁判

Chief Timekeeper　主计时员

Chief Photo Finish Judge　终点摄像主裁判

Chief Transponder Timing Judge　感应计时主裁判

Start Coordinator　发令协调员

Starter　发令员

Recaller　召回发令员

Starter's Assistant　助理发令员

Chief Lap Scorer　主记圈员

Competition Secretary　竞赛秘书

TIC Manager　技术信息中心主管

Marshal　场地指挥

Wind Gauge Operator　风速测量员

Measurement Judges（Scientific）　（专业）测量裁判员

Chief Call Room Judge　检录主裁判

National Technical Officials 国内技术官员（NTO）

三、Additional Officials 其他工作人员

Announcer 宣告员

Statistician 统计员

Advertising Commissioner 广告管理专员

Official Surveyor 场地测量员

Doctor 医生

Stewards for Athletes, Officials and Media （为运动员，官员和媒体工作的）服务员

Technician 技术员

Volunteer 志愿者

第二章 竞赛项目

一、Track Events 径赛项目

100, 200, 400/800, 1500/3000, 5000, 10000m Sprint/middle distance race/long distance race; 短跑/中距离跑/长距离跑

Women's 100m hurdles 女子 100 米栏

Men's 110m hurdles 男子 110 米栏

Four by one hundred meters relay race 4×100 米接力

Four by four hundred meters relay race 4×400 米接力

Three thousand meters steeplechase 3000 米障碍跑

Marathon race 马拉松

Ten/twenty/fifty kilometers walking 10/20/50 公里竞走

Road race 公路赛跑

二、Field Events 田赛项目

Vertical jumps 高跳项目

High jump 跳高

Belly roll jump 俯卧式跳高

Back layout 背越式跳高

Pole vault 撑竿跳高

Horizontal jumps 远跳项目

Long jump 跳远

Knee - tuck type 蹲踞式

Hang style 挺身式

Hitch kick style 走步式

Flip jump 空翻式

Triple jump 三级跳远

Throwing events 投掷项目

Shot put 铅球

Discus throw 铁饼

Hammer throw 链球

Javelin throw 标枪

三、Combined Events 全能项目

Triathlon 三项全能

Pentathlon 五项全能

Heptathlon 七项全能

Day1—100m hurdle/high jump/shot put/200m 100 米栏/跳高/铅球/200 米

Day2—long jump/javelin throw/800m 跳远/标枪/800 米

Decathlon 十项全能

Day1—100m/long jump/shot put/high jump/400m

100 米/跳远/铅球/跳高/400 米

Day2—110m hurdle/discus throw/pole vault/javelin throw/1500m

110 米栏/铁饼/竿高/标枪/1500 米

第三章 专业术语

A fresh start 重新起跑

Additional trial 附加试跳/投

Adhesive tape　胶布

Anchor man/The last leg　最后一棒队员

Announcement of results　成绩宣告

Anti - doping check　兴奋剂检测

Approach/take - off/flight/landing　助跑/起跳/腾空/落地

Arced start line　弧形起跑线

Assembly line　集合线

Athletes changing room　运动员更衣室

Athletes lownge　运动员休息室

Bibs/Number　号码（布）

Break line　抢道线

Broom bus　收容车

Cage　护笼

Call room　检录处

Chalk　粉笔

Chalk holder　镁粉盒

Check mark　步点/标记

Circle　投掷圈

Clear the bar　越过横杆

Coaches stands　教练员看台

Commencing/starting height　起跳高度

Competing order　比赛顺序

Competition information　竞赛须知

Competition regulations　竞赛规程

Competition rules　竞赛规则

Countdown clock　时限钟

Crouch start　蹲踞式起跑

Default　弃权

DF don't finish　中退

DNS don't start　弃权

DQ Disqualify　取消比赛资格

Draw lots　抽签

Drinking/Sponging point　饮/用水点（非饮料）

Dropped baton　掉棒

False start　起跑犯规

Fiber - glass pole　玻璃纤维竿

Final　决赛

Final confirmation　最终确认

First aid　急救站

First false start　第一次抢跑

FOP（Field of play）　比赛场地

Foul　犯规

Green card　绿卡

Heat　组次

IAAF competition rules　国际田联竞赛规则

Invalid jump　无效试跳

Invalid throw　无效试投

Invalid trial　无效试跳/投

Jostle　冲撞

Jump the gun　抢跑

Jumping standard/uprights　跳高架

Knock down a hurdle　碰倒栏架

Knock down the bar　碰倒横杆

Landing area　落地区

Lane one　第一道

Leaving the lane　离开跑道

LZ（loading zone）　上下车点

March in/out　进/退场

Marker　助跑标志

Missed　错过

Misty Point　喷淋站

Mixed zone　混合区

Obstruct　阻挡
Overstepping　踩线犯规
Own pole　自备撑竿
Pass　免跳
Pit　沙坑
Plasticine indicator　橡皮泥显示板
Pole – vault box　插斗
Post – event area　赛后区
Preliminary　预赛
Press conference　新闻发布会
Protest　抗议
Push　推人
Qualifying round　及格赛
Raise the bar　升高横杆
Record flag　纪录旗
Red card　红卡
Red and black card　红黑卡
Refreshment station　饮料站
Relay race　接力赛
Relay team　接力队
Round　赛次、轮次
Round 1　预赛
Round 2　次赛
Round one, heat one　预赛第一组
Run up　量步点
Run – up markers　助跑标志
Run – way　助跑道
Running in lanes　分道跑
Scoreboard　成绩显示牌
Scratch line　起掷/跑线
Sector　投掷区

Sector line　投掷区标志线

Semi－final　复赛、半决赛

Serious caution/warning　严重警告

Spikes　鞋钉

Sponge pad　海绵垫

Standing start　站立式起跑

Start in two groups　分成2组起跑

Starting blocks　起跑器

Stop/Toe board　抵趾板

Take－off board/line　起跳板/线

Take－over zone　接力区

Team reception area　运动队接待区

Teams medical station　运动员医疗站

Teams massage area　运动队按摩区

Teams stands　运动队看台

TIC　技术信息中心

Tie　成绩相等

Time limit　时限

The height last cleared　最后跳过高度

The qualifying round　及格赛

The timetable of events　竞赛日程

Toilet/rest room　洗手间

To compete under protest　在抗议下比赛

Transponder　传感器、芯片

Unreasonable delay　无故拖延

Valid jump　有效试跳

Valid throw　有效试投

Valid trial　有效试跳/投

Victory ceremony　颁奖仪式

Awards lonuge　（颁奖）休息室

Warm up area　热身场地

Weight lift room　力量训练房

Wind gauge　风速仪

Wind sock　风标

Yellow card　黄卡

Yellow and black card　黄黑卡

第四章　国际田联会员名录

共212个，按缩写代码顺序排列

A

1. AFG（AFGHANISTAN）阿富汗（亚洲）
2. AIA（ANGUILLA）安圭拉（北美）
3. ALB（ALBANIA）阿尔巴尼亚（欧洲）
4. ALG（ALGERIA）阿尔及利亚（非洲）
5. AND（ANDORRA）安道尔（欧洲）
6. ANG（ANGOLA）安哥拉（非洲）
7. ANT（ANTIGUA AND BARBUDA）安提瓜和巴布达（北美）
8. ARG（ARGENTINA）阿根廷（南美）
9. ARM（ARMENIA）阿美尼亚（欧洲）
10. ARU（ARUBA）阿鲁巴（北美）
11. ASA（AMERICAN SAMOA）美属萨摩亚（大洋洲）
12. AUS（AUSTRALIA）澳大利亚（大洋洲）
13. AUT（AUSTRIA）奥地利（欧洲）
14. AZE（AZERBAIJAN）阿塞拜疆（欧洲）

B

15. BAH（BAHAMAS）巴哈马（北美）
16. BAN（BANGLADESH）孟加拉（亚洲）
17. BAR（BARBADOS）巴巴多斯（北美）
18. BDI（BURUNDI）布隆迪（非洲）

19. BEL（BELGIUM）比利时（欧洲）

20. BEN（BENIN）贝宁（非洲）

21. BER（BERMUDA）百慕大（北美）

22. BHU（BHUTAN）不丹（亚洲）

23. BIH（BOSNIA AND HERZEGOVINA）波黑（波斯尼亚和黑塞哥维那）（欧洲）

24. BIZ（BELIZE）伯利兹（北美）

25. BLR（BELARUS）白俄罗斯（欧洲）

26. BOL（BOLIVIA）玻利维亚（南美）

27. BOT（BOTSWANA）博茨瓦纳（非洲）

28. BRA（BRAZIL）巴西（南美）

29. BRN（BAHRAIN）巴林（亚洲）

30. BRU（BRUNEI）文莱（亚洲）

31. BUL（BULGARIA）保加利亚（欧洲）

32. BUR（BURKINA FASO）布基纳法索（非洲）

C

33. CAF（CENTRAL AFRICAN REPUBLIC）中非（非洲）

34. CAM（CAMBODIA）柬埔寨（亚洲）

35. CAN（CANADA）加拿大（北美）

36. CAY（CAYMAN ISLANDS）开曼群岛（北美）

37. CGO（CONGO）刚果（非洲）

38. CHA（CHAD）乍得（非洲）

39. CHI（CHILE）智利（南美）

40. CHN（People's Republic of CHINA）中国（亚洲）

41. CIV（IVORY COAST）科特迪瓦（象牙海岸）〔非洲〕

42. CMR（CAMEROON）喀麦隆（非洲）

43. COD（Dem. Rep. of CONGO）刚果民主共和国（非洲）

44. COK（COOK ISLANDS）库克群岛（大洋洲）

45. COL（COLOMBIA）哥伦比亚（南美）

46. COM（COMOROS）科摩罗（非洲）

47．CPV（CAPE VERDE ISLANDS）佛得角群岛（非洲）
48．CRC（COSTA RICA）哥斯达黎加（北美）
49．CRO（CROATIA）克罗地亚（欧洲）
50．CUB（CUBA）古巴（北美）
51．CYP（CYPRUS）塞浦路斯（欧洲）
52．CZE（CZECH REPUBLIC）捷克（欧洲）

D

53．DEN（DENMARK）丹麦（欧洲）
54．DJI（DJIBOUTI）吉布提（非洲）
55．DMA（DOMINICA）多美尼加（北美）
56．DOM（DOMINICAN REPUBLIC）多美尼克（北美）

E

57．ECU（ECUADOR）厄瓜多尔（南美）
58．EGY（EGYPT）埃及（非洲）
59．ERI（ERITREA）厄立特里亚（非洲）
60．ESA（EL SALVADOR）萨尔瓦多（北美）
61．ESP（SPAIN）西班牙（欧洲）
62．EST（ESTONIA）爱沙尼亚（欧洲）
63．ETH（ETHIOPIA）埃塞俄比亚（非洲）

F

64．FIJ（FIJI）斐济（大洋洲）
65．FIN（FINLAND）芬兰（欧洲）
66．FRA（FRANCE）法国（欧洲）
67．FSM（MICRONESIA）密克罗尼西亚（大洋洲）

G

68．GAB（GABON）加蓬（非洲）
69．GAM（THE GAMBIA）冈比亚（非洲）

70. GBR（GREAT BRITAIN AND NORTHERN IRELAND）英国（欧洲）
71. GBS（GUINEA - BISSAU）几内亚比绍（非洲）
72. GEO（GEORGIA）格鲁吉亚（欧洲）
73. GEQ（EQUATORIAL GUINEA）赤道几内亚（非洲）
74. GER（GERMANY）德国（欧洲）
75. GHA（GHANA）加纳（非洲）
76. GIB（GIBRALTAR）直布罗陀（欧洲）
77. GRE（GREECE）希腊（欧洲）
78. GRN（GRENADA）格林纳达（北美）
79. GUA（GUATEMALA）危地马拉（北美）
80. GUI（GUINEA）几内亚（非洲）
81. GUM（GUAM）关岛（大洋洲）
82. GUY（GUYANA）圭亚那（南美）

H

83. HAI（HAITI）海地（北美）
84. HKG（HONG KONG - CHINA）中国香港（亚洲）
85. HON（HONDURAS）洪都拉斯（北美）
86. HUN（HUNGARY）匈牙利（欧洲）

I

87. INA（INDONESIA）印度尼西亚（亚洲）
88. IND（INDIA）印度（亚洲）
89. IRI（IRAN）伊朗（亚洲）
90. IRQ（IRAQ）伊拉克（亚洲）
91. IRL（IRELAND）爱尔兰（欧洲）
92. ISL（ICELAND）冰岛（欧洲）
93. ISR（ISRAEL）以色列（欧洲）
94. ISV（US VIRGIN ISLANDS）美属维尔京群岛（北美）
95. ITA（ITALY）意大利（欧洲）
96. IVB（BRITISH VIRGIN ISLANDS）英属维尔京群岛（北美）

J

97. JAM（JAMAICA）牙买加（北美）

98. JOR（JORDAN）约旦（亚洲）

99. JPN（JAPAN）日本（亚洲）

K

100. KAZ（KAZAKHSTAN）哈萨克斯坦（亚洲）

101. KEN（KENYA）肯尼亚（非洲）

102. KGZ（KYRGHYZSTAN）吉尔吉斯斯坦（亚洲）

103. KIR（KIRIBATI）基里巴斯（大洋洲）

104. KOR（KOREA）韩国（亚洲）

105. KSA（SAUDI ARABIA）沙特阿拉伯（亚洲）

106. KUW（KUWAIT）科威特（亚洲）

L

107. LAO（LAOS）老挝（亚洲）

108. LAT（LATVIA）拉脱维亚（欧洲）

109. LBA（LIBYA）利比亚（非洲）

110. LBR（LIBERIA）利比里亚（非洲）

111. LCA（SAINT LUCIA）圣卢西亚（北美）

112. LES（LESOTHO）莱索托（非洲）

113. LIB（LEBANON）黎巴嫩（亚洲）

114. LIE（LIECHTENSTEIN）列支敦士登（欧洲）

115. LTU（LITHUANIA）立陶宛（欧洲）

116. LUX（LUXEMBOURG）卢森堡（欧洲）

M

117. MAC（MACAO－CHINA）中国澳门（亚洲）

118. MAD（MADAGASCAR）马达加斯加（非洲）

119. MAR（MOROCCO）摩洛哥（非洲）

120. MAS（MALAYSIA）马来西亚（亚洲）

121. MAW（MALAWI）马拉维（非洲）

122. MDA（MOLDOVA）摩尔多瓦（欧洲）

123. MDV（MALDIVES）马尔代夫（亚洲）

124. MEX（MEXICO）墨西哥（北美）

125. MGL（MONGOLIA）蒙古（亚洲）

126. MHL（MARSHALL ISLANDS）马绍尔群岛（大洋洲）

127. MKD（Former Yugoslav Republic of Macedonia）马其顿（欧洲）

128. MLI（MALI）马里（非洲）

129. MLT（MALTA）马耳他（欧洲）

130. MNE（MONTENEGRO）黑山（门第内哥罗）（欧洲）

131. MNT（MONTSERRAT）蒙特塞拉特（北美）

132. MON（MONACO）摩纳哥（欧洲）

133. MOZ（MOZAMBIQUE）莫桑比克（非洲）

134. MRI（MAURITIUS）毛里求斯（非洲）

135. MTN（MAURITANIA）毛里塔尼亚（非洲）

136. MYA（MYANMAR）缅甸（亚洲）

N

137. NAM（NAMIBIA）纳米比亚（非洲）

138. NCA（NICARAGUA）尼加拉瓜（北美）

139. NED（NETHERLANDS）荷兰（欧洲）

140. NEP（NEPAL）尼泊尔（亚洲）

141. NFI（NORFOLK ISLAND）诺福克群岛（大洋洲）

142. NGR（NIGERIA）尼日利亚（非洲）

143. NIG（NIGER）尼日尔（非洲）

144. NMI（NORTHERN MARIANAS ISLANDS）北马里亚纳群岛（大洋洲）

145. NOR（NORWAY）挪威（欧洲）

146. NRU（NAURU）瑙鲁（大洋洲）

147. NZL（NEW ZEALAND）新西兰（大洋洲）

O

148. OMA（OMAN）阿曼（亚洲）

P

149. PAK（PAKISTAN）巴基斯坦（亚洲）
150. PAN（PANAMA）巴拿马（南美）
151. PAR（PARAGUAY）巴拉圭（南美）
152. PER（PERU）秘鲁（南美）
153. PHI（PHILIPPINES）菲律宾（亚洲）
154. PLE（PALESTINE）巴勒斯坦（亚洲）
155. PLW（PALAU）帕劳（大洋洲）
156. PNG（PAPUA NEW GUINEA）巴布亚新几内亚（大洋洲）
157. POL（POLAND）波兰（欧洲）
158. POR（PORTUGAL）葡萄牙（欧洲）
159. PRK（Democratic Republic of KOREA）朝鲜（亚洲）
160. PUR（PUERTO RICO）波多黎各（北美）
161. PYF（FRENCH POLYNESIA）法属波利尼西亚（大洋洲）

Q

162. QAT（QATAR）卡塔尔（亚洲）

R

163. ROU（ROMANIA）罗马尼亚（欧洲）
164. RSA（SOUTH AFRICA）南非（非洲）
165. RUS（RUSSIA）俄罗斯（欧洲）
166. RWA（RWANDA）卢旺达（非洲）

S

167. SAM（SAMOA）萨摩亚（大洋洲）
168. SEN（SENEGAL）塞内加尔（非洲）
169. SEY（SEYCHELLES）塞舌尔（非洲）

170. SIN（SINGAPORE）新加坡（亚洲）
171. SKN（SAINT KITTS AND NEVIS）圣基茨和尼维斯（北美）
172. SLE（SIERRA LEONE）塞拉利昂（非洲）
173. SLO（SLOVENIA）斯洛文尼亚（欧洲）
174. SMR（SAN MARINO）圣马力诺（欧洲）
175. SOL（SOLOMON ISLANDS）所罗门群岛（大洋洲）
176. SOM（SOMALIA）索马里（非洲）
177. SRB（SERBIA）塞尔维亚（欧洲）
178. SRI（SRI LANKA）斯里兰卡（亚洲）
179. STP（Dem. Rep. of SAO TOMEE PRINCIPE）圣多美普林西比（非洲）
180. SUD（SUDAN）苏丹（非洲）
181. SUI（SWITZERLAND）瑞士（欧洲）
182. SUR（SURINAM）苏里南（南美）
183. SVK（SLOVAK REPUBLIC）斯洛伐克（欧洲）
184. SWE（SWEDEN）瑞典（欧洲）
185. SWZ（SWAZILAND）斯威士兰（非洲）
186. SYR（SYRIA）叙利亚（亚洲）

T

187. TAN（TANZANIA）坦桑尼亚（非洲）
188. TGA（TONGA）汤加（大洋洲）
189. THA（THAILAND）泰国（亚洲）
190. TJK（TAJIKISTAN）塔吉克斯坦（亚洲）
191. TKM（TURKMENISTAN）土库曼斯坦（亚洲）
192. TKS（TURKS AND CAICOS ISLANDS）特克斯和凯科斯群岛（北美）
193. TLS（EAST TIMOR）东帝汶（亚洲）
194. TOG（TOGO）多哥（非洲）
195. TPE（CHINESE TAIPEI）中国台北（亚洲）
196. TTO（TRINIDAD AND TOBAGO）特立尼达和多巴哥（北美）
197. TUN（TUNISIA）突尼斯（非洲）
198. TUR（TURKEY）土耳其（欧洲）

199. TUV（TUVALU）图瓦卢（大洋洲）

U

200. UAE（UNITED ARAB EMIRATES）阿联酋（亚洲）
201. UGA（UGANDA）乌干达（非洲）
202. UKR（UKRAINE）乌克兰（欧洲）
203. URU（URUGUAY）乌拉圭（南美）
204. USA（UNITED STATES OF AMERICA）美国（北美）
205. UZB（UZBEKISTAN）乌兹别克斯坦（亚洲）

V

206. VAN（VANUATU）瓦努阿图（大洋洲）
207. VEN（VENEZUELA）委内瑞拉（南美）
208. VIE（VIETNAM）越南（亚洲）
209. VIN（SAINT VINCENT）圣文森特（北美）

Y

210. YEM（Republic of YEMEN）也门（非洲）

Z

211. ZAM（ZAMBIA）赞比亚（非洲）
212. ZIM（ZIMBABWE）津巴布韦（非洲）

主要参考文献

1. 中国田径协会．田径竞赛规则［M］．人民体育出版社，2014.

2. 何彦吉，刘兆万．田径竞赛裁判学［M］．东北大学出版社，1998.

3. 李铁录，等．田径裁判法图解［M］．北京体育大学出版社，2004.

4. 全国体育院校教材委员会．田径运动教程［M］．人民体育出版社，1999：129.

5. 文超．田径运动高级教程（修订版）［M］．人民体育出版社，2003.

6. 中国田径协会．中国田径裁判工作指南［M］．西南师范大学出版社，1995.

7. 王倩．田径径赛裁判手册［M］．人民体育出版社，1999.

8. 张思温，沈纯德．中国田径裁判五十年［M］．北京体育大学出版社，2001.

9. 第16届亚洲运动会组委会．第16届亚洲运动会田径技术官员工作方案，2010.

10. 国际田径协会联合会，中国田径协会．2008国际田联场地设施手册［M］．人民体育出版社，2009.

11. 第二届夏季青年奥林匹克运动会组织委员会．2014年青会会田径技术官员指南［Z］．2014.

12. 第26届世界大学生运动会组委会．2011年深圳第26届世界大学生运动会国内技术官员工作细则，2011.